투자의
기초

투자의 기초

FINANCIAL ECONOMICS FOR INVESTMENT

주식부터
채권,
환율까지

이관휘 지음

EBS BOOKS

효정과 규하에게

추천사

저는 예전부터 서울대 이관휘 교수의 팬이었습니다. 그가 언론매체에 기고한 칼럼들을 찾아 밑줄 그으며 읽어왔고, 제가 갖고 있는 그의 기존 저서 두 권에는 군데군데 포스트잇이 붙어 있지요.

언젠가 이 교수에게 이런 질문을 한 적이 있습니다.

"학창 시절에 혹시 글 쓰는 동아리 활동을 하신 적이 있으신가요?"

저는 오랫동안 경제매체 기자로서 글쓰기를 생업으로 해왔고 여러 권의 책을 내기도 했습니다. 이런 제가 보기에도 이 교수는 까다로운 주제를 논리정연하게 풀어내는 필력이 예사롭지 않은 분이었고, 그래서 글쓰기 훈련을 따로 받았거나 관련 경험이 분명 있으실 거라 여겼습니다. 하지만 "그런 경험이 전혀 없다"는 답변을 이 교수로부터 듣고서 한 번 더 놀랐지요.

글 잘 쓰는 사람은 말솜씨가 없다는 속설이 있습니다. 그러나 이 교수가 진행했던 EBS의 강연 영상들을 보면서 저는 이 속설을 믿지 않기로 했습니다. 후에 어느 모임에서 "방송 체질이신 것 같다"라 했더니 그는 손을 내저으며 "아쉬움이 남는다"고 말했습니다.

그런 제게 이 교수가 추천사를 부탁하며 이 책의 1차 편집본을 보내와 개인적으로 참 기뻤습니다. 저는 그 편집본을 컴퓨터 화면에 띄우지 않고 대신 A4용지 140장에 프린트했습니다. 그저 추천사를 쓰는 것만이 목적이었다면 그럴 필요가 없었겠지만 저 스스로 밑줄을 그어가며 공부한다는 생각으로 읽고자 했기 때문입니다. 그리고 찬찬히 글을 읽어 내려가는 동안, 저는 이 교수가 그때 말했던 아쉬움을 달래기 위해 이 책에 깊은 정성을 꾹꾹 눌러 담았다고 느꼈습니다.

한편으론 예전 기억도 떠올랐습니다. 언젠가 어느 언론매체로부터 수습기자 교육을 의뢰받은 적이 있습니다. 강의장에 도착해서 보니 수습기자들이 신문을 펼쳐 놓은 채 뭔가를 열심히 쓰고 있더군요. 그 광경을 본 저는 교육 담당자에게 물었습니다.

"저분들이 지금 뭘 하고 있는 건가요?"

그러자 그가 답했습니다.

"신문기사를 필사 중입니다. 매일 20건의 기사를 필사해서 제출하는 숙제가 있거든요."

저는 부동산 정책 기사를 열심히 필사하고 있던 어느 수습기자에게 다가가 그 기사의 의미를 아느냐 물었고, “전혀 모른다”는 답을 들었습니다. 의미는 몰라도 그저 무턱대고 열심히 베끼다 보면 기사 작성 실력이 늘지 않겠느냐는 게 교육 담당자의 생각인 듯했습니다.

그러고 보니 10여 년 전 주식시장에 입문한 친구도 생각나더군요. 매일 2시간씩 꼬박꼬박 증권사 리포트들을 정리해나가고 있다며, 그렇게 계속하다 보면 무언가 깨닫는 것이 있을 거라 말한 친구였습니다.

건물 공사에 비유하자면 제 친구나 그 수습기자들은 맨땅 위에 벽돌만 열심히 쌓고 있는 상황이라 할 수 있습니다. 그렇게 지은 건물은 얼마나 견고할까요? 아마 3층까지 제대로 올라가지도 못한 채 와르르 무너질 것입니다. 터를 깊이 파고 굵직한 파이프 기둥을 박아 골격을 세운 뒤 철근 콘트리트 타설을 하면 10~20층짜리 건물도 거뜬히 올릴 수 있는데 말입니다.

투자의 세계 역시 마찬가지일 것입니다. 파편적 지식을 무조건 머릿속에 집어넣는 방법도 5년, 10년쯤 하다 보면 도움이야 되겠지요.

그러나 그 시기에 미처 도달하기도 전에 투자자는 큰 실패를 겪고 시장을 떠나야 할지 모릅니다. 그와 달리 이 책에서 저자가 설명하고 강조하는 것들은 우리가 시장에서 오랫동안 투자하고, 오랫동안 살아남고, 결국엔 성공해 자산을 키우는 데 필요한 기초공사라는 데 있습니다. 그런 점에서 '투자의 기초'는 이 책의 제목인 동시에 매우 적확하고 핵심적인 키워드이기도 합니다.

본문은 자산 가격 형성, 주식거래의 메커니즘 등 주식투자의 기초가 되는 개념들을 다져주며 시작합니다. 터 파기 작업인 셈이지요. 특히 매수매도 스프레드와 시장조성자의 역할에 대한 저자의 간결하고 탁월한 설명은 이 책의 가장 큰 장점이 바로 이런 점임을 뚜렷이 보여줍니다. 이어 저자는 집중투자와 분산투자, 가치주와 성장주 등의 전통적 주식용어들은 물론 정보반영 편향과 밈 주식 등 근래의 주식시장에 점점 더 큰 영향을 미치는 요소들을 다루며 투자에 필요한 기초 기둥들을 세워줍니다.

이렇게 지반이 탄탄하면 고층 빼대를 세우기도 쉽지요. 채권과 금리, 통화 정책과 환율, 인플레이션은 초보 투자자들에게 너무나 멀고 어렵게만 느껴지는 주제들인 것이 사실입니다. 하지만 저자는 다양한 예시와 단계별 설명을 통해 그 내용을 체계적으로 차분히 전달하며 투자자로서의 시각을 넓혀줍니다(개인적으로 저는 이 부분을 이미 두 번 읽었습니다).

마지막 장에서는 기업의 주인과 대리인, 주주우선주의의 한계, 그리고 이제는 역행할 수 없는 흐름인 ESG라는 주제들을 다룹니다. 제가 알기로 저자는 기업지배구조에 큰 관심을 갖고 천착하며 연구 및 대외활동을 활발히 해오고 있는데, 그 이야기들을 알기 쉽게 들려주니 초보 투자자들이 편안한 마음으로 새로운 변화를 충분히 이해할 수 있을 거라는 생각이 들었습니다.

추천사라는 목적을 위해 출발했던 독서는 어느새 자본시장 참여자이자 주식투자자인 저의 기초를 재차 다지는 독서로 전환되었습니다. 그런 점에서 개인적으로는 참으로 만족스런 독서였습니다.

부족한 제 추천사가 혹 이관휘 교수의 역저에 담긴 뜻을 제대로 파악하지 못한 잡문이 된 것은 아닐지 걱정스런 마음으로 이만 마무리하겠습니다.

국제금융시장 분석전문매체 글로벌모니터 대표

김수헌

들어가며

이 책은 재무경제학의 중요한 토픽들을 일반인들이 이해하기 쉽게 풀어낸 책입니다. 재무경제학의 중요 이슈들을 모아 살펴보는 대중적 강의나 책이 (적어도 제가 아는 한에서) 그간 거의 없다시피 했다는 것은 놀라운 일이었습니다. 더구나 요즘처럼 주식투자에 대한 일반인들의 관심이 높은 시기에 말입니다.

그래서 저는 이 책을 통해 가능한 한 많은 주제를 독자 여러분께 전달하고자 조금 욕심을 부렸습니다. 주식 자체는 물론 주식시장, 채권시장 외에 환율과 외환시장에 관한 내용까지 집어넣었지요. 행태경제학에 관한 주제들 역시 다루었고요.

본문은 크게 네 장으로 구성되어 있습니다. 1장에서는 투자와 관련한 기초적인 내용들을 살펴봅니다. 주가란 무엇이며 어떻게 결정되는지를 살펴보는 몸풀기 시간이지요. 그러나 수익률과 위험의 관계, 발행시장과 유통시장 등 가볍지 않은 주제를 다룹니다.

2장은 '효율적 시장'이란 무엇인지를 알아보며 시작합니다. 그리고 이와 관련해 몇 개의 종목에 집중하는 투자가 아니라 많은 수의 종목에 투자하는 분산투자의 장점은 무엇인지, 또 이런 투자 시 주의해야 할 위험으로는 어떤 것이 있는지에 대해서도 배우지요. 더불어 경제학이 제시한 이와 같은 모범답안 이외에 시장이 비효율적인 상황에서의 투자안에 대해서도 살펴봅니다. 흔히들 말하는 가치주나 성장주의 정의와 특징은 물론 투자 시 고려해야 할 몇 가지 중요 수치들, 비효율적 시장을 만드는 중요 요소 중 하나인 정보반영 편향 및 투자 심리의 역할도 이 장에서 공부하는 내용입니다.

3장에서는 시야를 넓혀 보다 거시적인 시장 상황을 살펴봅니다. 가장 먼저 다루는 것은 규모도 크지만 각국, 특히 미국의 통화 정책으로부터 많은 영향을 받는 채권시장입니다. 또한 통화 정책을 결정하는 데 있어 중요하게 작용하는 요인 중 하나인 인플레이션에 대해서도 살펴보게 되지요. 이후엔 논의의 범위를 확장해 인플레이션이나 통화 정책이 그 나라 화폐의 가치, 즉 환율과는 어떤 연관성을 갖고 있는지도 함께 알아봅니다.

4장은 투자와 기업을 보는 새로운 패러다임에 관한 장입니다. 거대 기업들이 등장하자 이전과 달리 독점 이슈가 중요하게 대두되었고 관련 규제에 대한 관심 역시 높아졌지요. 그와 더불어 ESG가 중요 이슈로 주목받음에 따라 가장 기본적인 질문, 즉 '기업의 주인은 누구인가'에 대한 목소리도 과거보다 커졌습니다. 이러한 흐름들은 모두 투자 환경의 변화와 연관되기에 유심히 살펴봐야 할 필요가 있습니다.

이 책은 EBS 클래스ⓔ에서 진행한 강의에 바탕을 두고 만들어졌습니다. 하지만 앞서 말씀드렸듯 보다 다양한 주제들을 담고 싶었기에 집필 과정에서 많은 부분들을 추가, 보완했습니다. 제 욕심만큼 깔끔하게 내용이 전달된다면 참 좋겠습니다만, 그러한 바람을 얼마나 잘 담아냈는지는 독자 여러분의 판단에 맡기려 합니다.

감사드려야 할 분들이 많습니다. EBS의 김현우 PD님과 스태프들께서 제 강의를 방송으로 잘 만들어주지 않으셨다면 이 책도 없었을 것입니다. 그리고 장윤정 작가님이 제 강의를 워낙 잘 정리해주셔서 책으로 펴내는 데도 큰 어려움이 없었습니다. 저도 모르게 어렵게 강의한 부분은 송곳처럼 찔러서 질문해주신 덕에 보다 이해하기 쉬운 책이 되었다고 생각합니다. 또 과분한 추천사를 써주신 글로벌모니터 김수헌 대표님께도 깊이 감사드립니다.

독자 여러분께서 재무경제학을 좀 더 친숙하고 멋진 학문으로 생각하시는 데 조금이라도 도움이 된다면 이 책의 목적은 충분히 달성된 것입니다. 코로나로 어지러운 시기에도 여전히 봄은 오나 봅니다. 재미있게 읽어주시기 바랍니다.

차례

3 투자 시야의 확장_ 채권과 인플레이션, 환율

4 투자를 넘어_ 기업경영의 새로운 흐름

1

투자를 위한 준비
_ 기본개념 익히기

1

가격은 어떻게 형성될까

가격은 곧 펀더멘털이다

우리가 흔히 이야기하는 주가(stock price)는 '주식의 가격'이라는 뜻입니다. 가격(price)의 정의는 '한 재화가 갖고 있는 가치를 화폐단위로 표시한 것'이니 주가, 즉 '주식의 가격'은 해당 주식이 갖고 있는 가치를 화폐단위로 표시한 것이란 뜻입니다. 그렇다면 그 주식의 가치는 어떻게 매겨지는 걸까요? 또 주가가 항상 변하는 이유는 무엇이고, 가격은 어떤 과정을 통해 결정되는 걸까요?

주가가 어떻게 형성되는지를 이해하려면 '배당(dividend)'이라는 개념을 먼저 알아야 합니다. 기업은 영업활동을 통해 이익을 발생시키고 그중 일부 또는 전부를 주주들, 즉 자사 주식을 갖고 있는 이들에게 배분합니다. 이 금액을 배당금이라고 하는데 대개는 1주당 얼마씩의 금액으로 지급됩니다.

만약 오늘 여러분이 8만 3,000원을 지불하여 삼성전자 주식을 1주 매수하면 여러분은 삼성전자의 주주가 됩니다. 따라서 그 주식을 처분(매도)하지 않는 한 일정 시기마다 삼성전자로부터 배당금이라는 이름의 현금을 받게 될 것입니다. 배당금은 보유 주식의 수에 비례하니 여러 주를 보유할수록 배당수익 역시 커질 테고요.

이렇게 '앞으로 여러 번에 걸쳐 삼성전자로부터 받을 모든 배당을 현재 가격으로 할인한 뒤 더한 값'이 현재 삼성전자라는 주식의 '가치'가 됩니다. 그리고 시장은 그것을 8만 3,000원이라고 생각하기 때문에 그 '가격'에서 삼성전자의 주식이 거래되는 것이죠. 그림으로 정리하면 다음과 같습니다.

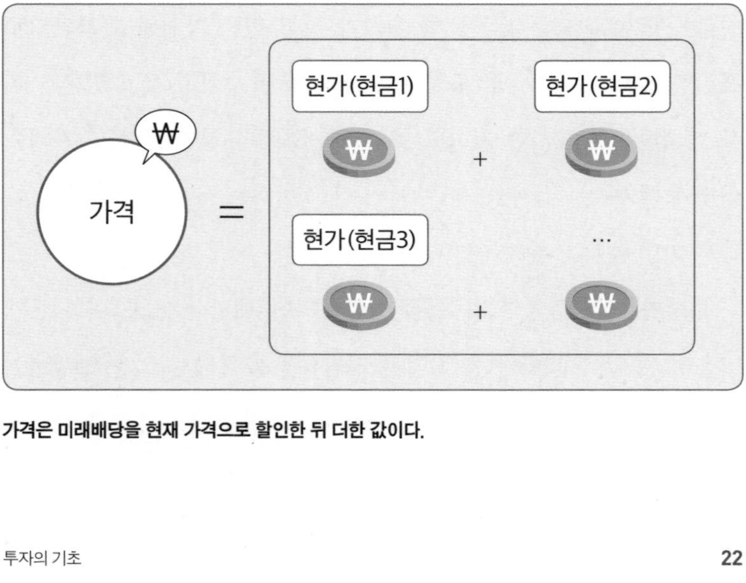

가격은 미래배당을 현재 가격으로 할인한 뒤 더한 값이다.

여기서 '현재 가격으로 할인한다'는 말의 의미가 조금 어렵게 느껴지실 수도 있을 듯해 약간의 설명을 보태보려 합니다. 제가 초등학생이었던 40여 년 전에는 100원짜리 동전 한 개만 내면 어묵과 떡볶이를 서너 명의 친구와 함께 실컷 먹을 수 있었습니다. 물론 이제는 어림도 없는 이야기가 되었지요. 40년 전의 100원과 지금의 100원이 갖는 가치가 달라졌듯, 40년 후의 100원이 갖는 가치 또한 현재의 100원과는 달라질 것입니다. 이처럼 돈의 가치는 시간의 흐름에 따라 변하기 마련인데, 미래의 어느 시점에 일정 금액이 갖는 가치가 현재 시점의 얼마에 해당되는지 계산하는 것을 일컬어 '(현재 가격으로) 할인을 한다'고 합니다(어떻게 할인하는지에 대해서는 다음 꼭지에서 다시 살펴보겠습니다).

사실 22페이지의 그림에는 비록 글자로 표시되진 않았지만 우리가 투자 시 많이 접하는 개념이 들어 있습니다. 경제 관련 기사나 방송 프로그램에서 '○○기업은 펀더멘털이 좋다/나쁘다'라는 이야기를 많이 들어보셨죠? 펀더멘털(fundamental)의 사전적 의미는 '특정 국가나 기업의 경제 상태를 표현하는 가장 기초적인 자료'인데 앞의 그림에서는 등호의 오른쪽에 있는 내용, 즉 '미래에 받게 될 배당의 현재 가격들을 더한 값'이 이에 해당합니다.

우리가 주식에 투자하는 이유는 그렇게 함으로써 미래에 배당을 받을 수 있기 때문입니다. 그런데 기업은 현금을 벌어들여야만 주주들에게 배당을 지급할 수 있습니다. 다시 말해 '현금을 벌어들이는 능력'을 가진 기업만이 주주들의 투자를 이끌어낼 수 있는 것이지요. 이러한 기업의 능력을 간단히 '펀더멘털', 또는 '내재가치(intrinsic value)'라고 표현합니다. 이상의 이야기를 정리하면 '가격 = 미래 배당을 현재 가격으로 할인한 것의 합 = 펀더멘털'이란 등식으로 표현이 가능하고, 따라서 결과적으로는 간단히 '가격 = 펀더멘털'임을 이해할 수 있습니다.

가격발견 과정과 일물일가의 법칙

'가격 = 펀더멘털'이라는 등식을 보고 '그럼 가격은 펀더멘털과 늘 같다는 건가?' 하는 궁금증이 생기는 분들도 계실 듯합니다. 하지만 이 식은 '가격은 펀더멘털과 **같아야 한다**', 그리고 '(장기적으로 봤을 때) 가격은 늘 펀더멘털 **주변에서 움직인다**'는 의미라고 이해하시는 편이 보다 정확합니다.

여기에 '장기적으로 봤을 때'라는 단서를 붙이는 이유가 있습니다. 단기적으로 보자면 기업의 주가와 실제 펀더멘털이 어긋날 때가 매우 많기 때문이죠. 펀더멘털에 비해 현재 형성되어 있는 주가가 낮은 경우를 한 예로 들 수 있습니다. 이것은 곧 해당 주식의 가치가 과소평가(undervalued)되어 있음을 뜻합니다. 흔히들 이야기하는 '저평가된 주식'인 것입니다. 때문에 사람들은 이런 주식을 많이 사려 하고, 그에 힘입어 이 주식의 주가는 오르기 시작합니다.

물론 그와 반대되는 경우도 있습니다. 주가는 매우 높지만 실제 펀더멘털이 그 정도로 좋지는 않은, 이른바 '과대평가(overvalued)된 주식'

의 경우지요. 이런 주식을 보유한 사람들은 그것을 팔기 위해 시장에 내놓을 테고, 사려는 이보다 팔려는 이들이 많으니 가격도 자연히 하락하기 시작합니다.

이미 눈치채신 분들도 계시겠지만 이처럼 가격은 단기적으로 봤을 때 주로 수급, 즉 수요와 공급의 영향을 크게 받습니다. 'A 주식이 과소평가됐다더라' 혹은 'B 주식이 과대평가된 상태라더라' 하는 이야기가 퍼지면 시장에는 쏠림 현상이 나타납니다. 그 시점에서 A 주식의 가격이 싸다고 생각하는 이들은 그것을 사기 위해, 또 B 주식의 가격이 지나치게 많이 올랐다고 생각하는 이들은 그것을 팔기 위해 시장으로 우르르 몰린다는 뜻입니다.

하지만 이러한 단기적 과정들을 거치면서 주식의 가격은 결국 그 기업의 펀더멘털로 수렴합니다. 자기가 마땅히 있어야 할 자리로 찾아가는 셈이지요. 양팔저울이나 시소에 비유하자면 양쪽의 무게가 대략 비슷해 균형을 이루는 범위 안에 드는 상황이라 하겠습니다. 이렇듯 가치 면에서 펀더멘털과 떨어져 있던 가격이 점차 펀더멘털로 수렴하는 과정을 '가격발견(price discovery)' 과정이라 칭합니다. 이 과정을 거치면 주가는 결국 펀더멘털의 가치, 즉 '적정가격(fair price)'에 도달하게 됩니다.

이러한 가격발견 과정에서 중요한 역할을 하는 것이 바로 '차익거래(arbitrage)'입니다. 차익거래는 '펀더멘털이 같은 주식은 동일한 가격에 거래되어야 한다'는 '일물일가의 법칙(Law of one price)'에 따라 작동

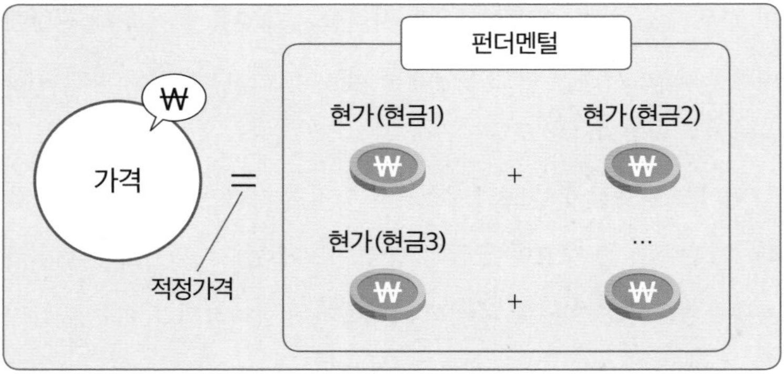

가격과 펀더멘털, 적정가격의 관계.

하는데, 이해하시기 쉽게 다음과 같은 예를 들어보겠습니다.

여기 A와 B 두 종류의 주식이 있고, 이 둘의 펀더멘털은 1만 원으로 똑같습니다. 미래에 받게 될 배당들을 현가로 계산해 더한 값이 두 주식 모두 동일하다는 뜻입니다. 그런데 오늘의 주가를 보니 A는 9,000원이고 B는 1만 1,000원이군요. 미래의 배당이 동일한데 오늘의 주가가 다르다면 둘 중 상대적으로 싼 주식을 사고 비싼 주식은 파는 전략을 통해 이익을 얻을 수 있습니다. 따라서 9,000원짜리 주식에는 매수세가, 1만 1,000원짜리 주식에는 매도세가 몰리겠지요. 그 결과 두 주식의 주가는 모두 펀더멘탈인 1만 원에 더욱 가까워질 것입니다.

이처럼 동일한 펀더멘털의 두 주식이 다른 가격에 거래될 때, 즉 '일물일가의 법칙'이 성립되지 않을 때 이 가격 차이를 이용해 차익을 얻고자 하는 거래가 바로 차익거래입니다. 이러한 차익거래를 통해 가격은 일물일가의 법칙이 성립하는 적정가격에 가까워지고, 우리는 이 프로세스를 가격발견 과정이라 부릅니다.

주식시장에서는 주식들에 대한 정보가 그야말로 매 순간 쏟아집니다. 심지어 하루의 시장이 마감된 후에도 끊임없이 생산되지요. 그리고 주가는 새로운 정보를 반영하여 변동합니다.

가령 한 회사가 특정 사업에 엄청난 자금을 투자했는데 그 성공 여부가 어떤 일로 인해 불투명해졌다는 등의 부정적 정보가 나오면 주가는 떨어집니다. 그러나 그 부정적 정보가 펀더멘털에 미치는 영향이 어느 정도인지를 투자자들이 알게 되기까지는 시간이 걸립니다. 해당 정보로 인해 주가가 현재 수준에서 1,000원이 빠지는 것이 적당한지, 혹은 1만 원이 빠져야 적당한지를 당장은 알 수 없다는 뜻입니다. 좋은 정보의 경우도 마찬가지입니다. 호재가 생기면 투자자 입장에서 좋긴 하지만, 그 덕분에 주가가 어느 정도까지 오르는 것이 적절한지를 파악하기란 어려운 일이지요. 그렇기에 가격발견 기능이 잘 발휘되는 것은 주식시장에서 무엇보다 중요한 일입니다.

주식투자에 관심 있는 분이라면 '효율적 시장(efficient market)' 또는 '시장 효율성'이라는 용어를 들어보셨을 겁니다. 효율적 시장은 가격발견 과정이 효율적으로 이루어지는 시장을 의미하는데, 여기에서의 '효율적'은 '빠르게'라는 뜻입니다. 효율적 시장은 워낙 중요한 주제인 만큼 여기에선 이렇게만 간단히 소개하고 뒤에서 좀 더 깊이 다루기로 합니다.

어렵지 않으시죠? 첫 번째 꼭지이기에 여기에선 투자와 관련하여 가장 기본적이고 또 다른 것들보다 상대적으로 쉬운 개념인 '가격'과 '펀더멘털'을 워밍업 삼아 살펴봤습니다. 다음 꼭지에서는 이를 바탕으로 수익률에 대한 이야기를 해보겠습니다.

2

수익률은 ○○의 함수다

수익률은 공짜가 아니다

'높은 수익률'은 아마도 투자에 참여하는 모든 이들이 추구하는 공통 목표일 것입니다. 기왕 하는 투자라면 좋은 성과, 즉 높은 수익률을 거두는 것이 나으니까요. 그러려면 수익률이라는 것이 무엇인지 잘 파악해둘 필요가 있습니다. 우선 가볍게 다음 문제부터 살펴볼까요?

	현재 주가	1년 뒤의 예상주가
A 주식	100원	150원
B 주식	100원	200원

[질문 1] 어떤 주식을 살까요?

여기에 A와 B라는 주식이 있습니다. 이 둘의 현재 주가는 100원으로 같죠. 그런데 주식을 사고 나서 1년 뒤에 기대할 수 있는 주가는 150원과 200원으로 다릅니다. 그렇다면 여러분은 둘 중 어느 것을 사겠다고 결정하실까요? 아마 많은 분들이 '1년 뒤 기대수익률이 A는 50퍼센트, B는 100퍼센트니 당연히 B를 사야지!'라고 생각하실 겁니다. A를 사겠다고 생각하시는 분은 거의 없겠지요.

혹시 앞 페이지의 표에 있는 정보만으로는 의사결정을 내리기가 어려워 '모르겠다'를 선택하고 싶은 독자분들이 계실까요? 그렇다면 어떤 정보가 더 주어질 경우에 결정을 내리실 수 있겠습니까?

여러분의 선택이 과연 어떤 것이었는지 좀 더 잘 이해하기 위해 이제 문제를 살짝 바꿔보겠습니다. 다음의 표와 같이 두 주식의 조건을 조금 변형시키면 어떻게 될까요?

이번에도 A 주식과 B 주식의 현재 주가는 100원으로 동일합니다. 그런데 1년 뒤의 예상주가가 조금 달라졌네요. A의 주가가 1년 뒤 150원으로 뛸 것은 100퍼센트의 확률로 확실합니다. 반면 B는 99퍼

	현재 주가	1년 뒤의 예상주가(확률)
A 주식	100원	150원 (100%)
B 주식	100원	0원 (99%)
		20,000원 (1%)

[질문 2] 이래도 B 주식을 사시겠습니까?

센트의 확률로 0원이 되지만 1퍼센트의 확률로 대박이 나서 2만 원이 될 가능성도 있습니다. 이럴 경우 B 주식의 기댓값은 200원이 됩니다. 확률과 기대실현 가치의 곱, 즉 (0.01×20,000) + (0.99×0)의 결과값이 200원이기 때문입니다. 그에 따라 B 주식의 기대수익률은 [질문 1]에서와 동일하게 100퍼센트가 되지요.

다시 말해 [질문 1]에서나 [질문 2]에서나 주식들의 기대수익률에는 변화가 없습니다. 이런 조건이면 여러분은 A와 B 중 어느 쪽을 사겠다고 결정하실까요? 확실한 150원이냐, 불확실한 200원이냐의 선택입니다. 이번에는 'A를 사겠다'고 답하시는 분들이 [질문 1]에서보다 훨씬 많으실 겁니다. 어떤 요소가 이런 차이를 만들어낸 걸까요?

[질문 1]과 [질문 2]의 차이는 바로 '불확실성(uncertainty)', 또는 '위험(risk)'에 있습니다. A 주식이 '확실'한 150원이 된다는 것은 미래 가격에 대한 불확실성이 없다는 뜻입니다. 오늘 100원을 내고 A 주식을 사면 1년 뒤 150원이 될 것임은 100퍼센트 분명한 일이니 '미래의 현금흐름에 변동성이 없는', 즉 '아무 위험도 없는' 주식이라는 뜻이지요. 그러나 B 주식은 그렇지 않습니다. 1년 뒤의 가격 범위가 0원부터 2만 원까지로 매우 넓고, 원금을 한 푼도 돌려받지 못할 확률 또한 99퍼센트로 엄청나게 높습니다. 따라서 B는 '가격의 변동성이 매우 큰', 즉 '위험이 큰' 주식입니다.

그런데 여기서 이런 점을 한번 생각해보겠습니다. [질문 1]에서 여러분의 대부분은 B를 사겠다고 대답하셨을 것입니다. 기대수익률이

A는 50퍼센트인 데 반해 B는 100퍼센트였으니까요. 하지만 [질문 2]에서의 기대수익률도 이와 동일한데 [질문 1]에서와 달리 많은 사람이 '나는 A를 사겠다'고 답하는 이유는 뭘까요? 이는 B 주식의 변동성, 즉 위험을 감수하겠다고 결정하기엔 100퍼센트라는 기대수익률이 충분치 않다고 판단했기 때문입니다. 기대수익률이 100퍼센트보다 훨씬 더 높아지지 않는 한 그 정도의 위험은 짊어지지 않겠다고 생각했다는 뜻입니다.

이를 좀 더 잘 이해하기 위해 가정 하나를 덧붙여보겠습니다. B 주식에 대해 1년 뒤 1퍼센트의 확률로 기대할 수 있는 주가가 2만 원이 아닌 2,000만 원이라 가정해보는 것입니다(단, 0원이 될 확률은 여전히 99퍼센트로 동일합니다). 그럼 B의 기대수익은 200원이 아닌 20만 원이 되고, 그에 따라 기대수익률은 20만 퍼센트가량에 이릅니다. 기대수익률이 A 주식의 50퍼센트보다 무려 4,000배 가까이 높은 셈입니다.

사정이 이렇다면 위험을 무릅쓰고 싶은 생각이 들 수 있습니다. '위험이 크긴 하지만 수익률도 크니 위험 감수에 따르는 충분한 보상이 될 것'이라 여긴다면 말입니다. 아마 이 부분에서 눈치채신 독자분들도 계실 텐데, 당첨확률이 그토록 낮음에도 많은 사람들이 로또나 여타 복권들을 기꺼이 돈 주고 사는 이유가 바로 이것입니다.

하지만 [질문 2]를 보신 분들 중에는 과감히 'B보다 A의 위험이 적긴 하지만 그래도 나는 B를 사겠다'고 대답한 분들도 계실 것입니다. A를 선택한 분들이 상대적으로 위험회피형(risk-averse) 투자자라면 이런 분들은 안정성보다는 위험을 좀 더 좋아하는 위험선호형(risk-loving) 투자자일 가능성이 높습니다.

이분들이 B를 선택하는 이유는 '기대수익률이 100퍼센트라면 내가 B의 위험을 감당하는 대가로서 충분하다'고 판단했기 때문입니다. 즉, A에 비해 50퍼센트가량 더 높은 기대수익률이 제공된다면 B의 위험을 감수하는 보상이 되기에 충분하다고 판단했다는 뜻이지요. 이때 추가로 주어지는 50퍼센트의 수익률을 '위험의 가격', 또는 '위험 프리미엄(risk premium)'이라 합니다. 위험이 큰 투자안이라면 수익률이 충분히 커야만, 다시 말해 충분한 위험 프리미엄이 보상으로 주어져야만 매력적인 투자 대안이 될 수 있을 것입니다.

이처럼 수익률은 공짜가 아니라 '위험에 대한 보상'이자 '위험의 함수'라는 점, 이것이 모든 투자에서 가장 기초적이면서도 가장 중요한 위험과 수익률의 관계입니다. 간단하지만 절대 잊어서는 안 되는 내용인 만큼 한 번 더 강조하겠습니다. 꼭 기억해두시기 바랍니다.

수익률은 위험에 대한 보상이다.

주식뿐 아니라 그 어떤 것에 대해서든 투자 여부를 결정할 경우 우리가 반드시 생각해봐야 할 두 가지가 있습니다. 하나는 '내가 감수할 수 있는 위험은 어느 정도인가', 다른 하나는 '그 정도의 위험을 감수하는 데 따르는 수익률은 얼마나 되어야 내가 만족할 것인가'입니다. 그리고 투자란 이 둘의 조합을 만족시키는 대상이 있을 경우에 하는 것이지요. '오, 이건 수익률이 높네?'라는 생각, 또는 "지금 ○○○○에 투자하면 엄청나게 높은 수익률을 올릴 거야"라는 말에 휩쓸려 위험을 무시한 채 오직 수익률만을 고려해 결정하는 건 좋은 투자 방식이 못 된다는 뜻입니다.

앞서 나온 B 주식의 기대수익률 자체가 [질문 1]과 [질문 2] 모두에서 100퍼센트로 동일했음을 떠올려보면 이 말의 의미를 좀 더 분명히 느끼실 수 있을 겁니다. 중요한 것은 수익률 자체가 아니라 그 수익률이 '위험에 비해' 적정한 것인가의 여부입니다.

수익률의 다른 이름들

[질문 1]로 다시 돌아가 이번에는 A 주식이 150원이 될 확률과 B 주식이 200원이 될 확률 모두가 100퍼센트라고 가정해보겠습니다. 두 주식이 갖는 위험이 없어져 0으로 동일해진다는 뜻입니다. 위험이 같으니 이제는 수익률만을 비교해도 좋겠네요. 앞에서와 마찬가지로 수익률은 B 쪽이 더 큽니다. 위험이 같음에도 보상은 A보다 크다는 뜻이지요. 따라서 많은 투자자들이 B를 선택할 것입니다.

그런데 만약 이런 이유로 모든 사람들이 B를 사기 위해 몰린다면 A는 어떻게 될까요? A와 B의 가격이 같다면 아무도 A를 사지 않을 것입니다. B와 위험은 같은데 수익률은 그 절반에 불과하니까요. 다시 말해 A의 가격으로 100원은 너무 비싼 것입니다.

같은 이유로 B의 가격이 너무 싸게 매겨졌을 가능성 또한 생각해볼 수 있겠지요. 다만 여기에선 편의상 B의 가격은 고정해두고, 이에 따라 A의 가격이 어떻게 변하는지를 살펴보겠습니다. A의 경우 값이 비싸 사고자 하는 이가 적으니 가격은 100원에서 점점 하락할 테고, 그러다 적정선에 이르면 하락세가 멈출 것입니다(A의 가격이 너무 낮게 매겨졌을 경우에 대해서도 이와 마찬가지 방식으로 생각해보면 됩니다). 이때의 '적정선'은 바로 기대수익률이 B와 같아지는 지점에 해당합니다. 그래야 시장에서 A가 경쟁력을 가질 수 있을 테니까요.

그렇다면 위험이 0으로 B와 동일하고 1년 뒤 예상주가가 150원인 점에도 변함이 없다는 전제하에서, B처럼 A도 투자자들에게 100퍼센트의 수익률을 보장해주려면 어떻게 해야 할까요? 맞습니다. 현재 가격이 100원보다 낮아지고, 그럼으로써 지금은 50퍼센트인 A의 기대수익률이 100퍼센트로 높아져야 합니다.

A의 가격이 75원까지 떨어졌다고 가정하면 수익률은 어떻게 달라질까요? 수익률이란 '투자로 번 돈을 투자한 돈으로 나눈 비율', 즉 투자액 대비 벌어들인 돈의 비율입니다. 이 경우 벌어들인 돈은 150원에서 75원을 뺀 75원이고, 투자한 돈이 75원이니 수익률은 100퍼센트가 됩니다. 다시 말해 75원에 도달할 때까지 A의 가격은 떨어질 것이란 얘기입니다.

이 짧은 예를 통해 여러분은 수익률이란 개념이 갖는 중요한 특징들을 파악할 수 있으셨을 것입니다. 그런데 그 특징들 중 어떤 것을 강조하느냐에 따라 수익률의 이름이 다양하게 달라진다는 점을 함께 알아두면 여러 경제 용어들을 이해하는 데 큰 도움이 되기에 간략히 설명해드리겠습니다.

첫 번째 이름은 '기대수익률(expected return)'입니다. 투자자들이 얼마만큼의 수익을 원하며 원금을 투자하는지, 다시 말해 투자를 통해 올릴 수 있을 거라 '기대'하는 수익률이 얼마인지를 강조한 명칭이지요. 앞의 예에서 우리가 A를 사는 이유는 오늘 75원을 투자함으로써 앞으로 75원을 더 벌어들여 총 150원을 받을 거라 기대하기 때문임을 떠올려보시면 이 점을 이해하기 쉬우실 것입니다.

두 번째 이름은 '필수수익률' 혹은 '요구수익률(required rate of return)'입니다. 앞의 예에서 A가 B와 경쟁해 시장에서 살아남으려면 적어도 100퍼센트의 기대수익률을 제공해야만 합니다. B와 위험이 동일한 상태에서 기대수익률이 50퍼센트에 그친다면 시장에서 외면받을 테니까요. 따라서 B와 위험이 같은 이상, A에게는 적어도 100퍼센트의 기대수익률이 '필수적'으로 '요구'된다고 할 수 있습니다. 이것이 필수수익률, 또는 요구수익률이라는 명칭이 붙여진 이유입니다.

세 번째 이름인 '기회비용(opportunity cost of capital)'은 수익률이 곧 기회비용이라는 점을 강조합니다. 기회비용은 투자자가 포기한 여러 대안 중 가장 나은 것을 뜻하는 경제학 용어입니다. 앞의 예에서 75원을 A에 투자했다면 이는 동일 금액을 다른 곳에 투자하여 얻을 수 있는 100퍼센트의 수익률을 포기한 것과 마찬가지입니다. 그렇기에 A를 사기 위해 포기한 100퍼센트의 수익률은 곧 기회비용이 됩니다.

수익률의 네 번째 이름은 '할인율(discount rate)'입니다. 지금 A 주식에 75원을 투자하면 미래(1년 뒤)에는 100퍼센트의 확률로 150원을 받습니다. 이때의 수익률은 100퍼센트이고 75원과 150원은 각각 A가 갖는 현재와 미래의 가격, 즉 현재가치(PV: present value)와 미래가치(FV: future value)에 해당합니다. 그리고 이들 사이의 관계는 다음과 같은 식으로 나타낼 수 있습니다(1.0은 1과 같지만 수익률임을 나타내기 위해 소수점을 써서 표시했습니다).

$$150원 = 75원 \times (1 + 1.0)$$
$$75원 = 150원 \div (1 + 1.0)$$

➡

$$① 미래가치 = 현재가치 \times (1 + 1.0)$$
$$② 현재가치 = 미래가치 \div (1 + 1.0)$$

75원이 150원으로 된다는 건 원금이 벌어들인 금액, 다시 말해 기대수익률 100퍼센트를 원금에 곱한 금액이 원금에 더해진다는 뜻이니 ①과 같은 식으로 표현됩니다. 그리고 현재가치를 중심으로 하여 ①을 다시 쓰면 ②와 같이 표현하는 것도 가능합니다. 지금의 75원은 미래의 150원을 수익률 100퍼센트로 나눠서 구할 수 있다는 뜻이지요. 다시 말해 현재가치 75원은 미래가치 150원을 100퍼센트로 '할인'한 값이 되고, 그래서 다음의 공식이 도출됩니다(공식에서의 t는 '시간'을 뜻하는데, 미래가치가 언제의 것인가에 따라 연/월/주/일 등 다양한 단위가 될 수 있습니다).

$$현재가치(PV) = \frac{미래가치(FV)}{(1 + r)^t}$$

이 공식에서 r에 해당하는 것이 바로 할인율입니다. 미래가치를 구하려 할 때 현재가치에 곱하는 비율은 '기대수익률'이라 불리지만, 현재가치를 구하기 위해 미래가치를 나눌 때 사용되는 비율은 '할인율'이라 불리는 것이지요. 미래가치를 구하는 식 ①과 현재가치를 구하는 식 ②에서 '1.0'이라는 숫자가 동일하게 사용되었음을 보시면 이 점이 잘 이해되실 겁니다.

수익률이 갖는 여러 이름 중 마지막 것은 '자본비용(cost of capital)'입니다. 글자 그대로 '회사가 돈을 빌려 쓴 대가로 자본제공자들(주주 또는 채권자)에게 지출하는 비용'이란 뜻이지요. A의 가격인 75원은 열심히 영업을 하라고 기업 A에게 투자한 돈입니다. 투자자는 당연히 투자한 돈에 대한 대가를 받아야 하고, 그 대가는 미래에 배당이라는 형태로 지급됩니다. 주가 75원이 곧 미래에 받게 될 배당을 현재가치로 할인해 모두 더한 금액(펀더멘털)임은 앞에서 살펴보았지요? 이때 미래의 배당들은 할인율, 즉 수익률로 할인됩니다. 따라서 수익률은 75원을 투자한 대가로 받는 금액(배당)을 투자금 대비 비율로 나타내는 말이 됩니다.

참고로 회사에 돈을 투자할 때 그 수단이 꼭 주식이어야 한다는 법은 없습니다. 주주보다 채권자가 되기를 원한다면 채권을 사서 빌려줘도 되기 때문입니다. 그렇기에 자본비용도 두 가지로 구분됩니다. 주식을 사는 방식으로 돈을 투자한 경우엔 '자기자본비용(cost of equity)', 채권을 사는 방식으로 투자했다면 '타인자본비용(cost of debt)'이라 합니다.

이처럼 수익률의 명칭은 그것을 어떤 측면에서 바라보느냐에 따라 달라집니다. 그러나 어떻게 불리든 '수익률은 위험의 함수'라는 사실은 변하지 않습니다. 그렇기에 투자자라면 '나는 어느 정도까지의 위험을 감수할 수 있는가', 그리고 '그에 대한 보상으로 나는 어느 정도의 수익률에서 만족할 것인가'를 지속적으로 생각하며 투자에 임해야 합니다. 자신에게 걸맞은 수익률과 위험의 조합을 스스로 선택하여 투자를 결정해야 한다는 뜻입니다.

투자 스타일이 다양한 이유 또한 이 두 질문에 대한 답의 조합들이 투자자들마다 서로 다르기 때문입니다. 자신이 위험선호형이라고 판단되는 투자자라면 개별 주식들 중에서도 위험이 조금 높은 것들을 선별해 투자하고, 위험회피형이라 여겨진다면 인덱스 같은 곳에 장기로 투자하는 식인 것입니다.

위험과 수익률 간의 이런 관계를 기억해두시면 "나 주식투자에서 엄청나게 높은 수익률을 기록했어"라는 누군가의 자랑을 듣더라도 마냥 부러워하거나 '나도 그 주식에 투자해볼까?' 하며 휘청대지 않게 됩니다. 오히려 "오, 그래? 그럼 위험은 어느 정도였는데?"라는 질문부터 던지게 되실 겁니다. 그리고 '아, 그렇게 큰 위험을 감수했는데 운이 좋아 그 정도로 높은 수익률을 얻은 거구나. 나라면 그런 위험을 각오하고 투자할 수 있었을까?' 하는 생각도 하게 되실 테고요. 이런 생각들이 투자에서의 신중함과 성공 확률을 높여준다는 점은 두말할 필요가 없을 것입니다.

수익률은 '오직' 위험에 대한 함수

주가가 '배당을 할인한 값들의 합'이고 할인율, 즉 수익률이 '위험'의 함수라면 주가는 결국 위험에 따라 결정된다고 할 수 있습니다. 그럼 주가에 영향을 미치는 요인은 위험뿐인 걸까요? 이 부분을 이해하기 위해 앞서 들었던 두 주식의 예를 좀 더 확장시켜보겠습니다.

A와 B라는 주식이 있습니다. 두 주식 모두 1년 후에는 '확실하게' 150원이 됩니다. 위험도 같고 미래가치도 같은 회사들의 주식이라는 뜻이지요. 그러나 한 가지 차이가 있습니다. A 주식을 발행한 회사는 사회 발전을 위해 수많은 의미 있는 일들을 솔선수범하여 행한 사람이 지배주주로 있고, 직원들을 가족같이 아끼고 챙겨주기에 기업 이미지도 아주 좋습니다. 한마디로 많은 이들의 사랑과 존경을 받는 기업인데, 편의상 이 기업을 '존경 A'라 칭하겠습니다. 그에 반해 B를 발행한 회사는 매우 악명이 높습니다. 사람을 업신여기고 제멋대로인

데다 쉴 새 없는 갑질 행패에 더해 능력도 없는, 그래서 많은 사람들이 재수없게 느끼는 인물이 지배주주로 있지요. 이 회사를 '갑질 B'라고 부르겠습니다.

지금 시장에서 존경 A가 100원에 거래되고 있고, 이것이 적정가격이라고 가정합시다. 다시 한 번 상기시켜드리지만 A와 B는 위험이 같고 미래가치도 똑같이 150원인 주식입니다. 당신은 갑질 B의 주식을 사기 위해 얼마까지 지불할 용의가 있으신가요? 다시 말해 얼마가 갑질 B의 적정가격일 거라고 생각하실까요?

정의감에 넘치는 당신은 아무리 위험과 미래가치가 같다 해도 갑질 B에 존경 A만큼의 돈을 투자할 생각이 없습니다. 존경 A의 주가가 100원이니 갑질 B의 주가는 그보다 낮아야 할 테고, 그래서 90원 정도가 적당할 거라 생각합니다. 그런데 당신의 친구는 정의감이 더 강해서 "갑질 B에 90원씩이나 투자하다니 그게 말이 되느냐!"라며 80원도 아깝다고 합니다. 실제로 수업 시간에 학생들에게 물어보면 30원도 못 내겠다는 답이 적지 않고, 심지어 0원이 적당하다는 극단적 의견도 가끔 나옵니다.

만약 주식시장에 정의로운 투자자들이 많아 갑질 B에 75원의 가격이 매겨졌다면 어떤 일이 벌어질까요? 이제 갑질 B는 75원만 내고도 1년 뒤 150원을 확실하게 받을 수 있는, 수익률 100퍼센트가 보장된 주식이 됩니다. 반면 존경 A로 150원을 받으려면 오늘 100원을 내야만 합니다. 수익률이 갑질 B의 절반인 50퍼센트에 불과해진다는 뜻이지요. 위험이 같은데 수익률이 절반이라면 이제 누가 존경 A의 주식을 사고 싶어 할까요? 또한 위험이 같은데 수익률이 두 배라면 갑질 B는 존경 A보다 훨씬 더 매력적인 투자안이 된 것 아닐까요?

그에 따라 B 주식은 많은 투자자들이 사고 싶어 하니 결국 가격이 오를 테고, 반대로 A 주식은 사려는 투자자들이 줄어 가격이 떨어질 것입니다. 갑질 B는 상을 받고 존경 A는 벌을 받는 셈이지요. 그런데 뭔가 좀 이상합니다. 나쁜 회사를 응징하려는 정의로움이 오히려 존경받는 회사를 벌하고, 비난받는 회사에겐 상을 주는 셈이 되어버렸으니까요. 정의로움이 이런 식으로 작동해도 되는 걸까요? 아니, 이런 식이라면 이것을 정의로움이라 일컬어도 되는 것일까요?

물론 이 예는 현실의 주식시장에서 벌어질 수 있는 일들을 아주 많이 단순화한 것입니다. 가령 불매운동 등을 통해 갑질 B가 영업에 심각한 타격을 입는다면 미래에 벌어들일 현금의 크기가 줄어 미래가치가 150원보다 한참 밑에서 결정될 수도 있습니다. 또 불매운동 등이 지속적으로 이어진다면 펀더멘털이 나빠져 75원이 갑질 B의 적정가격이 될 가능성도 있겠지요. 그러나 이것 역시 일반적 경우라 하기는 힘듭니다. 불매운동이란 게 얼마나 지속적일 수 있을는지 의문스럽기도 한 데다, 기업에 문제가 있을 때마다 매번 일어나는 것도 아니기 때문입니다.

따라서 펀더멘털이 바뀌는 경우가 아니라면 결국 A와 B라는 두 주식의 주가는 같아집니다. 발행 기업이 존경받는 곳인가, 혹은 갑질을 하는 곳인가의 여부는 가격에 반영되지 않는 것입니다. 시장은 차갑습니다. 온정이 없다고들 하지요. 수익률은 이처럼 '오로지' 위험에 의해서만 영향을 받기 때문인 것이 그 이유입니다. 그러니 앞에서 강조했던 문장을 살짝 보완해서 다음과 같이 써 보겠습니다.

> 수익률은 오직 위험에 대한 보상이다.

뒤에서 살펴보겠지만 그럼에도 요즘에는 이렇듯 차가운 금융시장에 대한 반성의 흐름이 나타나고 있습니다. 아마 여러분도 ESG에 대해 들어보셨을 텐데, 시장의 관심을 환경 및 사회 문제로까지 강제적으로 확장시키자는 흐름이 그것입니다. 재무경제학의 관점에서 보자면 이는 시장이 관심을 두어야 할 위험 요소들에 이제는 환경과 사회, 기업지배의 문제까지 모두 포함되어야 함을 뜻합니다. ESG는 워낙 중요한 흐름이니 이 책의 마지막 부분에서 간략하게나마 다시 얘기해 보겠습니다.

3

주식거래의 메커니즘

발행시장과 유통시장

유가증권시장은 보통 발행시장과 유통시장의 두 종류로 나뉩니다. 이름 그대로 전자는 주식이 '발행'되는 시장이라 영어 명칭도 'issue market'이고, 후자는 발행된 주식이 '유통'되는 시장이라 'circulation market'이라 합니다. 한편 발행시장은 기업의 새로운 주식이 처음으로 풀리는 곳이기에 1차 시장(primary market), 유통시장은 기발행된 주식들이 거래되는 곳이기에 2차 시장(secondary market)으로 불리기도 합니다.

발행시장에서는 여러 일들이 벌어집니다. 아직 상장되지 않은 기업이 기업공개를 통해 처음으로 증권거래소에 상장하는 일(IPO), 이미 상장되어 있는 기업들이 자사 주식을 새로 발행하여 시장 투자자들에게 판매함으로써 필요 자본을 조달하는 일(유상증자), 그리고 기업들이 자사 주식을 새로 발행하기는 하나 기존 주주들에게 무상으로 배분함으로써 자본 구성을 바꾸는 일(무상증자) 등이 그것입니다. 이렇듯 발행시장은 기본적으로 '기업들'과 '시장 투자자들' 사이에서의 거래가 이뤄지는 시장이자 기업들이 자본을 조달하는 시장이란 특징을 가집니다.

그와 달리 유통시장은 이미 발행되어 시장에 풀려 나온 주식들을 두고 투자자들끼리 거래하는 시장입니다. 내가 이미 매수하여 보유하고 있는 A 기업의 주식을 시장의 다른 투자자들에게 매도하는 시장, 혹은 반대로 누군가 자신이 보유하고 있던 B 기업의 주식을 내놓으면 내가 매수할 수 있는 시장인 것이죠. 이러한 매수/매도 활동, 즉 '거래'가 활발히 이뤄짐으로써 시장은 각 기업의 적정주가가 어느 정도인지를 찾아가게 됩니다. 앞서 살펴봤던 '가격발견' 효과가 나타나는 곳이 바로 유통시장이라고 생각하시면 됩니다.

발행시장과 유통시장이 따로 있는 것은 아닙니다. 우리나라의 코스피(KOSPI)나 코스닥(KOSDAQ)은 우리가 흔히 주식을 거래하는 시장이니 유통시장으로서 기능하지요. 그러나 기업들이 기업공개를 하거나 주식을 추가로 발행하는 곳 역시 코스피나 코스닥입니다. 다시 말해 이 시장들은 발행시장으로서의 기능도 동시에 수행하고 있는 것입니다.

이 두 시장을 운영하는 곳은 한국거래소(KRX)입니다. 부산에 본사를, 서울 여의도에 서울사무소를 두고 있으며 금융위원회의 관리를 받지만 증권사 등 금융투자회사들이 지분의 85퍼센트 이상을 갖는 엄연한 주식회사이지요. 한국거래소는 비상장 회사이지만 외국의 경우엔 거래소 자체의 주식이 시장에 상장되어 거래되기도 합니다. 현재 나스닥(NASDAQ)에 상장되어 있는 시카고상품거래소그룹(CME Group)이 좋은 예가 될 것입니다.

발행시장과 유통시장의 대략적인 정의와 구분에 대해 이제 어느 정도 감이 잡히셨을 듯하니 지금부터는 이 두 시장을 좀 더 자세히 살펴볼까요? 우선 우리에게 보다 친숙한 유통시장에 대해 알아보겠습니다.

유통시장의 세 가지 유형

유통시장은 거래 촉진 역할을 하는 시장조성자(market maker)의 존재 유무에 따라 크게 세 가지로 나뉩니다. 주문주도형 시장(order-driven market), 호가주도형 시장(quote-driven market), 혼합형 시장(hybrid market)이 그것입니다.

주문주도형 시장은 여러 투자자들이 직접 주문(order)을 내고 그들 간에 거래가 이루어지는 시장입니다. 어떤 투자자가 '나는 A 기업의 주식 10주를 1만 원에 팔겠다', 또 다른 투자자가 '나는 B 기업의 주식 20주를 5만 원에 사겠다'와 같은 식으로 주문을 내면 이것들은 오더북(order book), 즉 각 주식에 대한 호가와 수량이 표시되는 플랫폼에 수합됩니다. 그리고 이렇게 오더북에 모인 주문들 중 서로의 조건을 만족시키는 것들이 체결됨으로써 주식거래가 이뤄지는 시장이 바로 주문주도형 시장입니다. 이름 그대로 '주문'들이 '주도'하는 시장이라고 이해하시면 되겠습니다.

그렇다면 호가주도형 시장은 어떤 곳일까요? 이름으로 유추해보니 '호가'가 '주도'하는 시장이겠네요. 다만 여기에서의 '호가'는 일반 개인투자자가 아닌 시장조성자가 제시하는 호가라는 데 유의해야 합니다. '시장을 조성한다'는 것은 시장에서 거래가 활발히 이뤄지게 하는 일을, 그리고 시장조성자라는 것은 바로 이런 의무를 갖는 기관들을 일컫는데 대개는 국내외 증권사들이 이 역할을 합니다.

시장조성자로 참여하는 각 기관들은 특정 주식들의 거래 활성화를 위한 계약을 증권거래소와 사전에 체결합니다. 그리고 해당 주식들에 대해서만 시장조성의 책임을 지고, 그 대가로 거래소로부터 수수료를 받지요. 만약 계약 대상 주식들이 시장에서 활발히 거래되지 않으면 해당 주식에 대한 매수 혹은 매도 주문을 냄으로써 거래를 활성화하는 것이 시장조성자의 역할입니다. 또한 시장에서의 주문들이 매수와 매도 중 한쪽으로 쏠리는 상황이 되면 이들은 반대쪽의 포지션을 취함으로서 거래가 보다 용이하게 이루어지게끔 해줍니다.

시장조성자들의 이러한 역할은 투자자들의 거래비용을 줄여줍니다. 가령 현재 보유 중인 주식을 매도하고 싶은데 매수해줄 상대가 없다면 나는 주가를 할인해서 매도 주문을 내야 합니다. 반대로 어떤 주식을 매수하고 싶은데 매도해줄 상대가 없다면 호가를 올려 매수 주문을 내야 하겠지요. 두 경우 모두 거래당사자에게는 불리합니다. 하지만 시장조성자들이 매수 혹은 매도 상대로서 이러한 거래를 받아주는 덕분에 투자자들은 자신들이 불리해지는 상황을 방지할 수 있습니다. 그만큼 거래를 용이하게 할 수 있기에 추가비용을 절약하는 셈이 되는 것입니다.

혼합형 시장은 주문주도형과 호가주도형, 이 두 종류의 시장을 합쳐놓은 시장입니다. 일반 투자자들이 내는 주문은 오더북에 모으고, 한편으론 시장조성자들이 본연의 임무를 할 수 있도록 허용하는 시장이지요. 뉴욕증권거래소(NYSE), 나스닥, 런던증권거래소(LSE) 등 우리가 익히 알고 있는 메이저 주식시장들이 혼합형 시장에 해당합니다. 한국의 증권거래소 역시 2016년부터 시장조성자 제도를 받아들여 혼합형 시장이 되었습니다.

주식거래, 이렇게 이뤄진다

이제 거래가 실제로 어떻게 체결되는지를 살펴보겠습니다. 다음 페이지의 그림은 앞서 이야기한 오더북을 가상으로 만들어본 것입니다.

왼쪽의 '수량' 항목은 매도자, 즉 주식을 팔려는 이들이 내놓은 주식

수량	호가	수량
…	…	
200	77,600	
10	77,500	
	77,400	
	77,300	
	77,200	20
	77,100	150
	…	…

오더북에는 주식에 대한 호가와 수량이 표시된다.

수량이고 오른쪽의 '수량' 항목은 매수자, 즉 주식을 사려는 이들이 원하는 주식 수량입니다. 그리고 가운데의 '호가' 항목은 이 각각의 매도 혹은 매수 주문자들이 원하는 거래 가격입니다. 이 세 가지만 알면 오더북의 내용을 파악할 수 있습니다.

방금 제시한 오더북이 삼성전자 주식에 관한 것이라 가정하고 찬찬히 살펴볼까요? 첫 번째 주문의 경우 왼쪽 '수량'에는 200, '호가'에는 77,600이라고 나와 있으니 '삼성전자 주식을 7만 7,600원에 팔겠다'는 주문이 200주만큼 대기하고 있는 것입니다. 또한 맨 마지막 주문은 오른쪽 '수량'이 150, '호가'가 77,100이므로 '삼성전자 주식을 7만 7,100원에 사고 싶다'는 주문이 150주만큼 대기 중이라는 뜻입니다.

여기서 함께 알아두셔야 할 내용이 있습니다. 투자자들이 자신의 주문을 내는 방식에 대해서인데, 이 방식은 크게 둘로 나뉩니다. 지정가 주문(limit order)과 시장가 주문(market order)이 그것입니다.

지정가 주문은 '나는 A 기업의 주식 10주를 ○○○원에 사겠다(혹은 팔겠다)'처럼 자신이 원하는 거래의 수량과 가격을 함께 제시하는 주문 방식입니다. 오더북을 보면 팔고자(혹은 사고자) 하는 이들이 몇 주를 얼마의 가격에 내놓았는지(혹은 사겠다고 제안했는지)가 표시되어 있는데 이것이 바로 체결을 기다리고 있는 지정가 주문들입니다.

이와 달리 시장가 주문은 투자자가 주문을 낼 때 자신이 원하는 거래 수량만을 제시하는 방식입니다. '나는 A 기업의 주식 10주(수량)를 사겠다'라는 주문이 시장가 주문 방식으로 매수 주문을 내는 예에 해당합니다. 즉, 시장가 주문에서는 이들 수량을 '얼마에' 사겠다는 조건을 제시하지 않는 것이지요. 이처럼 가격을 지정하지 않고 매수 주문을 내면 현재 오더북에 나와 있는 여러 매도 주문들 중 내게 가장 유리한 가격(최저가)의 것으로 매매가 성립됩니다. 이렇듯 시장가 주문은 대기하고 있는 지정가 주문들과 매치되어 체결되는 주문입니다.

이런 점에서 지정가 주문은 시장에 유동성(liquidity)을 공급하는, 그리고 시장가 주문은 유동성을 흡수하는 주문 방식이라 할 수 있습니다(기업재무나 회계의 관점에서의 유동성이 '현금성'을 뜻하곤 하는 것과 달리 이때의 유동성은 '거래의 용이성'을 지칭합니다). 지정가 주문이 많지 않아 오더북에 대기하고 있는 주문들이 적은 경우를 생각해보면 이 말의 뜻을 쉽게 이해할 수 있으실 것입니다. 어떤 주식과 관련하여 오더북에 올라와 있는 대기 주문들이 적다는 것은 시장가 주문이 매치될 수 있는 대상들의 수가 적고, 따라서 그만큼 거래가 어려워진 상황임을 뜻하지요. 그렇기에 이 주식의 유동성이 낮은 상황이라고 할 수 있는 것입니다.

조금 더 구체적인 이해를 위해 앞서 나왔던 가상의 삼성전자 주식 오더북을 다시 한 번 살펴보겠습니다. 매도 주문 리스트를 보니 7만 7,500원에 10주, 그리고 7만 7,600원에 200주가 나와 있군요. 이 상황에서 만약 여러분이 '삼성전자 주식 15주를 사겠다'는 시장가 주문을 내면 어떤 내용으로 체결될까요?

앞서 말했듯이 시장가 주문에선 '주문자에게 가장 유리한 가격'으로 거래가 이뤄집니다. 따라서 우선은 가장 낮은 가격인 7만 7,500원에 나와 있는 10주가 매수되고, 나머지 5주는 그다음으로 낮은 가격인 7만 7,600원에 걸려 있는 200주 중에서 추가로 매수되겠지요. 이것이 주식시장에서 거래가 체결되는 메커니즘입니다.

매수매도 스프레드와 시장조성자의 역할

이제 시장조성자들이 어떻게 '시장을 조성'하는지에 대해 조금 더 자세히 살펴보겠습니다. 이를 위해서는 우선 '매수매도 스프레드(bid-ask spread)'라는 것을 알아야 합니다.

은행에서 우리가 달러를 사고파는 거래를 생각해보면 매수매도 스프레드의 의미와 특성을 보다 잘 이해할 수 있습니다. 코로나19 사태도 서서히 진정되어 여러분이 미국 여행 계획을 세웠다고 가정해볼까요? 달러를 미리 환전해두기 위해 여러분은 은행을 방문했습니다. 그리고 창구 직원에게 "달러를 사고 싶은데 오늘은 환율(달러값)이 어떻게 되나요?"라 묻자 직원은 그날의 달러값을 알려주었고, 여러분은 그에 따라 돈을 지불하고 얼마의 달러를 삽니다.

그런데 조금 뒤 '아냐, 미국 여행은 다음에 가는 게 좋겠어' 하고 마음이 바뀌어 방금 매수했던 달러를 그 은행에 모두 다시 팔았다고 칩시다. 이럴 경우엔 고시된 환율이 변하지 않았다 해도 언제나 금전적 손해를 보기 마련입니다. 우리가 달러뿐 아니라 엔화, 유로화 등 외화를 은행에 팔 때(즉, 은행이 고객에게서 '살 때') 적용받는 가격은 은행에서 그것을 살 때(즉, 은행이 고객에게 '팔 때') 지불하는 가격보다 낮기 때문입니다.

여러분이 살 때의 가격은 매도호가(ask price 또는 offer price), 팔 때의 가격은 매수호가(bid price)라고 불립니다. '살 때'와 '팔 때'의 명칭이 각각 '매도' 및 '매수'와 매치되니 뒤바뀐 것이 아닌가 싶으실 수 있겠지만, 이는 다른 누군가가 팔려고(사려고) 내놓은 주문, 즉 매도(매수) 주문에 여러분의 매수(매도) 주문이 매치되기 때문에 붙은 명칭입니다.

그리고 이렇게 '살 때'와 '팔 때'의 가격 차이를 '스프레드' 또는 '매수매도 스프레드'라 합니다. 정확히 이야기하자면 매도호가 중 가장 낮은 가격, 즉 최저매도가격(lowest ask price)과 매수호가 중 가장 높은 가격, 즉 최고매수가격(highest bid price)의 차이를 일컫는 표현이지요. 그렇다면 앞서 나온 오더북에서 매수매도 스프레드는 얼마일까요? 최저매도가격은 7만 7,500원이고 최고매수가격은 7만 7,200원이므로

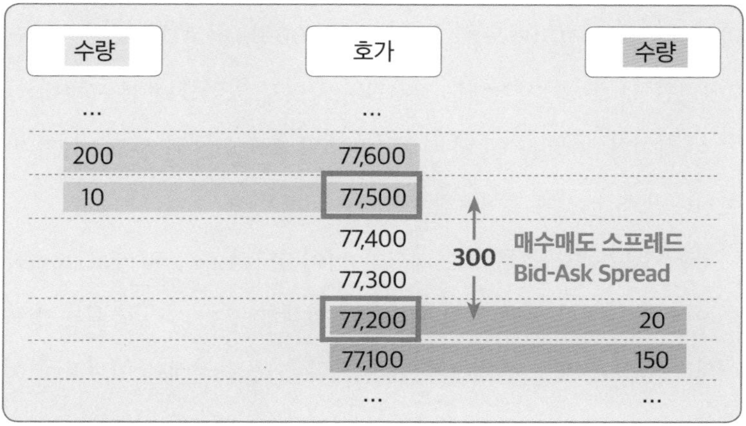

매수매도 스프레드는 최저매도가격과 최고매수가격의 차이다.

답은 그 둘의 차이인 300원입니다.

참고로 오더북에 나타난 호가들의 위치를 보면 항상 매도호가가 매수호가보다 위에 자리함을 알 수 있습니다. 이는 팔려는 사람은 조금이라도 높은 가격을, 사려는 사람은 조금이라도 낮은 가격을 원하기 때문으로 이해하시면 되겠습니다.

그런데 이러한 매수매도 스프레드는 단순히 가격 차이를 지칭하는 데서만 그치는 것이 아니라 거래의 용이성, 즉 유동성과 관련되어서도 중요한 의미와 역할을 갖습니다. 환전의 경우 스프레드는 외환의 구입·판매가 용이하게끔 시장을 조성해준 은행 측에 고객들이 지불하는 거래비용이 됩니다. 은행 입장에서는 시장을 조성해준 대가로 받는 수익이 되겠지요.

이는 주식시장에도 마찬가지로 적용됩니다. 앞서 예로 든 가상 오더북상에서의 최저매도호가는 7만 7,500원, 최고매수호가는 7만 7,200원이므로 둘 사이에는 300원의 차이가 있었습니다. 그런데 만약 이 차이가 300원 수준이 아닌 5,000원 혹은 1만 원 정도로까지 벌어진다면 어떤 일이 일어날까요?

흔히 '매수매도 호가 스프레드가 넓어졌다(혹은 커졌다)'라고 표현하는 이런 상황에선 거래가 훨씬 드물게 발생합니다. 그리고 이는 스프레드가 좁았을 때보다 매수 희망자가 더 높은 가격에 삼성전자 주식을 사야 한다거나 매도 희망자가 이전보다 더 낮아진 금액에 주식을 팔아야 한다는 것, 또는 이 두 경우 모두를 의미합니다. 다시 말해 투자자 입장에선 스프레드가 좁았던 때보다 더 큰 거래비용을 지불해야 한다는 뜻이고, 그렇기에 거래량이 당연히 줄어드는 것입니다. 이와 반대로 스프레드가 좁다(혹은 작다)는 것은 거래비용을 조금만 지불해도 거래가 가능하다는 의미입니다.

정리하자면 좁은 스프레드는 주식거래가 활발히 이루어지게, 넓은 스프레드는 저조해지게 합니다. 그렇기에 스프레드는 특정 주식의 거래가 얼마나 용이한지, 즉 해당 주식의 유동성이 얼마나 높은지를 측정하는 지표로 자주 활용됩니다.

그럼 앞서 잠깐 언급된 '시장조성자'의 역할을 이러한 매수매도 스프레드를 통해 좀 더 구체적으로 살펴보겠습니다. 삼성전자 주식의 시장조성자가 오더북에서의 매수매도 스프레드가 300원임을 보고서 '지금 스프레드가 너무 커서 거래가 생각보다 안 일어나는구나'라 판단했다고 가정해봅시다. 시장조성자의 의무, 즉 거래 활성화를 위해 이 시장조성자는 '자, 내가 7만 7,400원에 100주를 매도해줄게. 그리고 7만 7,300원에 100주를 사줄게', 하며 현재 아무 주문도 걸려 있지 않은 7만 7,300원과 7만 7,400원에 아래 그림과 같이 주문을 냅니다.

시장조성자의 이러한 주문은 기존의 최저매도가격을 낮추고 최고 매수가격을 높여줍니다. 오더북의 빈 곳을 채우는 호가를 이렇게 시장조성자가 제시한 덕분에 오더북은 더 '촘촘해지고', 그 결과 스프레드는 이제 300원이 아닌 100원으로 줄어듭니다.

이렇게 스프레드를 줄여주면 어떤 일이 생길까요? 7만 7,500원이란 가격이 높다고 판단해 주식을 매수하려 하지 않았던 사람들, 그리

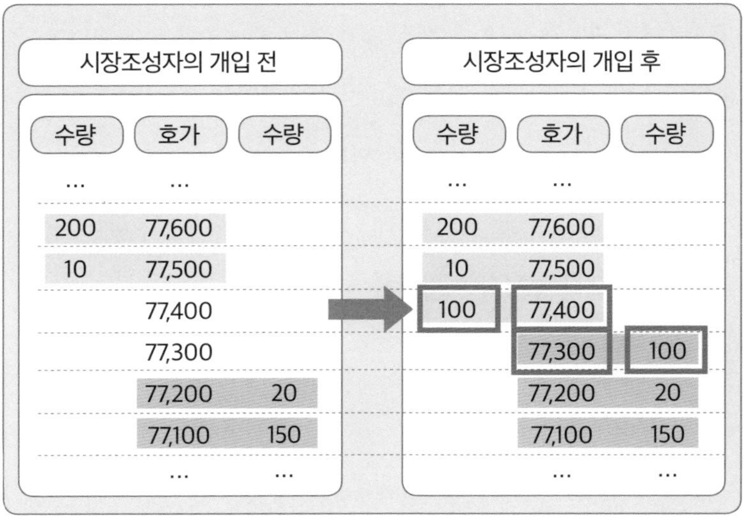

시장조성자의 역할은 거래 활성화다.

고 7만 7,200원은 너무 낮은 가격이라 생각해 보유 주식을 매도하려 하지 않았던 사람들이 이제는 기꺼이 거래에 참여하게 됩니다. 이전보다 싸게 사고 비싸게 파는 일이 가능해졌기 때문입니다. 그에 따라 거래는 이전보다 활발하게 일어납니다. 이것이 시장조성자의 가장 중요한 역할입니다.

이 예와 같이 매수매도 스프레드가 넓어 거래가 일어나지 않는 경우 외에도 시장조성자들은 다양한 역할을 수행합니다. 가령 A 기업에 호재인 뉴스가 나오면 투자자들은 그 기업의 주식을 사려는 쪽으로, 반대로 악재인 뉴스가 나오면 팔려는 쪽으로 몰리기 마련입니다. 이렇게 매수와 매도 중 한쪽으로 지나치게 세력이 '쏠리는' 상황에선 거래가 잘 체결되지 않는데, 이때에도 시장조성자들은 그러한 쏠림과 반대되는 포지션에서 매도, 혹은 매수 주문을 내줍니다. 단기적인 수요와 공급의 균형이 지나치게 깨지지 않게끔 매도 희망자와 매수 희망자 사이의 간극을 좁혀주는 것입니다.

유통시장은 오직 부차적 역할만을 한다?

참고로 발행시장과 유통시장에 대해 덧붙일 이야기가 있습니다. 주식시장의 본래 역할은 기업의 자금조달 창구이니 발행시장만이 그 주된 역할을 담당하고(그래서 '1차 시장'이라 불리고), 유통시장은 오직 부차적인 역할을 하는데 그친다고(그래서 '2차 시장'으로 불린다고) 할 수는 없다는 게 그것입니다.

이를테면 다섯 명의 친구가 자본금 1억 원씩을 투자해 회사를 차렸다고 가정해보겠습니다. 이후 회사가 멀쩡히 영업을 하는 와중에 친구 한 명이 마음을 바꿔 자신이 투자한 1억 원을 돌려달라고 하면 어떻게 될까요?(이런 일은 특히나 회사가 좋지 않은 상태에 있을 때 벌어지기 쉽습니다). 혹은 '내가 투자한 돈은 특별하니 내게 더욱 많은 배당을 주지 않으면 투자금을 빼겠다'며 협박을 하면요?

이 문제를 처음 제기한 사람은 UCLA 경제학과의 해럴드 뎀셋(Harold Demsetz) 교수입니다. 그는 자신의 논문에 다음과 같이 썼습니다.

"일반적인 경우, 주주가 기업 자산의 자기 지분을 반환해달라고 요구할 수 있다고 보는 것은 비현실적이다. 기업은 원자재와 공장을 구입하여 상품과 서비스를 제공하는 일들을 담당한다. 기업이 이런 활동에 온전히 몰입하려면 주식이나 채권 발행을 통해 확보한 자산을 완전히 통제해야 한다. 성과에 실망한 주주에게 자산을 빼앗길지 모르는 위험에 지속적으로 노출된다면 사업이 불가능하다. 일반적인 기업은 아주 특별한 상황을 제외하고는 투자자가 자산의 일부를 반환하라고 요구하지 못하도록 운영되어야 한다. 그렇게 해야 기업이 승인받은 독립적 법인으로서, 자본과 다른 투자물을 제공한 자들로부터 벗어나게 된다."•

• 린 스타우트, 우희진 역, 『주주자본주의의 배신』, 북돋움coop, 2021, 159쪽에서 재인용.

다시 말해 언제고 투자금을 회수할 수 있는 파트너십과 같은 형태의 기업과 달리 '주주가 된다'는 계약은 곧 '투자금 회수 제약(capital lock-in)'을 받아들이는 계약입니다. 법경제학자 린 스타우트(Lynn Stout) 교수의 표현에 따르면 이는 율리시스가 배의 기둥에 자신의 몸을 묶었듯 주주들이 스스로 '자신의 손을 묶는 것'과 같습니다. 회사가 사업을 제대로 해내는 데 있어 반드시 필요한 제약이기 때문에 주주들도 이를 스스로 받아들인다는 뜻이지요.

그러나 이러한 제약의 존재는 아예 처음부터 주주들의 투자 자체를 제약하는 요소로 작동할 수 있습니다. 자신이 투자한 돈을 향후에 맘대로 빼낼 수 없다고 생각하면 주주들은 처음부터 투자를 꺼릴 것이기 때문입니다.

이런 제약을 극복하게 해주는 것이 바로 유통시장의 존재입니다. 유통시장에서 주주들은 보유 주식을 다른 투자자에게 매각함으로써 자신의 권리를 양도하고, 그 대신 자신의 투자금을 회수하니까요. 물론 매각 시 양도차익을 노리는 경우가 많으니 투기 성향은 필수적으로 내재될 수밖에 없습니다.

요약하자면 이렇습니다. 유통시장에서는 많은 투기가 성행하는 것이 사실이지만, 이 시장이 없으면 주주들은 자신이 기업에 투자한 금액을 자유롭게 회수할 수 없기 때문에 아예 투자를 하지 않으려 할 것입니다. 그리고 이는 발행시장의 발전을 크게 저해하는 결과로 이어지지요. 이는 경제학이 투기와 투자를 굳이 구분하지 않는 이유이기도 합니다.

지금까지 미시적 구조를 포함해 유통시장의 중요한 특성들을 알아보았습니다. 그럼 다음 꼭지에서는 발행시장의 작동 방식을 보다 상세히 살펴보겠습니다.

4

공모주 가격, 왜 낮게 책정되는 걸까

발행시장의 꽃, 기업공개

발행시장이 '기업이 주식을 발행, 판매해서 자금을 조달하는 시장'임은 앞에서 간단히 언급한 바 있습니다. 이러한 정의를 들으면 제일 먼저 떠오르는 것이 아마 기업공개일 것입니다. 여기서 기업을 '공개'한다는 것은 기업이 최초로 증권거래소에 '상장(listing)'된다는 것을 뜻합니다. 이를 위해서는 사기업(private company), 즉 개인회사로 존재하던 업체가 증권거래소를 통해 일반 투자자들에게 최초로 공개되는 IPO(initial public offering) 과정을 거쳐야 합니다. IPO 이후 해당 기업은 이제 더 이상 사기업이 아닌, 거래소에 등록된 공개기업(public company)이 됩니다.

2020년부터 2021년까지만 보더라도 SK바이오팜, 빅히트 엔터테인먼트, 카카오게임즈, 카카오뱅크 등 굵직한 IPO들이 즐비했습니다. 그중엔 쿠팡처럼 해외 증시에 상장한 예도 있습니다. 또 2022년 1월에 상장을 앞두고 있었던 LG에너지솔루션의 경우엔 기관투자자들이 주식을 매입하고자 하는 희망액수(이를 '수요예측' 또는 '북빌딩'이라 하는데 뒤에서 다시 다루겠습니다)가 사상 최초로 1경 원을 넘기기도 했습니다.

이렇듯 근래엔 여러 기업들이 기업공개를 활발히 할 뿐 아니라 그에 대한 투자자들의 관심 또한 과거 그 어느 때보다 뜨겁습니다. 특히 재테크에 관심이 많은 개인투자자들 사이에선 신규발행 주식을 배정받기 위해 청약에 참여하는 이른바 '공모주 청약'이 열풍처럼 불고 있지요. 이런 현상을 이해하기 위해 지금부터 기업공개의 과정, 그리고 공모주 청약에 대한 내용을 자세히 알아보겠습니다.

IPO와 상장의 진행 과정

여러분이 처음 자신의 회사를 세워 영업하고 있는 상황을 가정해볼까요? 이 회사는 아직 상장되지 않은 비상장기업입니다. 어느 기업이 '상장되었다'는 것은 그 기업의 주식을 누구나 자유롭고 쉽게 거래소에서 사고팔 수 있다는 뜻입니다. 상장은 그 회사의 유가증권을 '증권거래소에서 매매할 수 있는 품목(종목)으로 지정하는 것'을 의미하는 용어니까요.

상장을 원하는 기업은 '모든 회계장부, 즉 재무제표를 일반인들에게 공개함은 물론 거래소 규정, 자본시장법 및 상법(商法) 등 모든 관련 법규의 규제를 받겠다'는 약속을 해야만 합니다. 기업이 상장되면 불특정 다수의 투자자들이 그 주식을 거래할 텐데, 이들을 보호하고 거래를 활성화하려면 체계적이고 공통된 규제가 꼭 필요하기 때문입니다. 더불어 IPO는 '일반 투자자들도 거래소를 통해 우리 기업의 주식을 편하게 거래해달라'는 요청이라고 이해하셔도 좋겠습니다.

기업공개의 과정은 이렇습니다. 회사 설립 후 시간이 지나 여러분은 기업공개를 하기 위해 투자자를 모으기로 결정했습니다. 하지만 여러분의 회사는 지금까지 비상장기업이었던 탓에 외부에 잘 알려진 바가 없습니다. 사정이 이러하니 잠재적 투자자들의 입장에선 회사에 대한 정보가 부족할 뿐 아니라 기업가치가 어느 정도인지조차 잘 알 수 없습니다. 따라서 당연히 투자 여부를 결정하기도 어렵겠지요.

이럴 때 여러분을 도와주는 것이 주관사(underwriter), 즉 IPO와 관련된 모든 프로세스를 책임지고 실행, 관리하는 회사입니다. 주관사는 우선 회사 홍보를 통해 투자자들을 모집하는 '로드쇼(road show)'를 엽니다(로드쇼는 일종의 투자설명회입니다. 우리나라에선 대개 서울에서 열리지만 미국처럼 국토가 넓은 나라에선 뉴욕, 시카고, L.A. 등 여러 주요 도시들을 순회하며 열리기 때문에 이러한 명칭이 붙었습니다). '이 회사는 이제 상장을 앞두고 있는데 지금까지의 실적이 탄탄하고 앞으로의 전망도 매우 좋다'는 내용을 선전함으로써 잠재적 투자자들의 관심을 끌기 위해서입니다.

로드쇼를 성황리에 마치면 북빌딩(book building)이 용이해집니다. 북빌딩은 북(book), 즉 회계장부를 만들어가는(building) 것으로 우리말로 하자면 '수요예측'에 해당합니다. 주관사는 상장 예정 회사의 자산가치, 자본가치, 부채가치, 향후 손익예측치 등을 자료로 만들어 기관투자자들에게 제시하며 투자 의향 및 투자 예정액을 조사합니다. 그리고 이를 바탕으로 '이 회사의 공모가는 이 정도로 산정하면 될 것'이라고 결정합니다. 이러한 수요예측이 끝나면 주관사는 기관투자자 및 개인투자자들에게 공모가로 해당 회사의 주식을 판매(배정)하게 됩니다.

이후 해당 기업의 주식은 증권거래소에서 처음으로 거래됩니다. 여러분도 아마 '따상'이라는 용어를 들어보셨을 것입니다. 따상은 '따블(double)'과 '상한가'를 합친 증권가의 은어로, 상장 첫날에 공모가의 두 배 금액으로 시초가(상장 첫날 주식시장에서 처음으로 고시되는 가격)가 형성되고 시초가 대비 상한가로 그날 거래를 마치는 경우를 일컫습니다. 가령 공모가가 30만 원인 어떤 주식이 상장 첫날 60만 원(시초가)으로 시작하고 상한가인 78만 원(종가)에 거래를 마치면 따상이 되는 것이지요. 공모가 대비 가장 많이 오른 가격으로 거래 첫날을 마감하는 것이니 공모가에 주식을 매수해 보유한 사람 입장에서는 이런 따상 현상이 매우 기쁠 것입니다.

공모주 저평가 현상, 왜 일어나는 걸까?

그런데 우리가 유의해서 봐야 할 현상이 한 가지 있습니다. 'IPO 퍼즐(IPO puzzle)' 또는 '뉴 이슈 퍼즐(new issue puzzle)'이라고도 불리는 '공모주 저평가(IPO underpricing)' 현상이 그것입니다.

공모가로 주식을 산 투자자가 아닌 기업의 입장이라면 따상의 상황에서 어떤 생각이 들까요? '아, 아쉽네. 상장 첫날부터 따상을 기록할 정도로 우리 회사 주식이 인기가 많을 줄 알았다면 애초에 공모가 자체를 그리 낮게 잡지 않았을 텐데……' 싶을 것입니다. 30만 원이 아닌 50만 원, 60만 원이 공모가였어도 첫날 종가인 78만 원보다 훨씬 낮은 가격이니, 처음부터 공모가를 높게 책정했다면 더 많은 자본을 조달할 수 있었을 거란 아쉬움이 드는 것이지요.

플로리다 대학의 제이 리터(Jay Ritter) 교수는 별명이 '미스터 IPO(Mr. IPO)'일 정도로 전 세계 최고의 IPO 권위자인 경제학자입니다. 그는 공모주 저평가와 관련된 다양한 통계를 자신의 웹사이트에 업데이트합니다. 그에 따르면 1990년부터 2010년까지 미국에서 이뤄진 IPO는 총 5,486건이고, 상장 주식들의 평균적인 '거래 첫날 수익률(first day return)'은 22퍼센트입니다. 상장 첫날 시장에선 평균적으로 공모가보다 22퍼센트 높은 가격으로 거래되었다는 뜻인데, 다른 말로 하자면 이는 공모주들의 가격이 시장에서 인정하는 가치보다 22퍼센트나 낮게 평가되었다는 의미입니다. 그리고 이렇게 저평가된 정도를

연도	IPO 횟수	단순평균 수익률(%)	금액가중 평균수익률(%)	총공모주 저평가금액 (십억 달러)
1990	110	10.8	8.1	0.34
1991	287	11.9	9.7	1.50
1992	415	10.3	8.1	1.82
1993	509	12.7	11.3	3.52
1994	404	9.8	8.5	1.47
1995	458	21.2	14.5	4.38
1996	675	17.2	16.1	6.80
1997	473	14.1	14.4	4.54
1998	284	21.7	15.5	2.25
1999	477	70.9	57.0	36.94
2000	381	56.3	45.6	29.69
2001	79	14.2	8.7	2.97
2002	66	9.1	5.1	1.13
2003	62	12.1	10.5	1.00
2004	174	12.3	12.2	3.86
2005	160	10.2	9.3	2.64
2006	157	12.1	13.0	3.95
2007	160	13.9	13.9	4.95
2008	21	6.4	24.8	5.65
2009	41	9.8	11.1	1.46
2010	96	8.9	6.1	1.87
1990~1998	3,612	14.8	13.0	29.62
1999~2000	858	64.4	51.3	66.63
2001~2010	1,016	11.6	11.4	29.48
1990~2010	5,486	22.0	20.4	125.73

제이 리터의 연구에 따르면 공모주들의 가격은 시장에서 인정받는 가치보다 22퍼센트 낮았다.

출처: https://site.warrington.ufl.edu/ritter/ipo-data

금액으로 환산해보면 무려 1,257억 달러가량에 달합니다.

20년이라는 오랜 기간의 데이터를 통해서도 알 수 있듯 공모주 저평가 현상은 특정 원인으로 인해 특정 시기에 발생하는 일이 아니고, 또 미국에서만 일어나는 현상도 아닙니다. 1990년부터 2003년까지 오스트리아, 벨기에, 덴마크 등의 유럽 국가들을 살펴봐도 공모주들은 대개 10퍼센트 이상 저평가되었고 특히 폴란드에서는 그 비율이 60퍼센트가 넘기도 했으니까요.

이런 현상이 일어나는 이유는 무엇일까요? 그간 이뤄진 여러 연구들에 따르면 기업공개 시 공모가가 지나치게 높을 경우 투자자들로부터 외면받을 가능성이 높아지기 때문입니다. 즉, 투자자들을 충분히 모집하기 위해 공모가를 낮게 매기는 것입니다.

앞서 언급했듯 2020년과 2021년 한국에서는 그야말로 IPO 열풍이 불어 공모주 청약 열기가 뜨거웠습니다. 공모주 투자에 따르는 수익률이 양호하기 때문에 너도나도 공모주를 배정받기 위해 치열한 경쟁을 벌였던 것이지요. 실제로 IPO 열풍은 주식시장이 활황일 때 나타나곤 합니다. 활황기에는 기업의 가치를 보다 높게 평가받을 수 있고, 그에 따라 기업 입장에선 자신들이 필요로 하는 자본을 보다 용이하게 조달할 수 있어 좋기 때문입니다. 또한 투자자 입장에선 상장을 앞둔 기업의 주식을 미리 확보한 후 주가 상승을 기대할 수 있다는 장점도 있습니다.

그러나 이런 열풍에 지나치게 휩싸인 나머지 자신이 투자하려는 회사가 어떤 업체인지 제대로 알지도 못한 채 공모주라는 이유 하나만으로 투자에 나서는 일은 없어야 합니다. IPO에 나온 기업의 실제 가치(펀더멘털)를 가늠하기가 쉽다면 해당 기업의 공모가가 적정 수준인지 아닌지를 판단하는 일도 용이하겠지요. 하지만 펀더멘털을 파악한다는 것 자체가 어려운 일이기에 적정 공모가에 대한 판단도 쉽지 않은 것이 사실입니다. 이는 기관투자자들조차도 어려움을 느끼는 부분이니, 개인투자자들이라면 더더욱 공모주 투자에 신중히 접근해야 할 필요가 있습니다.

2

투자의 시작
_ 투자 전략과 주식시장의 속성

1

참으세요, 시장을 이길 순 없어요

'효율적 시장'이란

이번 꼭지에서는 '효율적 시장'이라는 개념에 대해 알아보겠습니다.

앞서 효율적 시장이란 '가격발견 과정이 효율적으로 이루어지는 시장'이라고 간단히 언급한 바 있었지요. 그런데 구체적인 이야기를 시작하기에 앞서, 언젠가 제가 SNS에서 접한 시 한 편을 여러분과 함께 읽어볼까 합니다. 여덟 살짜리 초등학생의 작품인데 귀여워서 미소가 절로 지어집니다.

주식

양승우

와 올라간다
잉 내려간다
으악! 떨어진다

왜 이러지?
평생 똑같이
갈 순 없을까?

그런데
재미있다
이렇게 계속 가고 싶다

어린 친구가 쓴 것임에도 이 시에는 주식투자를 하는 어른들의 마음이 매우 잘 나타나 있습니다. 실제로 투자자들은 주가가 올라가면 마음이 들뜨고, 내려가면 의기소침해지고, 폭락하면 비명을 지르면서도 주식투자에서 재미를 느끼지요. 그와 동시에 마음 한편에서는 '주가는 왜 이렇게 움직이는 걸까? 계속해서 안정된 움직임을 보일 순 없는 걸까?' 하는 궁금증이 들곤 합니다.

이 궁금증을 풀려면 '효율적 시장'을 이해할 필요가 있습니다. 사실 이 개념은 여러분도 이미 알고 있는 것입니다. 1장에서 우리는 '주가라는 것은 장기적으로 봤을 때 해당 기업의 펀더멘털에 수렴한다'는 점을 살펴봤는데, 이런 수렴이 일어나는 시장을 일컬어 효율적 시장이라 하기 때문입니다. 효율적 시장은 주가에 영향을 미칠 만한 새로운 정보가 나올 때마다 이를 가격에 '빠르게' 반영한다는 특징을 갖는데, 지금부터는 이와 관련된 내용을 좀 더 자세히 알아보겠습니다.

효율적 시장에서의 가격 예측은 가능할까

어느 평일 낮 시간, 여러분이 가족 혹은 친구와 함께 식당에서 한창 맛있게 점심식사를 하는 상황이라고 가정해보겠습니다. 식당 안에는 TV가 켜져 있는데, 마침 방송에는 오랫동안 주식 관련 프로그램을 진행하여 신뢰도가 높고 유명한 애널리스트가 나와 이렇게 이야기합니다.

"이 A 주식은 정말 좋은 주식입니다. 현재 주가가 100원으로 많이 과소평가되어 있는 상태이니 여러분은 지금 이 주식을 사셔야 합니다. 얼른 사세요!"

그리고 잠시 뒤 그 애널리스트는 다른 주식을 언급합니다.

"이 B 주식이 좋다는 이야기는 여러분도 많이 들으셨을 겁니다. 하지만 사실 B는 그리 좋은 주식이 아닙니다. 현재 주가가 100원으로 매우 과대평가되어 있는 상태라서 지금 이걸 사시면 망하기 쉽습니다. 그러니 갖고 있던 분들도 얼른 파셔야 합니다."

이런 방송을 접하면 여러분은 어떤 반응을 보이시겠습니까? 실제로 이 질문을 던지면 응답자들이 두 그룹으로 나뉩니다. 하나는 '방송을 본 즉시 스마트폰을 꺼내서 그 전문가가 권한 대로 행동에 옮긴다'는 그룹이고, 다른 하나는 '그 전문가의 이야기를 무시하고 아무 행동도 취하지 않는다'는 그룹입니다.

전자의 사람들이 전문가의 권유를 따르겠다고 하는 데는 기본적으로 '내가 행동을 취하기 전까지는 저 전문가의 조언 내용이 시장에 반영되지 않을 것'이란 믿음이 깔려 있습니다. 휴대폰을 꺼내고, 증권거래용 앱을 실행시키고, 접속해서 해당 종목을 매도 혹은 매수할 때까지 A 주식은 과소평가된 상태, B 주식은 과대평가된 상태 그대로 머물러 있을 거라 믿는 것이지요. 그래서 이런 분들은 '내가 재빨리 행동을 취하면 이득이 될 것'이라 예상합니다.

반면 후자의 이들은 자신이 매도나 매수를 위해 일련의 행동을 취하는 사이에 시장에는 전문가가 방송에서 밝힌 의견이 빠르게 반영될 테고, 그에 따라 해당 주식의 가격은 변동될 거라 믿습니다. '저걸 본 사람들은 이미 부지런히 A 주식을 사거나 B 주식을 팔고 있을 거야. 그 과정에서 이전보다 A의 주가는 올랐을 테고 B의 주가는 내려갔을 테니(즉, 전문가의 권유가 가격에 반영되었을 테니) 내가 굳이 뛰어들 필요는 없어. 이미 늦었으니까'라고 생각하는 것입니다.

전자와 후자의 견해는 우리가 살펴보려는 효율적 시장과 어떤 식으로 관계되는 걸까요? 앞서 언급했듯 효율적 시장은 새로운 정보를 빠른 속도로 받아들여 가격에 반영하는 시장입니다. 그렇기에 전자는 시장이 효율적이지 않다고, 다시 말해 비효율적이라고 믿는 그룹이고 후자는 시장이 효율적이라고 믿는 그룹입니다. 효율적 시장을 믿는 그룹은 방송을 보더라도 굳이 투자를 하려 하지 않습니다. 반면 비효율적 시장을 믿는 그룹은 방송이 나오자마자 그 정보를 이용해 투자를 실행하려 합니다. 이는 효율적 시장에서 투자를 통해 이득을 얻는 것이 얼마나 어려운지를 보여줍니다.

그렇다면 효율적 시장에서는 미래의 주식 가격을 예측하기가 쉬울까요, 어려울까요? 조금 전의 예로 되돌아가 생각해보겠습니다.

전문가가 방송에 나와 매수 혹은 매도와 관련된 의견을 제시하는 순간 그 정보가 재빨리 시장에 반영된다면 어떻게 될까요? 좋은 정보가 나온 A의 주가는 예를 들어 110원으로 오르고, 나쁜 정보가 나온 B의 주가는 90원으로 떨어져버리겠지요. 주가가 이렇게 바뀌기 전에 거래를 마친다면 여러분은 수익을 얻을 것입니다. 100원에 A 주식을 샀다면 110원으로 올랐을 때 매도하여 10원의 차익을 벌어들일 수 있으니까요. 그러나 여러분이 미처 매수하기 전에 A의 가격이 110원으로 올라버렸다면 전문가의 제안을 따라 주식을 사더라도 그 정보를 이용해서는 더 이상 수익을 얻을 수 없을 것입니다.

조금 헷갈리신다면 비효율적 시장, 즉 뉴스가 시장에 반영되는 속도가 매우 느린 경우를 상상해보는 것도 좋겠습니다. A 주식의 현재 가격이 100원인데 실제 적정가격(펀더멘털)은 110원이라는 정보가 시장에 퍼졌다고 가정해보겠습니다. 주가가 1원 오르는 데 몇 시간씩 걸리는 시장이라면 여러분은 절대 급한 마음으로 A 주식을 사지 않을 것입니다. 가격은 어차피 펀더멘털에 수렴할 테고, 따라서 110원이 되기 전에만 A를 매수하면 시점에 따라 정도의 차이는 있을지언정 이익은 남길 수 있을 테니까요.

그에 반해 뉴스가 가격에 즉각 반영되는 효율적 시장에서는 가격을 예측해 수익을 거두는 것이 불가능합니다. 정보를 접하고 행동을 취하려는 순간 주가는 이미 적정가격인 110원으로 올라버렸고, 다른 새로운 정보가 나오기 전까지는 주가가 또다시 어느 방향으로 어떻게 움직일지 알 수 없기 때문입니다. 그래서 경제학에서는 '시장이 정말로 효율적이라면 주가를 예측하기란 불가능할 것'이라고 이야기합니다.

"하지만 우리가 거래하는 주식시장이 실제로 그 정도까지 효율적인 시장은 아니지 않나요?"

이렇게 묻는 분들도 계실지 모르겠습니다. 사실 역사를 살펴보면 가격이 펀더멘털에서 크게 벗어난 경우가 적지 않습니다. 17세기 초 네덜란드에서 있었던 튤립 파동, 18세기 초 프랑스에서 있었던 미시시피 버블, 18세기 초 영국에서 있었던 남해회사 버블 등이 그 예로 참 많이 거론되는 사건들이지요. 뒤에서 따로 살펴보겠지만 2021년 새해 벽두를 달구었던 게임스톱 사태도 최근의 예로 추가할 만합니다.

그중 튤립 파동의 내용을 좀 더 자세히 살펴보면 이렇습니다. 당시 네덜란드는 유럽에서 가장 부유한 나라였고, 튤립은 그런 네덜란드에 막 소개되어 귀족이나 신흥 부자는 물론 일반 서민들 사이에서도 큰 인기를 끌었습니다. 그러자 선물거래(미래의 어떤 시점을 정해 특정 가격에 해당 상품을 매매하겠다는 거래 계약)를 이용한 투기 세력까지 앞다투어 튤립 구매에 나섰지요. 이러한 비이성적 투기 현상에 튤립 구근의 값은 갑자기 폭등해 버블을 형성했고, 이것이 결국 터져 네덜란드의 경제가 후퇴하는 데 큰 영향을 미쳤습니다.

'버블'은 가격이 하염없이 계속 올라 어느 순간 폭락하기 직전까지 도달한 상태를 뜻합니다. 튤립 버블이 정점에 이르렀을 당시 튤립 구근 한 개의 값은 현재 가격으로 무려 1억 5,000만 원 이상을 기록했다고도 합니다. 그렇다면 대체 그 구근의 펀더멘털은 무엇일까요? 그런 것이 존재할 수나 있을까요? 이 질문의 답은 여러분께서도 아실 것입니다.

이젠 30년이 훨씬 넘은 일이 되었지만 여전히 악몽처럼 여겨지는 '블랙 먼데이(Black Monday)' 사태도 같은 맥락에서 생각해볼 수 있습니다. 1987년 10월 19일, 미국 뉴욕증시는 개장 직후부터 매도 주문이 쏟아졌고 불과 하루 만에 22.6퍼센트가 폭락하고 말았습니다. 이런 현상은 왜 일어났을까요? S&P500이나 다우지수에 포함되어 있던 모든 기업들의 펀더멘털이 한날한시에 함께 나빠졌기 때문일까요?

금융위기가 발생했던 2008년, 혹은 코로나19 사태가 일어났던 2020년에 나타난 현상 역시 이와 비슷했습니다. 다시 말해 효율적 시장, 즉 가격과 펀더멘털이라는 개념만으로 해석하기는 매우 힘든 경우들이 그간 있었던 것입니다. 그러나 실제로 주식투자를 해보면 시장이 정보에 매우 민감하게 움직이며 반응한다는 것을 피부로 느끼실 수 있습니다. 지금부터는 효율적 시장에 대한 내용을 좀 더 깊이 다뤄보겠습니다.

반영이 끝난 정보로는 미래를 예측할 수 없다

우선 동전 던지기 실험부터 살펴볼까요? 이 동전 던지기엔 한 가지 규칙이 있으니, 앞면이 나오면 이전 잔액의 3퍼센트를 벌고 뒷면이 나오면 2.5퍼센트를 잃는다는 게 그것입니다. 100원을 보유한 상태에서 처음으로 동전을 던졌는데 앞면이 나오면 총액은 103원으로 늘어나고, 두 번째로 던졌을 때 또 앞면이 나오면 총액은 106.09원, 뒷면이

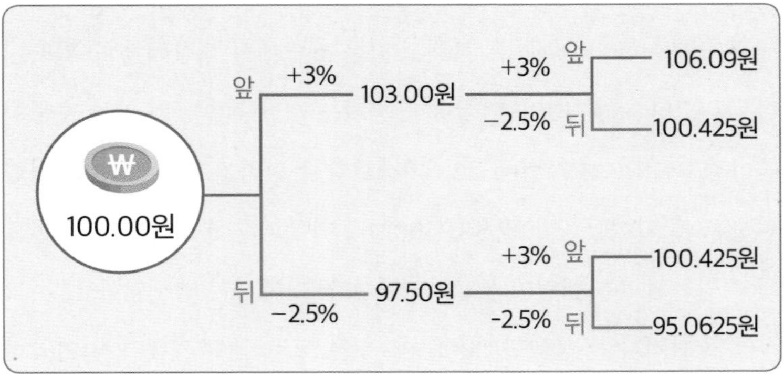

동전 던지기 게임에 따른 잔액 변화.

나오면 100.425원이 되는 식입니다.

이렇게 동전을 던질 때마다 바뀌는 각각의 총액은 옆 페이지의 그림과 같이 나타낼 수 있습니다. 그리고 이를 수십 번 반복하며 잔액의 변화를 기록하다 보면 꽤 긴 그래프가 그려질 것입니다.

자, 그럼 이제 아래의 두 그래프를 보겠습니다. 하나는 동전 던지기 게임에 따른 잔액들을, 다른 하나는 미국 S&P500 지수의 움직임을 기록한 그래프인데 둘 중 어느 쪽이 전자의 것인지를 구별할 수 있으신가요? 여러분이 보시기에도 이 둘은 매우 유사한 모양일 것입니다['동전을 던지는 횟수'는 달리 표현하자면 '시간의 경과'를 뜻한다고 할 수 있으므로 두 그래프 모두 가로축은 개월(month)로 표시되었습니다].

주가예측성에 대한 중요한 점을 알려주는 게임을 한 가지 더 생각해 보겠습니다. 동전을 던져 앞면이 나오면 앞으로, 뒷면이 나오면 뒤로 한 발씩 움직이는 게임입니다. 이 규칙에 따라 동전을 100번 던진 결과로 여러분은 어떤 지점에 서 있습니다. 자, 이제 101번째로 동전

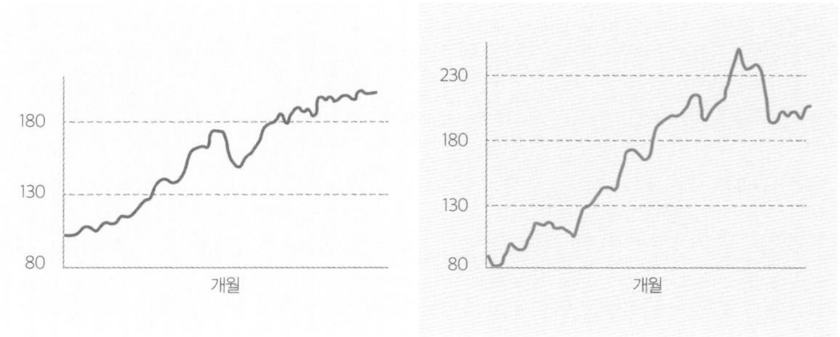

어느 쪽이 동전 던지기 그래프일까?

을 던지면 앞면과 뒷면 중 어떤 결과값이 나올까요? 답변에 도움이 될까 하여 여러분에게 한 가지 정보를 드리겠습니다. '앞-뒤-뒤-앞-앞-뒤-앞-뒤-뒤……' 등 지금까지 동전을 100번 던져 나왔던 결과값들을 정리한 자료입니다.

이 정보를 알고 나면 여러분은 101번째 동전 던지기의 결과를 예상하기가 조금 더 쉬워질까요? 아마 아닐 것입니다. 이전의 결과값 100개를 알고 있는 것과 101번째 결과값을 예측하는 것 사이에는 아무런 연관성이 없기 때문입니다. 다시 말해 과거의 결과값에 대한 정보는 향후의 결과를 예측하는 데 전혀 도움이 되지 않습니다. 100회에 걸친 동전 던지기의 결과로 여러분이 바로 그 자리에 서 있다는 것, 그것으로 이미 그 정보의 반영은 끝났기 때문입니다. 그리고 이렇게 반영이 끝난 정보로는 미래를 예측할 수 없습니다.

동전 던지기의 결과와 S&P500 지수의 움직임, 이 둘이 서로 구분할 수 없을 만큼 유사하다는 것은 곧 주가의 등락이 마치 동전 던지기처럼 이루어진다는 점을 보여줍니다. 그렇다면 우리는 이전에 행한 동전 던지기 100회의 결과값을 '차트'라 부를 수 있겠습니다. 다시 말해 우리가 주식 차트라 일컫는 것은 바로 이런 동전 던지기 게임에서 얻은 100개의 결과값과 마찬가지라는 뜻입니다.

이전 100회의 결과값을 알고 있다 해서 향후 나올 동전의 면을 알 수 있는 것이 아니듯, 과거의 주식 차트를 알고 있다 해도 미래의 주가가 어디로 향할지 예측하기란 불가능한 일입니다. 동전 던지기처럼 주가의 움직임에도 정해진 규칙성이라는 게 없기 때문이지요. 다시 말해 차트가 알려주는 정보는 현재의 주가에 이미 반영이 끝난 상태인 것입니다. 마치 100번의 동전 던지기 결과로 여러분이 지금의 그 자리에 서 있는 것처럼 말이지요. 지금까지의 정보는 반영이 모두 끝나 그다음 발걸음이 어디로 향할지 모른다는 의미에서 이러한 이론을 랜덤워크 이론(Random Walk Theory)이라 일컫습니다. 그리고 주가가 랜덤워크를 따르는 시장을 우리는 효율적 시장이라고 부릅니다.

호재는 빛의 속도로 가격에 반영된다

그럼 이번엔 A 기업의 주가가 그간 다음 그림과 같은 움직임을 보여왔다고 가정해보겠습니다. 이 그래프를 분석한 여러분은 '이 기업의 주가는 향후에도 계속 올라 1만 3,000원에 도달할 것'이라 예상하여

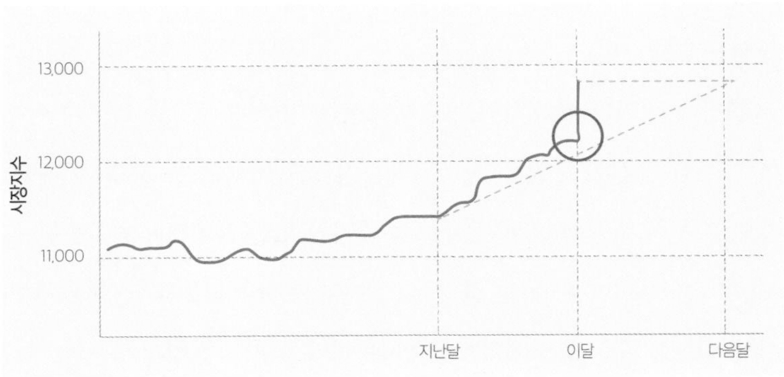

효율적 시장에선 이익 실현이 가능할까?

주가가 1만 2,000원인 현재 시점에서 이 주식을 매수하기로 결정했습니다. 앞으로 서서히 주가가 지속적으로 상승해 1만 3,000원이 되면 1,000원의 차익을 실현할 수 있을 거라 예상하면서 말입니다.

그런데 만약 시장이 정보를 받아들여 가격에 반영하는 속도가 무척 빠르다면 어떤 일이 벌어질까요? 많은 투자자들이 이 차트를 보고 동일한 분석 결과('이 주식의 가격은 앞으로 1만 3,000원까지 오를 것이다!')를 얻어 매수에 나선다면 현재 1만 2,000원인 주가는 순식간에 1만 3,000원까지 올라버릴 것입니다. 그리고 이후 또 다른 새로운 정보가 없다면 계속해서 그 가격에 머물겠지요. 즉, 아주아주 빠른 매수가 가능한 게 아니라면 여러분은 결국 가격이 1만 2,000원에서 올라 1만 3,000원 근처에 이르렀을 때 이 주식을 사게 될 가능성이 커집니다. 따라서 실현할 수 있는 차익 역시 예상보다 줄어들 테고, 만약 1만 3,000원일 때 매수한다면 실현할 차익도 사라져버릴 것입니다. 이처럼 정보의 반영이 빠른 시장에서는 어떤 정보를 이용하여 수익을 올리는 것이 몹시 어렵습니다.

시장이 얼마나 효율적인지에 대해서는 지금도 활발한 연구가 이루어지고 있습니다. 수많은 연구결과들이 효율적 시장을 증명해주는가 하면 효율적 시장에 반하는 실증적 증거들 또한 많지요. 전자의 한 예로 이제는 고전이 된 논문 한 편을 들어보겠습니다. 2013년에 효율적 시장 이론으로 노벨경제학상을 받은 시카고대학 경영대학원의 유진 파마(Eugene Fama) 교수가 다른 유명 교수들과 함께 주식분할에 대한 연구를 바탕으로 1969년에 발표한 논문입니다.

주식분할(stock split)은 기존의 주식 1주를 여러 주로 나누는 것입니다. 1주에 10만 원인 주식을 1만 원짜리 주식 10개로 분할하는 식이지요. 그러면 그때부터 투자자들은 1만 원만 갖고도 그 주식을 사고팔 수 있습니다. 그에 따라 거래가 늘고 유동성이 증가하기 때문에 주식분할은 대개 호재로 받아들여집니다.

파마 교수는 다른 동료 연구자들과 함께 1927년부터 1959년까지 미국 주식시장에서 발표된 940건의 주식분할 케이스를 분석했습니다. 그리고 분할 공시를 전후하여 해당 주식들의 주가가 보인 추이를 살펴본 뒤, 다음과 같은 그래프로 연구결과를 정리했습니다[이렇듯 어떤 이벤트 또는 사건을 중심으로 그 전후의 주가 추이를 비교하는 연구 방법을 '사건연구(event

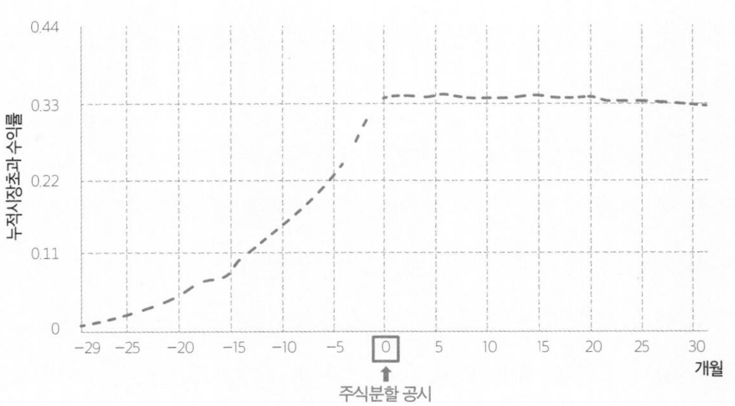

주식분할 공시 전후의 누적시장초과수익률 추이.

출처: Fama, E. F., Fisher, L., Jensen, M. C., Roll, R., 1969. The Adjustment of Stock Prices to New Information, *International Economic Review* 10, 1-21.

study)'라 합니다].

가로축 한가운데에 있는 0은 기업들이 '우리 회사는 주식을 분할하겠다'고 공시한 시점을, 그 좌우는 각각 공시 전후의 시점을 뜻합니다. 다시 말해 이 그래프의 가로축에는 주식분할이 공시되기 29개월 이전부터 30개월 이후까지의 시간이 나타나 있습니다.

연구팀은 우선 각 주식들의 수익률에서 해당 시기의 시장수익률을 차감하는 방식으로 시장초과수익률을 계산했습니다. 그다음엔 29개월 전 시점을 기준으로 시장초과수익률을 누적시켜 누적시장초과수익률을 얻었지요. 누적시장초과수익률은 사건 전 29개월을 기준으로 이후 주가가 어떻게 변했는지를 보여주는 주가 추이와 같습니다. 그래프는 이렇게 얻은 누적시장초과수익률이 시간이 흐름에 따라 어떻게 변했는지를 보여줍니다.

그래프에서 알 수 있듯 누적시장초과수익률은 주식분할 발표가 있기 무려 29개월 전부터 천천히 상승하기 시작합니다. 그리고 공시 10개월 전, 5개월 전 등 공시 시점에 가까워질수록 증가 속도가 빨라지지요. 이는 공시 이전이라 하더라도 주식분할 정보가 시장에 조금씩 흘러들어가고 있기 때문으로 해석할 수 있습니다.

이렇게 계속 오르던 주가(누적시장초과수익률)는 정작 공시가 발표된 시점 이후엔 아무 변화가 없습니다. 공시가 있은 뒤부터는 주가가 더 이상 상승하지 않은 것이지요. 달리 표현하자면 주식분할이라는 호재가 공식적으로 발표되기도 전에 이미 시장은 그 소식을 대부분 주가에 반영했다는 뜻입니다. 그리고 이는 곧 시장이 효율적이라는 강력한 증거로 받아들여졌습니다. 만약 정보의 반영이 느렸다면 공시 이후에도 주가가 천천히 계속해서 오르는 패턴이 그래프에 나타났을 테니까요. 파마 교수의 연구팀이 행한 이 연구는 매우 오래전에 발표되었음에도 효율적 시장에 관한 매우 중요한 논문으로 지금까지 학계에서 인정받고 있습니다.

참고로, 이 연구에서 시장초과수익률이 이용된 이유는 분할이라는 이벤트가 벌어지는 시점이 주식마다 달라 시장수익률을 조정하지 않으면 사건이 주가수익률에 미치는 영향을 제대로 측정할 수 없기 때문입니다. 가령 코스피 지수가 10퍼센트 상승하기 전날 분할을 발표한 주식은 지수가 10퍼센트 하락하기 전날 발표한 주식보다 주가가 오른 것으로 나타날 가능성이 크지요. 하지만 이는 분할, 즉 사건의 영향이 아니라 단순히 시장수익률이 올랐기 때문에 상승한 것일 뿐입니다. 이런 점을 보완하기 위해 파마 교수의 연구팀은 시장초과수익률을 조사하는 방식을 택한 것입니다.

시장을 이기려 하지 마라

앞서 저는 '평일 낮에 식사를 하던 중 주가에 관한 믿을 만한 정보를 접하면 어떤 행동을 취하겠는가?'라는 질문을 드린 바 있습니다. 그런데 사실 이는 2002년에 재무경제학 분야의 최고권위 학술지인「저널

오브 파이낸셜 이코노믹스(Journal of Financial Economics)」에 발표된 논문이 던진 질문입니다. 어떤 종목의 매수 혹은 매도 추천 정보가 오전과 낮 시간의 방송에 나오면 시장참가자들이 어떻게 반응하는지를 알고 싶었던 것이지요. 이 논문의 저자들은 방송에서 언급된 종목들의 가격이 방송 전후 어떻게 달라지는지 살펴보았습니다.•

사실 앞서 소개한 파마 교수 팀의 주식분할 사건연구는 1969년에 이뤄진 터라 한계도 갖고 있었습니다. 시시각각 변하는 데이터가 아닌 월간 데이터를 연구에 사용해야 했고, 그에 따라 사건 전후 '몇 개월'에 걸친 추이만을 보여줄 수밖에 없었기 때문입니다. 가령 분할 공시가 월초에 나온 주식의 경우, 주가가 월말까지만 변하면 그 정보의 주가 반영은 이미 끝난 걸로 보일 수 있었던 것이지요. 정보 반영에 실제로는 한 달이라는 시간이 걸렸더라도 시장이 효율적이라고 잘못 추론할 가능성이 있었다는 뜻입니다.

하지만 그로부터 30년가량이 흐른 2002년에는 기술 발달 덕에 초 단위, 또는 매 순간 호가 단위 데이터의 축적이 가능해졌습니다. 그에 따라 그해에 발표된 논문에선 특정 주식과 관련된 정보가 방송된 이전 및 이후의 주가 변동을 매우 세밀하게 확인할 수 있었지요. 그러한 변동을 잘 보여주는 것이 바로 다음 페이지의 그래프입니다.

이 그래프에서 가로축의 0은 해당 종목에 대한 긍정적 혹은 부정적

• Busse, J. A., Clifton Green, T., 2002. Market efficiency in real time, *Journal of Financial Economics* 65, 415-437.

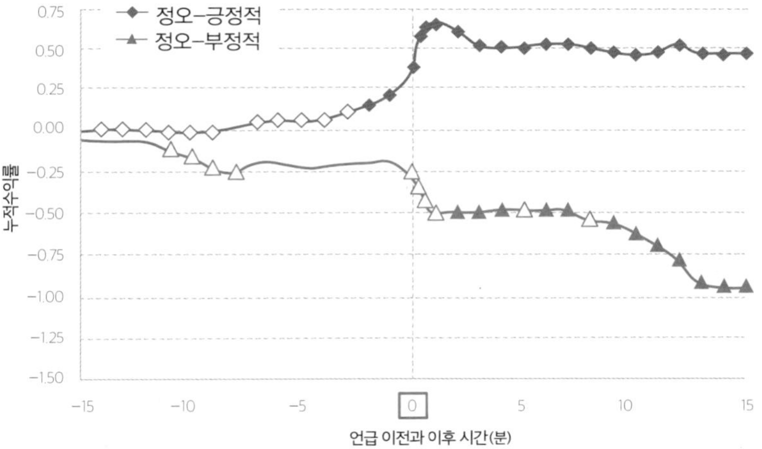

방송된 정보, 얼마나 빨리 주가에 반영될까?

출처: Busse, J. A., Clifton Green, T., 2002. Market efficiency in real time, *Journal of Financial Economics* 65, 415-437.

정보가 방송을 통해 나온 시각이고, 그 좌우에는 각각 방송 시각 전후의 시점이 분 단위로 표시되어 있습니다. 우선 긍정적 정보가 나왔을 때의 누적수익률 추이를 볼까요? 방송 15분 전까지는 거의 아무 변화가 없다가 10분 전부터 서서히 오름세를 타더니 5분 전에는 급상승을 합니다. 그리고 긍정적 정보가 방송에 나오는 순간 무섭게 치솟아 오버슈팅(overshooting, 상품이나 금융 자산의 시장가격이 일시적으로 폭등 혹은 폭락하는 현상)하는 모습을 보이고, 이것이 조금 진정된 약 3분 후부터는 평탄한 추세를 보입니다. 해당 정보의 반영이 끝났다는 뜻이지요.

부정적 정보가 방송되었을 때의 양상은 마치 긍정적 정보의 경우를 거울에 비춘 듯 반대되는 모습입니다. 다만 변화의 추이가 평탄해지는 시점은 긍정적 정보의 경우보다 다소 느린 13분경이네요. 이는 부정적 정보의 반영이 긍정적 정보의 반영보다 조금 더 어렵다는 현실을 나타냅니다.

예를 들어 잠재적 손실이 무한대로 커질 수 있는 공매도는 잠재적 손실이 매수 가격으로 한정되는 매수거래보다 훨씬 더 위험하기 때문에 투자자들은 현재 주가가 과대평가되어 있다는 부정적 정보를 접하더라도 이를 이용한 투자, 즉 공매도를 꺼리곤 합니다. 그에 따라 부정적 정보가 주가에 반영되는 것도 느려지지요(공매도에 대해서는 뒤에서 좀 더 자세히 살펴보겠습니다).

이런 양상은 특정 주식 한두 개가 특이하게 보이는 것이 아닌, 주식시장 전체에서 일어나는 보편적인 것으로 여겨져야 합니다. 이 연구는 방송에서 언급된 모든 주식들을 대상으로 이뤄졌기 때문입니다. 그렇다면 이 연구에서 우리가 얻을 수 있는 교훈은 무엇일까요?

앞의 그래프를 다시 보면서, 긍정적 혹은 부정적 정보를 접한 즉시 우리가 얼마나 빨리 움직여야 그 정보 덕에 이익을 취할 수 있을지 생각해보시기 바랍니다. 긍정적 정보가 방송되고 주가가 오버슈팅되기까지 걸리는 시간은 대략 2~3분입니다. 휴대폰을 꺼내 주식거래 앱을 켜고, 해당 주식을 찾고, 매수 주문을 내는 데만도 이 정도 시간이 걸리지 않을까요? 다시 말해 자칫하면 주가가 오버슈팅하는 바로 그 순간, 즉 최고가일 때 해당 주식을 사게 될 가능성이 적지 않다는 뜻입니다. 그러니 아무리 늦어도 20여 초 내에 마칠 자신이 없으면 주문을 내지 않는 것이 좋습니다. 시장이 정보를 그토록 빨리 반영한다는 것,

다시 말해 시장은 그 정도로 효율적이라는 것이 이 연구가 말하고자 하는 바입니다.

지금까지의 이야기를 종합하면 이렇습니다. 주식시장은 효율적이라 새로운 정보가 나오면 그것을 즉각 받아들여 매우 빠른 속도로 가격에 반영합니다. 그리고 정보 반영이 끝난 뒤의 가격은 어떤 방향으로 움직일지 아무도 예측할 수 없습니다. 이처럼 주가가 특정 규칙을 따르지 않고 향후 예측이 불가능한 방식으로 움직이는 것을 일컬어 랜덤워크라 합니다.

따라서 우리에겐 랜덤워크에 해당하는 주가를 예측한다는 것도, 또 새로운 정보를 접한 뒤 보다 빨리 행동함으로써 이익을 취한다는 것도 불가능한 일입니다. '시장을 이기려 하지 말라' 혹은 '시장을 이길 순 없다'라는 말이 나오는 이유지요. 그러니 가족이나 연인과 맛있게 점심식사를 하던 중 저런 방송을 본다 하더라도 동요하지 말고 편한 마음으로 식사를 계속하시는 편이 좋겠습니다.

하지만 한편으로는 의문이 들기도 합니다. 우리는 이미 주식투자를 하고 있거나 앞으로 하기 위해 공부하는 중인데, 랜덤워크 이론이나 효율적 시장 이론에 따르면 우리가 수익을 얻을 가능성은 없는 것 아닐까요? 자산을 늘리기 위해 하는 것이 투자라는 점은 알고 있으나 어쩐지 이번 꼭지를 읽으니 차라리 투자를 하지 않는 편이 안전할 수도 있겠다는 생각이 드실지 모르겠습니다. 이 궁금증들은 다음 꼭지에서 풀어보겠습니다.

2

집중투자와 분산투자, 뭐가 좋을까

그럼에도 주식투자, 해야 한다

앞서 우리는 효율적 시장에서 주식을 선택하여 투자하는 방법으로는 수익을 내기 어렵다는 암묵적 결론에 도달했습니다. 하지만 주식투자는 분명 우리의 자산을 증식시킬 수 있는 좋은 방법입니다.

수익을 내기 어려운데 자산증식이 가능하다니 헛갈리실 수 있겠습니다. 그러나 앞서 이야기한 바는 '어떤 정보를 입수했다 하여 그것으로 즉각 수익을 얻을 순 없다'는 점이었지, 주식투자를 통한 자산증식 자체가 불가능하다는 뜻은 아니었습니다.

그렇다면 주식투자를 통한 수익 실현은 어떤 경우에 가능할까요? 가장 쉽게 생각해볼 만한 가능성은 '시장이 효율적이지 않은 경우'일 것입니다. 효율적 시장이라고 해서 시장이 항상 효율적이기만 한 것은 아닙니다. 비효율적인 부분도 갖고 있지요. 비효율적 시장에서는 정보 반영이 느리기 때문에 당연히 투자를 통해 수익을 얻을 수 있습니다. 앞 꼭지에서 예로 들었던 상황을 다시 생각해볼까요? 만약 TV에서 특정 주식에 대한 긍정적 정보가 방송되어 주가에 모두 반영되기까지 24시간이 걸린다면 우리는 점심식사를 마치고 후식을 먹으며 여유 있게 주식을 매수해도 수익을 얻을 수 있을 것입니다.

하지만 시장이 효율적이라서 도저히 이길 수 없을 경우에는 '시장을 좇아가면' 됩니다. 이렇게 하면 시장이 오를 때, 다시 말해 주가지수가 상승할 때 수익을 올릴 수 있으니까요. 이번 꼭지에서는 바로 이렇게 '시장을 좇는 방법'에 대해 살펴보겠습니다.

선택과 집중은 언제나 최고의 방법일까?

선택과 집중은 대개 어떤 결정을 내리거나 일을 처리하는 데 있어 매우 효과적이고 효율적인 방법으로 여겨집니다. 해야 할 업무가 산더미일 때에는 가장 중요하거나 긴급한 일들을 먼저 선택하고 우선적으로 집중해서 처리하는 것이 좋지요. 또한 자녀의 소질을 발견하고 계발할 경우에도 선택과 집중이 자주 활용됩니다. 모든 면에서 뛰어나게끔 만들어주기보다는 아이가 상대적으로 잘하고 즐거워하는 무언가를 찾아 집중적으로 지원하자는 것이 부모의 생각이겠지요.

애덤 스미스(Adam Smith)는 이러한 선택과 집중을 '절대우위(absolute advantage) 이론'으로 설명한 바 있습니다. 절대우위란 다른 생산자에 비해 생산요소를 적게 투입해 재화 혹은 서비스 등의 상품을 만들어 냄으로써 얻는 우위를 뜻합니다. 만약 A라는 나라가 와인 생산에, 또 B라는 나라가 밀 생산에 있어 절대우위를 가질 경우 A는 와인만을, B는 밀만을 생산하여 서로 교환하면 상호이익이라는 것이 스미스의 절대우위 이론입니다.

그러나 데이비드 리카도(David Richardo)는 이 이론에서 한 발 더 나아가 '비교우위(comparative advantage) 이론'을 주창했습니다. 비교우위는 재화나 서비스를 보다 적은 기회비용으로 만들어냄으로써 얻는 우위입니다. A가 와인을 생산했을 때 발생하는 기회비용이 B가 와인을 생산했을 때 발생하는 기회비용보다 작을 경우 'A는 와인에 비교우위가 있다'고 말합니다.

여기서 기회비용은 하나의 재화를 생산하기 위해 포기해야 하는 다른 재화의 최대 생산량을 지칭합니다. 예를 들어 페이스북[Facebook, 최근에 '메타(Meta)'로 사명을 바꾸었습니다]의 창업자 마크 저커버그(Mark Zuckerberg) 회장이 자신의 딸에게 수학을 가르치기 위해 쓰는 1시간의 기회비용은 제가 제 아들에게 똑같은 목적으로 쓰는 1시간의 기회비용보다 훨씬 클 것입니다. 그가 다른 일을 위해 1시간을 쓸 경우 벌어들일 수익은 저의 경우와 비교가 되지 않을 정도로 클 테니까요. 그러니 저는 적어도 자녀에게 수학을 가르치는 데 있어서만큼은 저커버그

절대우위설을 주장한 애덤 스미스(좌)와 비교우위설을 주장한 데이비드 리카도(우).

회장보다 비교우위에 있다고 할 수 있겠습니다.

절대우위 이론과 비교우위 이론이 갖는 공통점은 각자가 잘 만들어낼 수 있는 것에 집중하여 생산한 뒤 서로 교역을 통해 교환하라는 것, 즉 선택과 집중입니다. 저마다의 장점에 초점을 맞추자는 이야기이니 이것 자체만 보면 별 문제가 없는 듯합니다. 그런데 정말 그럴까요? 인디애나 퍼듀 대학의 김재수 교수는 그의 책 『99%를 위한 경제학』에서 다음과 같은 예를 듭니다.

얼마 전까지 전쟁을 겪어 매우 가난한 나라가 있습니다. 그런데 이 나라에서 설탕 가공과 모직을 중심으로 영업하던 한 회사가 어느 날 갑자기 '우리는 반도체 생산에 도전해보겠다'고 선언합니다. 반도체가 무엇인지도 몰랐던 1970년대에 말이지요. 관련 지식이나 설비도 전

무한 상태이니 당연히 반도체 생산에서의 비교우위도 갖지 못하는데, 그렇다면 이 회사는 이런 도전을 하지 말아야 하는 것 아닐까요? 눈치 채셨겠지만 이는 삼성전자의 이야기입니다. 만약 이 회사가 1970년대에 자사의 비교우위를 선택해 그것에 집중했다면 지금의 삼성전자는 없었을 것입니다.

이는 우리나라의 다른 기업을 보더라도 마찬가지입니다. 과거 우리나라의 경쟁력은 쌀 생산과 농업에 있었는데, 만약 그것에만 집중했다면 지금처럼 세계 10위권을 오가는 경제선진국이 되긴 어려웠을 것입니다. 한국이 경제발전을 이루는 데 큰 힘이 된 산업 분야는 그전까지 전혀 해보지 않았던 조선업, 철강업, 중화학공업 등이었습니다. 말하자면 우리나라는 비교우위 여부를 무시하고 이런 산업들에 도전하며 발전해왔다는 뜻입니다.

선택과 집중이 무조건 좋은 것은 아님을 보여주는 또 다른 예가 있습니다. 현재 세계는 글로벌 가치사슬(global value chain, 설계를 비롯해 생산, 유통, 사용, 폐기 등 상품 및 서비스와 관련하여 진행되는 모든 활동이 여러 국가에 걸쳐 이뤄지는 것)로 연결되어 있습니다. 한국이나 대만의 반도체 기업들은 다른 국가들로부터 재료를 수입해 자국 내에서 반도체를 만든 뒤 중국이나 미국 등의 나라에 판매하고, 이들 국가에 있는 가전제품이나 전자기기 제조업체 등은 그 반도체를 이용하여 자사 제품을 생산하는 것이 글로벌 가치사슬의 한 예입니다. 즉, 각국이 자신들의 강점에 집중함으로써 국제 분업을 하는 개념인 것이지요.

그런데 코로나19 사태로 인해 글로벌 가치사슬의 문제점이 드러났습니다. 가령 어떤 제품이 그간 10개국으로 구성된 글로벌 가치사슬을 통해 생산되어왔는데, 그중 몇몇 국가의 경제활동이 코로나19로 멈춰 서자 이 제품의 생산과정 전체가 중단될 위기에 처한 것입니다. 재료가 공급되지 않거나 중간 단계의 제조가 이뤄지지 않으니 해당 글로벌 가치사슬 내의 다른 국가들도 대책을 마련하기 어려웠습니다. 이런 일들을 계기로 사람들은 국제 분업이 갖는 위험을 자각하게 되었습니다.

그렇다 해서 투자 시 선택과 집중은 위험하니 피해야 한다는 뜻은 아닙니다. 또한 선택과 집중이 좋은지 아닌지를 따지는 것이 이 꼭지의 목적도 아니고요. 다만 그것이 언제나 옳고 가장 효과적인 방법인 것은 아님을 염두에 둬야 할 필요가 있다는 이야기입니다.

집중투자와 분산투자, 어느 쪽이 좋을까?

집중투자와 분산투자는 '선택과 집중'과 연관되는 개념입니다. 분산투자는 투자 대상 종목을 늘려 위험을 분산시키는 방법이지요. 흔히들 '인덱스를 사놓고 기다린다'라는 말을 하는데, 여기에서의 인덱스는 주가지수를 지칭합니다.

예를 들어 '코스피200 주가지수를 산다'는 것은 곧 '코스피200 주가지수의 움직임을 반영하여 가격이 결정되는 유가증권을 산다'는 뜻입니다. 가장 이해하기 쉬운 예로는 코스피200 지수를 구성하는 모든 종목들을 지수에서 사용한 가중치를 반영하여 매수하는 경우가 있겠지요. 그런데 이 경우에는 200개 주식을 매입하는 불편함이 있을 수 있습니다. 이보다 편리한 방법은 이 지수의 구성종목들을 편입한 펀드, 특히 상장지수펀드(ETF: exchange traded fund)에 투자함으로써 코스피200 지수를 '좇는' 것입니다. 어차피 시장을 이길 순 없으니 펀드 매입 후 느긋하게 기다리자는 전략을 바탕으로 하는 이런 방식은 '패시브 투자(passive investment)'라 불립니다.

이와 달리 집중투자는 큰 성과를 거둘 만한 종목을 고른 뒤 낮은 가격일 때 사서 높은 가격일 때 팔아 수익을 올리려는 투자 전략입니다. 분산투자에 비해 투자자의 행위가 적극적이기에 '액티브 투자(active investment)'라고도 불리지요. 만약 여러분이 겨우 서너 개의 종목에만 집중적으로 투자하고 있는 중이라면 패시브보다는 액티브에 가까운 투자 전략을 따르고 있는 것입니다.

'오마하의 현인'이라 불리는 워런 버핏(Warren Buffett)은 주식투자를 하지 않는 사람들까지도 알고 있을 정도로 유명한 투자의 대가입니다. 그는 집중투자와 분산투자에 관해 다음과 같은 말을 한 적이 있습니다.

"분산투자는 아마 당신의 부(富)를 보전해줄 것이다. 그러나 보전할 부를 만들려면 집중투자를 하는 편이 좋다."

처음부터 분산투자를 하기보다는 우선 될성부른 종목들을 골라 집중투자를 하는 것이 보다 좋은 자산 형성법이라고 말한 것입니다. 또한 버핏은 이런 이야기도 했습니다.

"여러 주식에 분산투자를 하는 것은 그 종목들을 제대로 알지 못하는 투자자들에게나 적합한 투자 방법이다."

투자자라면 자신이 투자하는 기업의 특징과 가치 등을 파악하고 있어야 합니다. 그러나 투자 종목이 수십에서 수백 개에 이른다면 그 회사들 모두에 대해 속속들이 잘 알기는 어렵겠지요. 그렇기에 분산투자는 투자 대상들에 대해 잘 모르는 사람들이나 사용하는 투자 방법이라고 버핏은 이야기한 것입니다.

사실 인덱스 펀드나 ETF에 투자할 때 그 안에 속해 있는 기업 모두를 알 필요는 없습니다. 그러나 버핏은 투자 가치가 높은 기업을 정확한 눈으로 발굴하고 거기에 대규모 자금을 투자할 뿐 아니라 경영도 세세히 관리 및 감독하지요. 이를 통해 해당 기업이 크게 성공하게끔 이끌고 그것으로 부를 얻는 집중투자의 대가이기 때문에 그는 그렇게 이야기할 수 있었던 듯합니다.

그렇다면 집중투자와 분산투자 중 어느 쪽이 더 좋은 투자 방법일까요? 교과서적인 답은 '분산투자가 집중투자보다 낫다'입니다. 경제학계에서는 '선별된 한두 종목이 아니라 인덱스에 투자를 하되 장기적으로 해나가는 것이 가장 좋다'라는 답이 여러 연구들을 통해 이미 도출되었기 때문입니다. 특히 근래에 많이 이야기되는 상장지수펀드, 즉 ETF는 여러 주식들에 의해 가격이 결정되는 펀드이기 때문에 분산투자 효과를 거둘 수 있는 좋은 투자 방법입니다.

이쯤에서 "저는 반도체나 2차전지 등 업황이 좋고 미래가 유망한 산업 분야의 좋은 기업들 몇몇을 골라 투자하고 있는데, 그럼 제 투자 방법은 잘못된 건가요?"와 같은 질문을 하고 싶은 분들이 계실 수도 있겠는데, 당연히 그렇지 않습니다. 그것은 잘못되거나 이상한 방법이 아니라 하나의 투자 스타일일 뿐이니까요.

앞서 잠시 언급했듯 액티브 투자는 좋은 종목을 선택한 뒤 그것이 쌀 때 매수해서 보유하고 있다가 비싸지면 매도하는 것, 즉 적절한 타이밍에 맞춰 사고파는 행위를 통해 차익을 거두는 방법입니다. 실제로 이런 식의 투자를 통해 큰 수익을 올리는 투자자들이 적지 않습니다. 워런 버핏이나 피터 린치가 대표적인 예에 해당하지요.

2020년 코로나19 사태로 주가가 폭락했던 당시 액티브 투자에 나선 분들은 꽤 높은 수익률을 거두었을 가능성이 큽니다. 크게 떨어졌던 주가가 정부의 경제부양 정책 덕분에 빠른 회복세를 보였으니, 만약 폭락 당시 싸게 매수하여 보유하고 있던 주식들을 주가 회복 시기에 매도했다면 성공적인 액티브 투자를 한 셈이기 때문입니다.

그렇다면 경제학계에서는 왜 분산투자가 낫다는 답이 나온 것일까요? 이와 관련해 노벨상을 받은 이론도 있기는 합니다만, 보다 쉽게 얘기하자면 이는 '액티브 투자로 수익을 올리는 일을 얼마나 오래 지속할 수 있는가?'와 연관됩니다.

이를 페널티킥에 비유하여 생각해보겠습니다. 만일 손흥민 선수와 제게 단 한 번씩의 페널티킥 기회가 주어진다면 손 선수가 실패하고 제가 성공할 수도 있을 것입니다. 그러나 10번, 100번을 차서 제가 손흥민 선수보다 많은 골을 넣는 건 불가능한 일입니다. 만약 이런 일이 현실에서 지속적으로 나타난다면 그것은 우연이 아니라 제가 손흥민 선수보다 실제로 더 훌륭한 키커이기 때문이겠지요.

이와 마찬가지로, 뛰어난 성과를 올리는 집중투자를 몇 십 년간 해오고 있는 워런 버핏 같은 투자 대가들이 집중투자를 마다할 이유는 전혀 없습니다. 하지만 일반적인 보통의 개인투자자들이 그렇게 하기란 너무나 어려운 일일 것입니다. 제가 손흥민 선수보다 더 나은 키커가 될 가능성이 얼마나 될지 생각해보시면 되겠습니다.

2020년 말 기준으로 개인투자자들이 주식에 투자한 금액은 662조 원에 이르고, 이해에 증가한 30대 이하의 개인투자자 수는 약 160만 명입니다. 그중에는 이익을 본 사람들이 있는가 하면 손실을 본 사람 또한 섞여 있을 테고요. 그럼에도 분산투자를 권하는 이유는 무엇일까요?

앞서 말했듯 투자라는 행위는 위험을 감수하고 그에 따르는 수익을 얻겠다는 의지의 표현입니다. '수익률은 위험의 함수'라고 이야기한 이유도 그것이었지요. 분산투자는 수익률과 위험의 가장 이상적인 수준을 좇다 보면 자연스레 도출되는 투자 전략입니다. 위험 중엔 수익률로 연결되는 위험이 있는가 하면 수익률과 무관한 위험도 있습니다. 후자는 보다 높은 수익률로 보상받을 수 없는 위험을 뜻하는데, 이렇게 수익률이 따라오지 않는 위험을 굳이 감수할 필요는 없겠지요. 분산투자는 수익률 제고에 도움이 되지 않는 위험을 낮춰줍니다.

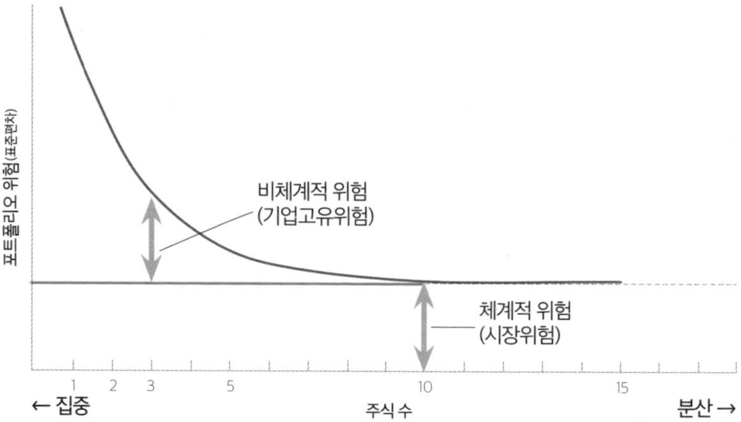

포트폴리오의 위험분산 효과.

이 두 종류의 위험이 어떻게 다른지는 위의 그래프를 보면서 생각해 보겠습니다.

분산(diversification)과 위험의 관계를 나타낸 이 그래프는 경제학계에 매우 잘 알려져 있습니다. 가로축에 있는 1부터 15는 투자 포트폴리오에 들어 있는 주식의 수이고, 세로축은 그 포트폴리오가 갖는 총위험(total risk)입니다. 그래프의 파란 곡선은 투자 종목 수가 많지 않게 비교적 집중적인 투자를 하는 경우엔 위험 수준이 높은 반면, 종목 수가 더 늘어나 분산투자 정도가 커지면 위험도 그에 따라 낮아지는 경향이 있다는 것을 잘 보여줍니다.

이때의 '위험'이란 수익률의 표준편차(standard deviation), 즉 수익률이 평균치로부터 떨어져 있는 정도의 평균치를 지칭합니다. 따라서 위험이 '크다'는 것은 수익률의 변동폭인 표준편차가 크다는 의미입니다.

그래프를 보면 투자 종목이 한 가지일 때의 위험은 매우 큽니다. 내 자금 모두를 그 한 종목에 넣었으니 포트폴리오상의 수익률도 오로지 그것의 등락에 따라 오르내리겠지요. 하지만 투자 종목을 여러 개로 늘리면 그중 몇몇이 떨어지더라도 다른 종목들이 상승해 하락분을 상쇄하고, 결과적으로 전체 위험의 수준을 낮추는 것이 가능해집니다. 그래프에서 투자 종목이 한 개, 네 개, 열 개일 때의 위험 수준들이 각각 확연히 낮아지는 양상은 이 점을 보여줍니다. 이러한 위험 감소 효과는 굳이 별다른 노력을 하지 않고 그저 투자 종목의 수를 조금 더 늘리는 것, 즉 분산투자 그 자체로 충분히 거둘 수 있습니다.

시장위험과 기업고유위험

다만 우리가 유의해야 할 점이 한 가지 있으니, 앞서 언급했듯 위험에도 두 가지 종류가 있다는 점입니다.

하나는 투자 종목의 수를 늘림으로써 줄일 수 있는 위험으로, 이를 '기업고유위험'(idiosyncratic risk) 또는 '비체계적 위험'(nonsystematic risk)이라 합니다. 옆 페이지의 그래프에서 파란 곡선으로 나타낸 총위험 중 빨간 직선의 위쪽, 즉 주식 수가 늘어날수록 줄어드는 부분이 기업고유위험을 나타내는 부분입니다.

그런데 이 그래프를 잘 보면, 종목 수가 열 개 정도 이상으로 늘어나면 이후에 종목을 더 추가해도 빨간 직선 아래로는 위험이 줄어들지 않음을 알 수 있습니다. 이렇듯 투자 종목의 수를 아무리 늘려도 더 이상 감소하지 않는 위험을 '시장위험(market risk)' 또는 '체계적 위험(systematic risk)'이라고 부릅니다. 총위험, 즉 세로축의 0부터 빨간 직선으로 표시된 부분까지가 이에 해당합니다.

분산투자를 하더라도 시장위험을 없애거나 줄일 수 없는 이유는 무엇일까요? 이 위험은 투자를 하는 이상 도저히 회피할 수 없는 위험이기 때문입니다. 기업고유위험과 시장위험의 차이를 예로 설명해보겠습니다.

어느 기업의 지배주주가 갑질을 일삼고 때때로 그런 행동이 투자자들과 소비자들의 공분을 사 주가를 떨어뜨리는 경우가 있다고 가정합시다. 이러한 위험은 그 기업이 고유하게 갖는 위험, 즉 기업고유위험에 해당합니다. 투자자 입장에선 이 기업의 주식을 사지 않음으로써, 또는 다른 종목들에도 함께 투자함으로써 이러한 위험을 얼마든지 회피하거나 감소시킬 수 있지요. 따라서 이런 주식에 대한 투자는 높은 수익률로 보상받기 어렵습니다.

그와 달리 시장위험은 아예 투자하지 않는다면 모를까, 투자를 하는 이상에는 반드시 감수해야만 하는 위험을 지칭합니다. 이 위험은 개별 기업들의 고유한 특성이 아닌 거시적 환경, 또는 시장에 전체적으로 영향을 미치는 사건들에서 비롯되기 때문입니다. 가령 남북 관계에서 비롯되는 영향이나 미국과 중국의 대립이 한국에 끼칠 영향 등은 한국 주식시장에 투자하는 사람들이 감수해야만 하는 시장위험에 해당합니다. 이런 위험은 현대자동차 대신 네이버의 주식에 투자한다 해서 회피할 수 있는 종류의 위험이 아닙니다.

물론 한국뿐 아니라 미국이나 유럽, 중국 등 여러 국가의 시장에 다양하게 투자하면 한국 시장의 시장위험을 줄일 수 있습니다. 이를 국제분산투자(international diversification)라고 하는데, 이렇게 한다 해도 전 세계적인 차원에서 벌어지는 위험까지 회피할 수는 없습니다. 전 세계 시장이 갖는 시장위험은 여전히 존재한다는 뜻입니다.

시장위험, 즉 체계적 위험은 반드시 감수해야 하는 위험이기에 시장에서 적정한 수익률로 보상을 해줍니다. 다시 말해 체계적 위험이 높은 주식은 수익률도 더 높은 것이 일반적입니다. 피할 수 없는 위험이 있는데 수익률로 보상받지 못하는 주식이라면 아무도 거래하려 들지 않겠지요. 따라서 이런 주식들에는 보상이 반드시 따라주어야 합니다. 즉, 보다 싼 값에 거래되어야 한다는 의미입니다. '높은 기대수익률 = 높은 할인율'임은 앞서 우리가 살펴본 바 있지요? 체계적 위험이 큰 주식들은 할인율이 높아 낮은 가격으로 거래됩니다.

경제학자들이 분산투자를 권하는 이유의 핵심이 바로 이것입니다. 수익을 올리려면 위험을 감수해야 하지만 수익률 제고에 도움이 되지 않는 위험은 감수할 필요가 없지요. 따라서 기업고유위험은 없애고 시장위험만을 감수하는 것이 좋은 전략입니다. 이를 가능케 해주는 것이 분산투자이고, 이것을 이론적으로 증명한 것이 바로 포트폴리오 이론(Theory of Portfolio Selection)입니다. 해리 마코위츠(Harry Markowitz)

는 이 이론을 정립한 공로로 1990년 노벨경제학상을 수상했습니다.

그런데 이러한 분산투자의 효과는 실증적으로도 증명이 될까요? 다음의 그래프는 1802년부터 2012년까지의 여러 투자안들을 비교한 결과입니다. 1802년에 주가지수, 미국 장기국채, 미국 단기국채, 금, 그리고 미국 달러에 1달러씩을 투자했다면 약 200년 후인 2012년에는 각각 얼마로 증가했을지를 나타내고 있지요.

이에 따르면 수익이 가장 크게 증가한 것은 주가지수에 장기투자, 즉 분산투자를 한 경우입니다. 1802년의 1달러가 2012년에는 무려 70만 달러 이상으로 늘어났으니까요. 이 연구는 장기 주식투자의 장점과 관련된 연구들 중 아마도 가장 유명한 것일 텐데, 이를 통해 우리는 이러한 투자 방안이 다른 어떤 것들보다 수익률 면에서 월등하다

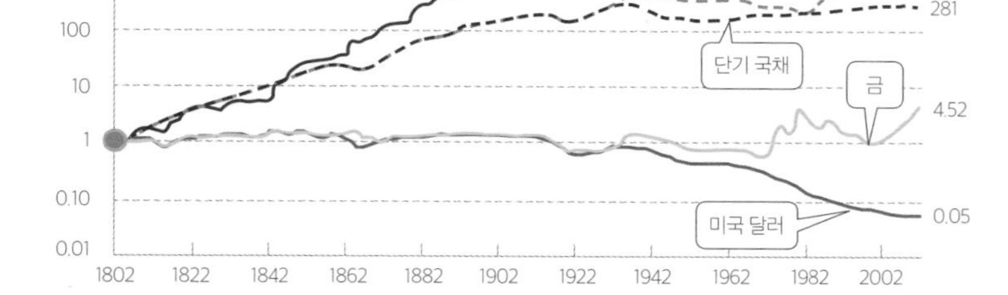

주식 장기-분산투자의 장점.

출처: 제러미 시겔, 이건 역, 『주식에 장기투자하라』, 이레미디어, 2015.

는 점을 알 수 있습니다.

그럼에도 액티브 투자를 하는 사람들은 왜 그토록 많은 것일까요? 연구결과들에 따르면 액티브 투자로 좋은 수익률을 기록하는 이들은 그리 많지 않다는데 말입니다. 인간의 심리적 성향(bias)을 들여다보면 이에 대한 힌트를 얻을 수 있습니다.

일반적으로 패시브 투자는 인덱스에 투자하는 것이기에 변동성이 매우 작습니다. 그와 달리 액티브 투자는 투자 종목의 수가 한두 개로 매우 적기 때문에 변동성이 매우 크지요. 따라서 투자 결과는 매우 좋은 경우와 매우 안 좋은 경우 사이를 수도 없이 오갑니다.

그런데 투자자들은 자신이 큰 손실을 거둔 투자에 대해선 입을 다물지만 반대로 성공한 투자는 크게 자랑하고 싶어 합니다. 따라서 대개의 사람들이 친구나 주변 사람들에게서 듣는 주식투자 얘기는 성공적인 투자에 대한 것일 가능성이 더 큽니다. 또 변동성이 큰 액티브 투자로 거둔 성공은 패시브 투자에서의 성공보다 훨씬 더 클 가능성이 높습니다. 그렇기에 이런 이야기를 들으면 '나도 액티브 투자라는 것을 한번 해봐야겠다'며 액티브 투자에 대한 선호도가 높아지고, 이런 인식이 퍼진 결과로 액티브 투자자들이 늘어난 것일 수 있습니다.

감당 가능한 위험의 정도를 택해라

투자자로서 우리가 보다 깊고 진지하게 생각해봐야 하는 것은 '내가 감당할 수 있는 위험은 과연 어느 정도인가', 그리고 '나는 그 위험을 감수하는 대가로 어느 정도의 수익률에 만족할 것인가'입니다. 보다 큰 수익을 위해 큰 위험을 감수할 수 있다고 스스로 판단된다면 집중투자를, 그 반대의 성향으로 여겨진다면 분산투자를 택하는 것도 방법이 될 수 있겠습니다.

성공적 투자의 핵심은 여러 투자 관련 서적이나 연구결과, 그리고 무엇보다도 자신의 투자경험 등을 참고하여 자신에게 가장 잘 맞는 방법을 찾는 것입니다. 그리고 여기에서 가장 중요한 것은 '위험관리'입니다.

수익률이 위험의 함수인 이상, 위험관리는 수익률을 관리한다는 의미와도 다르지 않습니다. 그러나 투자자 입장에서 수익률은 크면 클수록 좋은 것이기에 수익률만을 좇게 되기 쉽습니다. 그리고 그 정도가 지나치면 자신이 감당 가능한 수준을 한참 뛰어넘은 위험에 직면할 가능성이 있습니다. 운이 좋아 한두 번 큰 위험을 감수하여 성공했다 해도, 위험이 큰 상황에서 시도한 또 다른 투자의 실패는 회복불능의 치명상으로 연결될 가능성이 큽니다.

그러니 성공적인 투자를 위해서는 그 위험이 과연 자신이 감당할 수 있는 수준인지를 반드시 깊이 생각해야 합니다. 감당이 불가능하다고 판단되는 위험이라면 설령 커다란 수익률로 보상받을 것이라 하더라도 감수하지 않는 편이 좋습니다. 이것이 아마도 투자에서 가장 중요한 기본일 것입니다.

3

가치주와 성장주, 알고 투자하자

장부가격과 시장가격

주식투자와 관련된 여러 개념들 중에는 바늘과 실처럼 짝을 이뤄 붙어 다니는 것들이 있습니다. 앞에서 살펴본 집중투자와 분산투자 혹은 액티브 투자와 패시브 투자가 그렇고, 이제부터 이야기할 가치주와 성장주도 그중 하나입니다.

가치주와 성장주는 주식을 구분하는 대표적인 방법 가운데 하나라 할 수 있습니다. 이러한 구분이 왜 의미가 있는지, 과연 가치주는 무엇이고 성장주는 무엇인지를 알아보기 위해선 각각의 정의에 들어 있는 '기업의 가치'라는 것이 어떻게 구성되고 또 결정되는지부터 살펴봐야 합니다.

기업의 가치는 쉽게 말해 '주가'입니다. 그리고 주가는 보통 시장가격(MV: market value)을 의미합니다. 해당 기업의 주식을 보유함으로써 미래에 받을 것으로 기대되는 모든 배당들을 현재가치로 할인하여 더한 값이 곧 주가임은 앞서 이미 살펴보았습니다. 시장가격은 이처럼 '미래에 받게 될 현금(배당)'과 관련된 것이기에 미래지향적인 가치에 해당합니다.

이와 달리 과거지향적인 가치도 있습니다. 장부가격(BV: book value)이 그것인데 이름 그대로 이는 회계장부에 기록되어 있는 가치를 말합니다. 회계장부에는 해당 회사가 과거 영업활동의 결과로 현재 어느 정도의 자산과 자본, 부채를 갖고 있으며 손익은 어떻게 되는지 등의 정보가 요약되어 들어 있습니다. 장부가격은 '회사가 그간 형성하여 이미 보유하고 있는 가치'라는 의미이기에 영어로 assets-in-place라 불리기도 합니다. 해당 기업의 과거 활동을 요약한 정보에 초점에 맞춰져 있다는 점에서 장부가격은 과거지향적인 특성을 갖는다고 할 수 있습니다.

미래지향적인 시장가격과 과거지향적인 장부가격은 서로 일치하지 않는 경우가 대부분입니다. 시장가격은 해당 기업이 보유 자원을 투자함으로써, 다시 말해 장부상으로 이미 갖고 있는 자산을 투자함으로써 얻을 수익에 대한 사람들의 기대치를 반영하기 때문입니다. 기업이 앞으로 얼마나 '성장'할 것인지에 대한 기대치가 높으면 높을수록 시장가격은 장부가격보다 더욱 더 큰 값으로 평가됩니다.

성장성과 장부가격의 함수, PBR

이처럼 시장가격의 개념에는 매우 중요한 요소가 하나 들어 있습니다. 해당 기업의 향후 성장 정도에 대한 추정인 '성장성의 현재가치(GO: present value of growth opportunity)'가 그것입니다. 한 기업의 시장가격, 즉 시가총액은 그 기업이 이미 갖고 있는 가치(장부가격), 그리고 그것을 투자함으로써 얻을 수 있는 추가적 가치(성장성의 현재가치)의 합을 뜻합니다. 따라서 시가총액은 다음과 같은 식으로 표현할 수 있습니다.

MV = BV + GO
(시장가격 = 장부가격 + 성장성의 현재가치)

이 등식의 양변을 총 주식수로 나누면 '1주당' 가치를 구할 수 있습니다. 좌변은 우리가 흔히 이야기하는 주당가격, 즉 주가(P)가 되고 우변은 주당장부가격(B)과 주당성장성가치(G)의 합이 됩니다.

P = B + G
(주가 = 주당장부가격 + 주당성장성가치)

여기에서 다시 한 번 양변을 주당장부가격인 B로 나누면 우리가 주식투자에서 많이 활용하는 주가순자산비율, 즉 PBR(price to book ratio)이 도출됩니다. 쉽게 표현하자면 주가를 주당장부가격으로 나눈 값이 PBR인 것입니다.

$$\frac{P}{B} = \frac{1+G}{B} \equiv \text{PBR}$$

식에서 명확하게 볼 수 있듯, PBR이 크다는 것은 그 기업의 성장성의 현재가치가 장부가치에 비해 크다는 뜻입니다. 다시 말해 앞으로 크게 성장할 가능성이 있다고 투자자들이 생각하는 주식이란 의미인데, 이런 주식들을 우리는 '성장주(growth stocks)'라고 부릅니다.

성장주는 시간에 따라 달라지는 것이 일반적입니다. 각 시기마다 크게 발전하는 산업 분야들이 다르기 때문이지요. 근래에는 거대 IT 기업이나 바이오 혹은 헬스케어 기업들의 주식이 성장주의 범주에 듭니다. 이런 주식들은 설령 현재 많은 이익을 내지 못하고 있다 하더라도 향후에는 성과가 매우 좋을 테고, 그에 따라 주주들이 미래에 받을 배당도 많을 것으로 예상됩니다. 성장주 주주들은 대개 해당 기업이 얼마 안 되는 현금을 굳이 배당하기보다 오히려 그것을 투자에 보태 앞으로의 성장성을 더욱 키워주길 기대합니다. 그래서 성장주 기업들 중 상당수는 현재 시점에서 배당금을 그리 많이 지급하지 않는 경우도 많습니다.

이러한 성장주와 반대로 가치주는 PBR이 낮은 주식을 칭합니다.

PBR이 낮은 이유는 성장성이 낮기 때문입니다. 가치주는 향후의 성장 정도보다는 현재 갖고 있는 자산이 기업 가치에서 큰 부분을 차지하는 주식들입니다. 때문에 현 비즈니스 모델이 안정적인 금융, 소재 분야 기업들의 주식이 주로 가치주에 해당합니다.

낮은 PBR이 반드시 저평가를 의미하는 것은 아니다

롱-쇼트 포지션(long-short position), 즉 저평가된 주식들을 사고 고평가된 주식들을 파는 전략으로 가치투자를 할 경우 실제로 큰 수익을 거둘 수 있다는 점은 매우 오랫동안 많은 나라에서 실증적으로 증명된 바 있습니다(롱 포지션은 매수 전략, 쇼트 포지션은 매도 전략을 의미하는 표현입니다). 그래서 PBR이 낮은 기업을 보면 '이 기업은 주당장부가격에 비해 주가가 낮으니 저평가되어 있는 상황'이라 여기고 해당 기업의 주식을 가치투자의 대상으로 여기는 분들이 많습니다.

그러나 'PBR이 낮은 것이 반드시 저평가 때문일까?'라는 질문은 꼭 던져봐야 합니다. 어떤 주식의 시장가격이 장부가격에 비해 낮다면 실제로 아직 그 우수성을 시장이 눈치채지 못해 저평가되어 있는 회사일 수도 있지만, 오히려 정반대로 가치가 정말 낮은 회사일 가능성 또한 있기 때문입니다.

가령 몇 개의 공장들을 보유한 회사가 있는데 정작 그 공장들의 기계와 설비 등은 모두 낙후되거나 고장 나서 제대로 작동하지 않는다

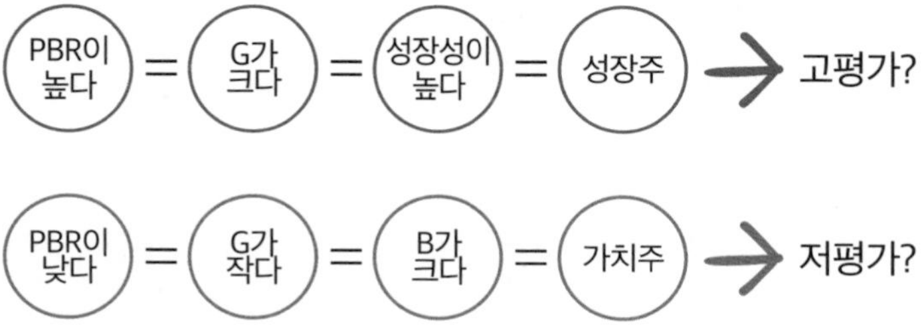

PBR은 고평가, 저평가를 알려주는 절대적 기준이 아니다.

고 가정해보겠습니다. 공장들이 가동되지 못하니 그 회사가 실제로 창출하는 수익은 없는 상황이고, 따라서 성장성은 당연히 0에 가깝습니다. 그러나 기계나 설비는 설사 제 기능을 하지 못한다 해도 장부가격으로 잡힙니다. 아무리 녹이 슬어 푸석거리는 기계라도 장부가치는 갖고 있기 때문입니다.

따라서 이런 회사는 시장가격이 거의 장부가치로 구성되고, 그 결과 PBR은 당연히 낮게 산출됩니다. 즉, 이때의 낮은 PBR은 해당 기업이 저평가된 회사임이 아니라 실제로 수익성이 매우 낮고 부실한 회사임을 보여주는 지표가 되는 것이지요. 그러니 이런 회사의 주식은 매수해선 안 됩니다. 이러한 점을 놓치고 그저 단순히 'PBR이 낮다 = 저평가되어 있다'라는 생각만으로 투자에 나서면 큰 손실을 입을 수 있습니다.

이렇듯 투자에 참고할 수 있는 여러 비율을 볼 때에도 그것을 어떻게 해석해야 옳은지를 매우 신중히 생각하며 판단해야 합니다. 개별기업의 경우라면 더욱 그렇습니다. 앞서 살펴봤듯 기업고유위험으로 인해 재무나 회계 비율들이 해당 회사의 적당한 가치를 반영하지 못할 가능성이 작지 않기 때문입니다.

그러나 여러 개별기업 주식들을 함께 모아놓은 포트폴리오 투자의 경우라면 같은 비율이라도 보다 안정적이고 적합하게 투자에 활용할 수 있습니다. 일례로 수백 종목의 주식 중 PBR 수치가 하위 25퍼센트 이하인 것들만 모아 포트폴리오를 꾸릴 경우 향후에 수익을 낼 수 있다는 점은 꽤 오랫동안 알려져왔습니다. PBR이 낮은 주식들은 '대개' 저평가되어 있을 가능성이 높으니, 이런 주식들로 포트폴리오를 구성함으로써 분산투자의 효과를 거둔다면 저평가되어 있는 속성들로부터 수익을 얻을 수 있다는 점을 활용하는 전략이지요. 이 내용은 뒤에서 다시 다루겠습니다.

주가와 주당순이익의 함수, PER

가치투자(value investment)로 가장 유명한 인물은 아마도 벤저민 그레이엄(Benjamin Graham)일 것입니다. 워런 버핏의 투자 스승이기도 한 그는 『현명한 투자자(The Intelligent Investser)』, 『증권분석(security analysis)』 등 가치투자의 바이블과도 같은 저서들을 통해 저평가 주식들을 발굴하는 방법들을 널리 알렸습니다. '주가수익비율'로 불리는 PER(price earnings ratio)은 벤저민 그레이엄의 가치투자 방법에서 PBR과 더불어 중요하게 활용되는 변수입니다.

$$PER = \frac{P(주가)}{EPS(주당순이익)}$$

PER은 주가(P)를 주당순이익인 EPS(earning per share)로 나눈 값입니다. EPS는 어떤 기업이 1년간 벌어들인 순이익을 그 기업의 총주식수로 나눈 것으로, '1주당 그 회사의 순이익은 얼마인가'를 알려줍니다. 따라서 PER은 현재 그 기업의 주가가 주당순이익의 몇 배에 해당하는지를 나타내는 지표라 하겠습니다. 만약 누군가가 자신이 투자한 기업에 대해 "그 회사의 PER은 약 40배야"라 했다면 이는 현재 그 회사의 주식이 주당순이익의 40배 정도 수준에서 거래되고 있다는 뜻이자, 주가를 회사가 벌어들이는 주당순이익으로 커버하기까지는 40년이 걸린다는 의미입니다.

PER은 새로 상장되어 아직 거래 데이터가 없는 기업, 그래서 우리가 아직 그 가치를 정확히 알기 어려운 기업의 주가를 정할 때에도 자주 활용됩니다. 이제 막 상장된 A라는 기업이 있고 그 회사의 상장 전 순이익이 얼마 정도였는지를 알면 A 기업의 주가를 정할 수 있습니다. 그와 비슷한 수준의 순이익을 기록한 다른 상장 기업들의 PER이 몇 배수 정도인지를 참고하여 EPS에 해당 PER 수치를 곱하면 주가를 산출할 수 있기 때문입니다. 이렇듯 PER은 기업가치 산정에 있어 매우 중요한 비율입니다.

PER의 대안적 비율들

하지만 PBR의 경우와 마찬가지로 PER에도 문제가 없는 것은 아닙니다. 우선 PER의 분모에 있는 EPS가 회계장부에서 도출되는 수치라는 점을 한 예로 들 수 있습니다. EPS는 해당 기업이 지난 1년간 벌어들인 주당순이익을 나타내는 것이기 때문에 과거의 영업활동을 요약한 과거지향적 개념입니다. 반면 분자에 있는 주가는 앞서 살펴봤듯 미래지향적인 개념이지요. 따라서 PER은 기업의 과거와 미래를 비교하는 비율인 셈인데, 사실 기업의 과거가 성공적이었다고 해서 미래까지 보장되는 것은 아닙니다. 다시 말해 과거에 올린 순이익은 앞으로 올릴 수 있는 순이익의 측정치가 되는 데 한계가 있다는 뜻입니다.

이런 점을 보완하기 위해 고안된 몇몇 비율들이 있습니다. PER을 수정, 과거에 벌어들인 주당순이익이 아니라 미래에 벌어들일 주당순이익의 예측치와 비교함으로써 해당 기업의 현재 주가가 낮은 상태인지 높은 상태인지를 알아보는 비율들이 그것입니다. 가령 각 증권사나 자산운용사의 애널리스트들은 선행PER(Forward PER), 즉 예상주가수익비율이라는 개념을 사용합니다. PER을 구하는 식에서 과거의 EPS 대신 미래에 거둘 것으로 예상되는 EPS를 대입하여 산출하는 비율이지요. 이렇게 하면 분자와 분모의 시점 모두가 미래로 통일되기 때문에 앞서 언급된 문제점을 해결할 수 있습니다.

PER이 갖는 또 다른 문제는 기업의 순이익이 경기변동이나 인플레이션에 민감하다는 점입니다. 예를 들어 이전 해는 특정 이유로 인해 순이익이 매우 좋거나 나빴던 한 해였을 수 있습니다. 또는 극심한 인플레이션 탓에 화폐가치가 떨어져 명목금액상으로 보자면 마치 과거보다 훨씬 더 큰 순이익을 낸 것처럼 보인 해였을 수도 있겠고요. 이런 경우에는 순이익이 기업의 영업활동이나 수익성을 왜곡할 가능성이 있고 그에 따라 PER 역시 왜곡될 수 있습니다. PER이 매년 필요 이상으로 들쭉날쭉한 값을 갖게 될 가능성도 큽니다.

2013년 노벨경제학상을 받은 로버트 실러(Robert Shiller) 교수는 이 문제를 보완하기 위해 PER 계산에 필요한 주당순이익을 과거 1~2년이 아닌 10년 동안의 자료에 기초하여 산출했습니다. 그리고 그렇게 긴 시간이 흐르는 동안 달러 가치는 인플레이션 탓에 점차 낮아진다는 문제를 해결하기 위해 주당순이익을 실질가치로 환산하여 적용했지요.

이렇게 고안해낸 '케이프 실러 PER(CAPE Shiller PER)'은 PER의 대안으로 자주 활용됩니다. 특히 개별 기업에 대한 평가보다는 전체 기업들이 벌어들이는 총이익에 비해 주식시장이 얼마나 과소평가 혹은 과대평가되어 있는지를 측정하기 위해 사용되지요. 이를 위해서는 미국 S&P500에 속하는 전체 기업들의 시가총액을 그들의 과거 10년간 주당순이익으로 나누면 됩니다.

케이프 실러 PER 지수를 나타낸 다음 페이지의 그래프를 보면 역사적으로 주당순이익에 비해 주가가 상당히 많이 올라 버블이 형성된

1880~2020년의 케이프 실러 PER 지수.

출처: https://www.multpl.com/shiller-pe

시기들을 쉽게 파악할 수 있습니다. 대공황 직전이었던 1920년대 후반부터 1930년대 초반의 버블, 1990년대 후반에서 2000년대 초반에 있었던 나스닥 버블, 2008년 금융위기 직전의 버블은 물론 이번 코로나19 팬데믹 시기에 나타난 PER 급등 및 급락 현상 등이 이 그래프에 모두 담겨 있기 때문입니다.

주가매출액비율인 PSR(price sales ratio)도 간혹 PER를 대체하여 사용되는 비율 중 하나입니다. 주가를 주당순이익이 아닌 주당매출액(sales per share)으로 나누어 얻는 PSR은 쉽게 말해 '매출액 대비 주가가 어느 정도인가'를 나타내는 지표라 할 수 있습니다. 그럼 PSR은 어떤 경우에 PER 대신 사용될까요?

앞서 '처음으로 기업공개를 하는 회사의 주가는 그 회사가 사기업일 당시 기록한 순이익에 그 회사와 비슷한 다른 기업들의 PER을 곱해 산정한다'고 이야기한 바 있습니다. 그런데 이런 신규 상장사들 중에는 주당순이익이 음수, 즉 순손실을 기록 중인 회사들이 종종 있습니다. 가령 초기 단계의 IT 기업처럼 이제 막 성장하기 시작한 회사들은 초기투자금과 비용이 많이 들어가지만 아직 매출로 그 비용을 회복하지 못하고 있는 경우가 적지 않지요. 전기차 업체인 테슬라(Tesla)만 보더라도 순이익이 음의 값에서 양의 값으로 전환된 것은 2020년 들어서부터였으니까요.

이렇게 주당순이익이 음수인 상태에서는 PER을 곱해도 결과값이 음수로 나오기 때문에 주가를 정상적으로 산출할 수 없습니다. 그래서 음수일 수 없는 '매출액'이란 개념을 주당순이익 대신 넣은 PSR을 사용하는 것이지요. 2021년 4월 초 뉴욕증권거래소에 상장될 당시 쿠팡의 적정가치를 예측하는 가치평가(valuation) 과정에서도 PER이 아닌 PSR이 매우 중요하게 활용되었습니다.

가치주는 위험이 커서 수익률이 높은 걸까

지금까지 가치주와 성장주가 무엇을 의미하는지, 또 그것을 판별하는 데 사용되는 중요한 지표들로는 어떤 것들이 있는지 살펴봤습니다. 자신의 투자 성향과 좀 더 잘 맞는 것이 가치주일지 성장주일지에 대해 여러분도 한 번쯤 생각해보셨을 듯하네요. 특히 최근 몇 년 동안은 흔히 FAANG이라는 약칭으로 불렸던 페이스북, 아마존(Amazon), 애플(Apple), 넷플릭스(Netflix), 구글(Google)은 물론 테슬라까지도 주가가 무서운 성장세를 보였기 때문에 성장주 투자에 대한 사람들의 관심이 크게 증가했습니다.

그런데 가치주 및 성장주와 관련된 큰 수수께끼가 한 가지 있습니다. '역사적으로 미국 증시를 보면 가치주가 성장주보다 수익률이 좋은 적이 많았는데 과연 그 이유가 무엇일까?'가 그것입니다. 1장에서 봤듯 수익률은 위험에 비례하는 보상이니, 그렇다면 가치주의 위험이 성장주보다 더 컸다는 뜻일까요?

성장주보다 가치주의 수익률이 더 높았다는 실증연구는 그간 숱하게 제시된 바 있습니다. 그중 가장 중요한 초기 논문은 아마도 유진 파마 교수가 케네스 프렌치(Kenneth French) 교수와 1992년에 함께 쓴 논문일 테고요(이 논문에 대해서는 뒤에서 다시 살펴보겠습니다). 그런데 그런 결론이 얼마나 충격적이었는지, 또 대체 왜 충격적이었는지를 이해하려면 먼저 수익률과 위험의 관계를 이론적으로 정립한 '자본자산가격결정모형(CAPM: Capital Asset Pricing Model)'에 대해 살펴보아야 합니다. CAPM은 윌리엄 샤프(William Sharpe) 교수에게 1990년에 노벨경제학상을 안겨준 중요하고 유명한 모델입니다.

CAPM 모델이 말하는 위험과 수익률의 관계는 120페이지의 그래프에 요약돼 있습니다. 이 그래프의 가로축은 포트폴리오의 위험, 세로축은 포트폴리오의 수익률을 나타냅니다. 앞서 살펴봤듯 수익률로 보상되는 위험은 오직 '체계적 위험'이기 때문에 가로축은 이 위험의 측정치인 '베타(β)위험'으로 표시되어 있습니다. 체계적 위험이 없는

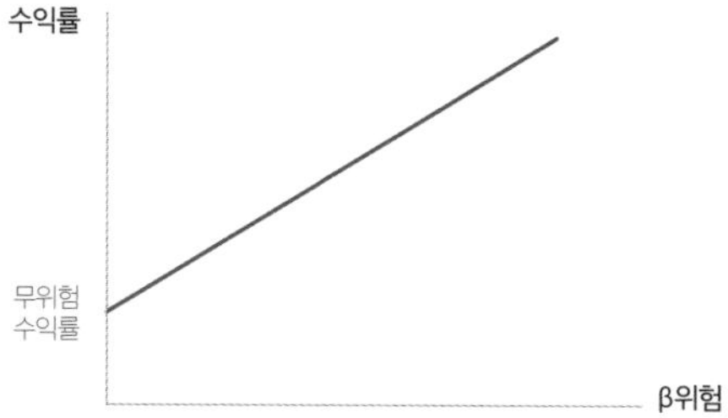

위험과 수익률이 양의 관계임을 밝힌 자본자산가격결정모형.

경우, 즉 베타가 0인 경우 얻을 수 있는 수익률은 무위험수익률이 됩니다.

베타위험은 어떤 주식이나 포트폴리오의 수익률이 시장수익률에 민감한 정도를 측정합니다. 가령 코스피 지수가 상승하거나 하락할 때 해당 주식의 수익률이 그 이상으로 상승 혹은 하락한다면 베타위험이 큰 것입니다. 이와 반대로 주가수익률이 코스피 지수와 무관하게 혹은 반대로 움직이는 경우엔 베타가 0에 가깝거나 음의 값을 갖습니다.

일례로 월마트(Walmart) 같은 회사는 자동차 회사보다 지수의 움직임에 덜 민감합니다. 시장이 좋지 않으면 사람들은 자동차 구입을 주저하겠지만 그렇다고 생활필수품의 소비까지 줄일 수는 없기 때문입니다. 그와 달리 보석이나 금과 관련된 기업들의 주식은 시장과 반대로 움직이는 경우, 즉 베타가 음수인 경우가 많습니다. 이는 시장이 어려울 때 투자자들이 주식시장에서 자금을 빼내 보석류 등 안전자산으로 투자의 중심을 옮기는 경향을 반영합니다.

위의 그래프에서 우상향하는 직선은 위험이 클수록 수익률도 커진다는 점, 그리고 수익률에 영향을 미치는 변수는 오로지 체계적 위험만이라는 점을 알려줍니다. 베타위험으로 설명되는 수익률은 적정수익률, 즉 적정가격이 됩니다. 그리고 우리는 주가가 적정가격에서 크게 벗어나지 않는 시장을 효율적 시장이라 부릅니다. 따라서 만약 가치주들의 베타위험이 성장주들의 경우보다 크다면 성장주보다 가치주의 수익률이 더 높은 점은 아무 문제 없이 설명될 것입니다.

문제는 성장주보다 가치주의 베타위험이 더 크다는 증거가 없다는 점입니다. 그렇다면 가치주의 높은 수익률은 적어도 CAPM으로는 풀 수 없는 골치 아픈 문제가 됩니다. 이렇게 체계적 위험으로 설명할 수 없는 수익률 이상현상을 '시장 이상현상(market anomaly)'이라 하고, 이는 효율적 시장이라는 믿음에 맞서 시장이 비효율적이라는 강력한 증거로 제시되곤 합니다.

체계적 위험이 수익률을 설명하는 데 한계가 있다는 점, 그리고 가치주의 수익률이 성장주보다 높다는 '이상한 현상'을 다른 사람도 아닌 파마 교수가 제시했다는 것은 아이러니입니다. 그는 효율적 시장에 대한 실증연구를 제시한 공로로 노벨경제학상을 수상한 바 있으니까요. 1992년에 파마 교수는 케네스 프렌치 교수와 함께 주식수익률과 위험 및 다양한 주식 특성치들의 상관관계를 연구한 「기대수익률 횡단면 분석(The cross section of expected stock returns)」이라는 논문을 발표했습니다. 1990년대 이후에 발표된 재무경제학 논문 중 가장 중요한 것에 속하는 이 논문에서 저자들은 개별 주식의 수익률을 체계적 위험(베타)과 시가총액, 장부가-시가비율(PBR의 역수), 자산-시가총액비율, PER 관련 변수들에 회귀분석한 결과를 보여줍니다. 그에 따르면 놀랍게도 주가수익률은 체계적 위험과 유의하게 연관되어 있지 '않았으며', 오히려 시가총액이나 장부가-시가비율과 유의한 관계가 있었습니다.

이런 결과는 학계뿐 아니라 월가 등 금융계에도 상당한 충격을 주었습니다. 우선 주가수익률에 영향을 미치는 유일 변수라 여겨졌던 체계적 위험은 수익률을 전혀 설명하지 못한다는 발견이 그러했습니다. 이는 CAPM에 대한 심각한 도전과도 같았기 때문입니다. 그러나 그보다 더 사람들을 놀라게 했던 것은 기업 고유의 특성과 관련된 시가총액이나 PBR 같은 변수들이 오히려 체계적 위험보다 훨씬 강력하게 수익률을 설명해준다는 사실이었습니다. 이런 변수들은 체계적 위험이 아닌 기업고유위험과 관련되어 있어 수익률에는 영향을 미치지 못할 것이란 게 이전까지의 생각이었기 때문입니다.

특히 PBR과 관련된 결과들은 가치주 수익률이 성장주보다 높았음을 보여주고 있었습니다. '가치주 이상현상(value anomaly)'이라 일컬어지는 이 현상은 이후 수없이 많은 엄밀한 연구들을 통해 그 존재가 재확인되었고 미국뿐 아니라 전 세계 국가 대부분에서도 나타나는 것으로 보고되었습니다. 또한 단순히 특정 연도나 기간에만 발현하는 현상도 아님이 드러나, 강건하게 존재하는 가장 유명한 이상현상으로 받아들여졌습니다.

성장주는 이자율 변화에 민감하다

그런데 최근 몇 년 동안 미국에서는 그런 가치주 이상현상 또한 '이상'하게 작동했습니다. 가치주보다 오히려 페이스북, 아마존, 테슬라 등 성장주들의 투자 수익률이 더 컸던 것이지요. 하지만 2022년에 들어선 뒤부터 이런 성장주들의 주가는 다시 예사롭지 않은 하락세를 보였습니다. 이자율의 변동과 관련된 불확실성이 커졌고, 성장주는 가치주보다 이자율 변동에 더 민감하게 반응하기 때문입니다.

2020년의 코로나19 사태로 각국 정부는 시장에 돈을 푸는 양적완화 정책을 내놓았는데, 이로 인해 인플레이션에 대한 우려도 점차 커졌습니다. 특히 미국의 중앙은행인 연방준비제도(Fed)가 양적완화 정책의 규모를 점진적으로 축소해나가는 테이퍼링(tapering)을 언제 행할지, 이자율을 올리는 긴축상황을 언제 조성할지, 또 이자율을 몇 번에 걸쳐 어느 정도 올릴지에 대해 세간의 관심이 집중되어왔습니다.

그런데 가치주들은 성장주들에 비해 이자율에 그리 민감하게 반응하지 않습니다. 이들의 기업가치는 미래의 성장성보다 대개 회사가 이미 보유 중인 자산에 있기 때문이지요. 하지만 미래 성장성이 주식가치의 많은 부분을 차지하는 성장주의 경우엔 얘기가 다릅니다. 이자율이 높아져 적정한 자본조달이 어려워지면 특히 기술개발과 연구에 대한 투자가 위축되고, 이에 따라 기업의 성장성이 실현되기 힘들어질 수 있습니다.

성장주의 경우 성장성이 희생되면 기업가치의 큰 부분이 줄어드는 셈입니다. 투자자들이 이런 상황을 예측한다면 주가는 당연히 떨어지겠지요. 따라서 이자율 상승 상황에선 성장주의 성장성이 잘 발현될 것인지에 대한 불확실성이 커지고, 이로 인해 성장주의 주가가 가치주의 주가에 비해 더욱 하락하는 현상이 나타납니다. 성장주 투자 시에는 이런 특성에 유념하며 이자율 변화에도 지속적인 관심을 가져야 좋은 성과를 거둘 수 있을 것입니다.

4

주가 과대평가의 원인,
정보반영 편향

비효율적 시장이란

앞서 효율적 시장에 대해 살펴봤던 내용을 기억하시나요? 효율적 시장은 주식 가격이 해당 기업의 펀더멘털로 수렴하는 시장을 의미하지요. 그런데 사실 현실에서의 주식시장은 '비효율적 시장(inefficient market)'의 모습을 보일 때가 많습니다.

단기적으로만 보자면 주가는 주식에 대한 수요와 공급의 변화 양상에 따라 얼마든지 펀더멘털에서 벗어날 수 있습니다. 시장에서는 가격이 펀더멘털에 수렴하지 않을 때가 많다는 뜻이지요. 주가가 펀더멘털에서 벗어난다는 것은 그 주식이 과소평가 혹은 과대평가되어 있다는 의미니까요.

문제는 이런 상황이 얼마나 오래 지속되는가 하는 것입니다. 효율적 시장에서 시장참여자들은 과소평가된 주식을 매수하고 과대평가된 주식을 매도하는 차익거래를 실행함으로써 가격이 적정가격에 도달하도록 돕습니다. 이러한 거래는 당연히 시장의 변동성을 높입니다. 그리고 가격이 적정가격에 도달할수록 주가는 펀더멘털 주위에서만 움직이고, 그에 따라 변동성도 줄어듭니다. 이러한 가격발견 기능이 비교적 빠른 시간에 효과를 거두는 시장이 효율적 시장입니다.

그러나 비효율적 시장에서는 주가와 펀더멘털의 괴리가 꽤 오래도록 지속됩니다. 주가가 적정가격과 어긋나 있으니 앞서 말한 '수익률은 오직 위험의 함수'라는 점도 지켜지지 않습니다. 위험 말고도 수익률에 영향을 미치는 또 다른 변수가 존재하고, 그것이 가격발견 기능을 방해한다는 뜻입니다.

이쯤에서 어떤 분들은 '가격이 펀더멘털로 수렴하는 효율적 시장이 아닌 점, 또 수익률이 오직 위험의 함수가 아닌 점이 대체 왜 문제가 된다는 걸까?" 하고 궁금해하실지 모르겠습니다. 사실 시장이 비효율적이라면 주식투자에 있어 더없이 좋은 기회를 잡을 수도 있습니다. 5만큼의 위험을 감수하기로 결심하고 수익률 10을 목표로 투자했는데 실제로는 15나 20의 수익률을 거둘 수도 있기 때문이지요.

하지만 그와 반대로 15나 20의 위험을 감수하고 투자했으나 실제 수익률이 5에 그칠 수도 있습니다. 어느 쪽이 되었든 자신이 감수하는 만큼의 위험에 대한 적정수익을 얻는 상황은 아닌 것이지요. 가격이 '발견'되지 않으면 위험에 대한 적정한 보상도 투자자에게 주어질 수 없습니다. 누군가는 매우 작은 위험을 감수했을 뿐인데 큰 수익을 올리고, 또 다른 누군가는 매우 큰 위험을 짊어졌음에도 아주 작은 수익만을 얻는 데 그칠 수 있는 것이지요. 말하자면 시장이 도박장이 되는 셈인데, 이런 곳이 비효율적 시장입니다.

시장이 꽤 효율적으로 여겨진다 해도 비효율적 시장의 모습이 가끔씩 예외적으로만 나타난다고 말할 수는 없습니다. 앞서 '효율적 시장에선 시장을 이기는 투자가 불가능하다'고 했던 것을 기억하시나요? 그럼에도 수많은 펀드나 액티브 전략이 시장에 즐비한 것을 보면 시장의 비효율적 속성 또한 무시할 수 없을 만큼 많이, 또 자주 나타남을 알 수 있습니다. 그런 속성이 장기간 지속되는 경우도 적지 않고요.

경제학계나 투자은행들 등은 이러한 비효율적 시장을 형성하는 요소, 즉 위험을 제외하고 가격 또는 수익률에 영향을 미치는 변수들을 찾아내기 위해 열심히 연구 중입니다. 그런 변수들을 찾아내면 시장을 좀 더 효율적으로 만들 수 있고, 투자은행들의 경우엔 이를 통해 커다란 수익을 올릴 수 있기 때문입니다.

예를 들어 과소평가된 주식을 찾아 이를 매수하면 가격 상승을 통해 수익을 얻을 수 있는데, 비효율적 시장에서 이는 효율적 시장에서보다 더 작은 위험만을 감수하고서도 가능한 일입니다. 따라서 감수할 위험의 한도를 늘릴 수 있게 되고, 그 결과 더욱 큰 수익을 얻을 수 있지요. 투자자들이 이렇게 시장의 비효율성을 이용하여 차익거래 투자를 많이 행하면 주가는 과소평가된 상황에서 벗어나 적정 수준까지 상승하고, 그 결과 시장의 효율성은 더욱 높아집니다.

유리한 정보는 빨리, 불리한 정보는 늦게

가격발견 기능이 방해받는다는 것, 즉 주가가 펀더멘털에서 벗어난다는 것은 해당 주식이 과소평가 혹은 과대평가됨을 뜻하는데, 이 두 가지 경우에 대해 좀 더 구체적으로 생각해보겠습니다.

우선 주가는 어떤 상황에서 과소평가될까요? 그 기업에게 유리한 뉴스가 덜 반영된 경우, 가령 펀더멘털은 매우 좋지만 그 정보가 아직 투자자들 사이에선 잘 알려져 있지 않은 경우에 그럴 것입니다. 혹은 그런 정보들이 이미 알려져 있지만 해당 주식의 매수에 제약이 따르는 경우 또한 그렇겠지요. 펀드매니저들이 포트폴리오 구성 종목들의 투자 비율을 유지하기 위해 설령 주가가 과소평가된 주식이 있다 해도 더 매수하지 않거나 가격이 지나치게 오른 종목을 매도하는 식의 제약도 있을 수 있습니다.

반대로 주가가 과대평가된, 즉 실제 펀더멘털보다 부풀려진 상태는 곧 해당 기업에게 부정적인 정보들이 주가에 충분히 반영되지 못한 상태임을 뜻합니다. 또 그런 정보가 이미 시장에 알려졌다 하더라도 규제로 인해 매도에 제약이 따르면 이런 과대평가 상황이 발생할 수 있습니다. 그 좋은 예가 공매도(short selling)입니다. 공매도는 주가가 하락하기 이전에 해당 주식을 빌려와 우선 매도하고, 이후 실제로 주가가 떨어지면 시장에서 그 주식을 사들여 이전에 자신에게 그것을 빌려줬던 공여자에게 갚아 종결하는 거래 형태입니다. 그리고 이는 대개 어떤 주식의 주가가 과대평가되어 있을 때 이뤄집니다.

그러나 공매도에 대한 규제는 보통 일반적인 주식 매수에 대한 규제보다 많고, 때로는 아예 거래 자체를 금지할 정도로 그 강도 또한 높습니다. 아울러 거래비용도 일반 주식의 매수 거래보다 크지요. 설사 공매도가 허용되더라도 주식을 빌려오기가 힘든 경우들이 적지 않은데, 그럴 때는 매우 비싼 값을 치르고 빌려야만 할 것입니다. 그런가 하면 업틱룰(up-tick rule, 직전 체결가 이상의 가격에만 공매도 주문을 내게 하는 것)과 같은 거래규칙 역시 공매도 거래에 제약으로 작동합니다. 이렇게 다양한 채널을 통해 공매도가 규제되는 상황에서는 가격이 펀더멘털보다 높게 형성되어 있더라도 적정가격으로 회귀하기가 쉽지 않습니다.

이렇듯 매수보다 매도 거래에 관한 제약이 강력한 경우가 많다는 점은 또 다른 중요한 현상의 기초가 됩니다. 어떤 정보가 주가에 반영되는 속도는 그 정보의 종류에 따라 달라지는 현상이 바로 그것입니다. '정보'란 어떤 기업의 펀더멘털이 앞으로 좋아질지 혹은 나빠질지를 알려주는 뉴스입니다. 그런데 이런 뉴스들이 시장에 도달해 가격에까지 반영되는 속도는 그 뉴스의 내용이 해당 기업에 긍정적인지 부정적인지에 따라 차이를 보입니다.

우선 주가가 과소평가된 상황을 생각해보겠습니다. A라는 기업에 대한 좋은 정보를 접했는데 그것이 아직 시장에 널리 알려지지 않아 A의 주가가 펀더멘털보다 낮은 수준에서 형성되어 있다면 우리는 어떻게 할까요? 일단은 A의 주식을 사놓은 다음 "이 회사는 참 좋은 회사야"라는 소문을 내고 다닐 것입니다.

A 기업 입장에서도 이는 마찬가지입니다. 매출액, 영업이익, 당기순이익 등 실적에 대한 기업의 예상 전망치인 '이익 가이던스(earnings guidance)'가 긍정적으로 산출된 경우 등과 같이 자신들의 가치를 올려줄 좋은 소식이라면 누구보다 먼저, 또 널리 알리려 하겠지요. "우리 회사의 이번 분기 영업이익은 작년 동기 대비 10퍼센트 이상 오를 것으로 예상됩니다"와 같은 식으로 구체적인 수치까지 제시하면서 말입니다.

그럼 반대로 기업 관련 정보가 부정적일 경우, 가령 과거보다 영업이익이 10퍼센트 정도 낮아질 것으로 예상되는 상황에서는 어떻게 이야기할까요? 이럴 때 기업은 정확한 수치를 강조하지 않은 채 "작년보다 조금 떨어질 것 같습니다"와 같은 식으로 다소 애매하게 표현하는 경우가 적지 않습니다. 부정적 정보가 주가에 불리하게 작용하는 것을 최대한 막고 싶은 심리가 반영되는 것이겠지요.

이렇듯 기업에게 부정적인 정보는 대개 긍정적 정보보다 모호하게 공시되기 때문에 그것이 가격에 반영되는 속도 또한 느려질 수밖에 없습니다. 그 결과 해당 주식이 과대평가된 상태는 보다 긴 시간 동안 유지될 수 있고요. 이러한 정보의 편향된 반영, 즉 기업에 유리한 정보는 가격에 빨리 반영되는 데 반해 불리한 정보는 늦게 반영되는 현상 또한 시장을 비효율적으로 만드는 하나의 원인이 됩니다.

정보반영의 편향, 누가 바로잡을까

그럼 이러한 정보반영 편향을 어떻게 바로잡을 수 있을까요? 여러 연구에 따르면 '나쁜 정보라도 명확하게 알리는 것이 좋다'고 합니다. 투자자들은 기업이 자신에게 불리한 정보는 애매하게, 유리한 정보는 명확하게 이야기하는 경향이 있음을 이미 알고 있습니다. 그래서 공시 내용이 불명확하고 모호하면 그것은 해당 기업이 뭔가 자신들에게 좋지 않은 정보를 숨기고 있는 탓이라고 판단하지요. 이런 판단을 바탕으로 투자자들이 주식 매도에 나서면 주가가 과도하게 하락할 수 있습니다. 그렇기에 이와 같은 역효과를 미리 방지하려면 불리한 정보라도 숨기지 말고 명확히 밝히는 편이 낫다는 것입니다.

하지만 스스로에게 불리한 이야기를 먼저 나서서 밝히기란 사람에게든 기업에게든 어려운 것이 사실입니다. 그렇다면 기업들이 숨기고 싶어 하는 부정적 정보는 투자자 스스로 직접 밝혀내거나 아니면 누군가가 나서서 밝혀주기를 기다려야 할 텐데, 과연 누가 그런 일을 해줄까요? 시카고 대학의 루이기 진갈레스(Luigi Zingales) 교수가 제시한 답을 소개해봅니다.•

• Dyck, A., Morse, A., Zingales, L., 2011. Who Blows the Whistle on Corporate Fraud?, *Journal of Finance* 65, 2213-2253.

우선은 증권 애널리스트들이 있습니다. 이들의 주된 업무는 자신이 담당한 산업이나 기업의 펀더멘털과 주가를 살펴보고 분석하는 것입니다. 만약 주가가 펀더멘털에 비해 다소 부풀려져 있다고 판단되면 그 이유를 찾고, 그 과정에서 해당 기업에 부정적인 정보를 밝혀내지요. '조사해보니 최근 이 제약회사는 신약 개발에 이 제약회사의 신약 개발은 앞으로 10년 이상 더 걸리겠더라'와 같은 정보를 알아내는 것입니다.

그런가 하면 회계법인, 컨설팅 회사나 법무법인 등 민간업체들뿐 아니라 증권거래위원회(SEC: Securities and Exchange Commission) 같은 규제 당국 등도 기업에 부정적인 정보를 알려주는 중요한 주체들입니다. 고객 및 경쟁사들도 빠질 수 없지요. 특히 경쟁사들은 자신이 보다 빨리 앞서 나가기 위해 상대 기업과 관련된 불리한 정보들을 찾아내는 데 매우 집중합니다. 여론, 언론, 학술지 등 미디어의 영향 또한 무시할 수 없습니다. 최근 급격히 발달한 SNS는 각종 미디어에서 나온 부정적 정보를 재생산하며 주가에도 즉각 영향을 미치는 등 어마어마한 파급력을 보이곤 합니다.

그러나 기업에게 부정적인 정보를 밝혀내는 가장 중요한 주체는 기업 내부자입니다. 내부자 폭로와 관련하여 아마도 가장 유명한 인물은 1980년대 월가의 최대 거물이었던 마이클 밀켄(Michael Milken)일 것입니다. 밀켄은 채권 중에서도 특히 정크본드(junk bond) 시장에서 거액을 벌어 '정크본드의 제왕'이라 불리기도 했습니다. 정크본드는 신용위험이 높은 투자부적격 등급의 채권을 말하는데, 위험이 큰 대신 투자에 성공하기만 하면 매우 높은 수익률을 얻을 수 있습니다

밀켄은 바로 이 점에 착안, 정크본드로 분류된 기업 채권들 중에서도 지나치게 저평가되어 있는 것들에 집중적으로 투자하여 큰돈을 벌었습니다. 또 정크본드를 통해 기업들이 자금을 조달할 수 있도록 해 월가에서 정크본드 투자의 황금기를 이루었지요. 그러나 이후 내부자 거래를 통해 불법적 이득을 수취해왔다는 혐의로 수사기관의 타깃이 되었고, 결국 징역형과 벌금형을 받았습니다.

밀켄의 구속은 당시 뉴욕 남부지검의 루돌프 줄리아니(Rudolf Giuliani) 검사가 밀켄의 오른팔이었던 이반 보스키(Ivan Boesky)와의 플리바게닝(plea bargaining)에 성공함으로써 급물살을 탔습니다(플리바게닝은 피고인이 유죄를 인정하거나 타인에 대한 증언을 하면 검찰 측이 형량이나 죄목을 가볍게 해주는 것으로, 우리나라에서는 인정되지 않으나 미국에선 합법적인 제도입니다). 그러나 이반 보스키라는 인물 또한 거물이었기에 그를 잡기 위해선 그 밑에 있는 사람들을 차례로 체포해 플리바게닝을 거듭해야 했습니다. 말하자면 내부자 고발을 단계별로 활용한 셈입니다.

최근에도 내부자들의 폭로와 언론의 고발이 한데 결합되어 부정적 정보가 밝혀진 인물의 예가 있습니다. 바로 '피 한 방울로 수백 가지 질병을 직접 진단할 수 있다'며 테라노스(Theranos)라는 바이오 스타트업을 세운 엘리자베스 홈스(Elizabeth Holmes)입니다. 홈스는 미모와 지성을 겸비한 CEO로 인식되며 실리콘밸리의 유명인사로 부상했지만,

테라노스의 설립자 엘리자베스 홈스의 사기 행각을 밝혀낸 존 캐리루의 『배드 블러드』.

퓰리처상을 두 번이나 수상한 「월스트리트저널(The Wall Street Journal)」 기자 존 캐리루(John Carreyrou)가 의혹을 느끼고 시작한 탐사보도로 그 민낯이 공개되고 말았습니다. 테라노스를 퇴사한 직원 60명, 그리고 내부고발자 약 160명과의 인터뷰 및 끈질긴 조사 끝에 그는 홈스가 주장한 신기술은 실재하지 않는 거짓이었음을 알아냈고, 그 내용을 『배드 블러드(Bad Blood)』라는 책으로 펴냈습니다.

공매도와 정보반영 편향의 수정

기업에 부정적인 정보를 알아내고 퍼뜨리는 존재 중에는 공매도 세력도 있습니다. 자신이 사들인 주식의 가격이 오르면 일반 주식투자자들은 이익을 얻지만 공매도투자자는 큰 손실을 입습니다. 빌려왔던 주식을 갚으려면 시장에서 그것을 되사야 하는데, 만약 그 사이에 주가가 올랐다면 그만큼 더 많은 돈을 지불해야 하기 때문입니다.

그렇기에 공매도자들은 공매도 거래를 시작한 뒤에는 해당 주식의 주가를 떨어뜨리기 위해 온갖 노력을 다 합니다. 공매도자들 중 이런 일에 특히 적극적으로 많이 나서는 이들을 '액티비스트(또는 행동주의) 공매도투자자 (activist short seller)'라 일컫습니다.

이들은 이런 일을 위해 회사를 세우기도 하는데, 대개는 규모가 작아 직원도 겨우 몇 명에 불과한 경우가 허다합니다. 그러나 뭔가 의혹이 느껴지는 기업이 눈에 띄면 이들은 그 기업과 관련된 정보들을 가능한 한 모두 입수해 엄청난 조사와 연구를 합니다. 그 결과로 해당 회사의 주가가 상당히 부풀려진 상태라는 확신을 갖게 되면 공매도에 나서고, 이후엔 주가를 떨어뜨리기 위해 자신들이 알아낸 부정적 정보들을 세상에 널리, 심지어 무료로 알려줍니다. 그렇게 정보가 시장에 반영되어 해당 회사의 주가가 폭락하면 싼 값에 그 주식을 사들여 공매도 시 빌렸던 분량을 갚는 방식으로 큰 이익을 취하지요.

액티비스트 공매도 투자자의 대표적 예로는 미국의 카슨 블록(Carson Block)이 세운 머디 워터스(Muddy Waters)를 들 수 있습니다. 최근 머디 워터스는 나스닥에 상장되어 있던 중국 최대의 커피회사인 루이싱 커피(Luckin Coffee)의 분식회계를 밝혀내 끝내 상장폐지를 이끌어내며 더욱 유명해졌습니다.

루이싱 커피는 스타벅스(Starbucks)를 따라잡겠다는 목표를 표방, 공격적 경영을 전개하며 빠르게 성장한 기업입니다. 2015년에 미국 나스닥에 상장한 이후 지속적으로 고성과를 보여 2019년 말에는 주가가 급등했지요. 그러나 가입자 수와 매출을 과도하게 부풀리는 등 분식회계를 한 사실이 머디 워터스에 의해 폭로되면서 주가가 폭락했고, 1년 남짓 후엔 나스닥 상장이 폐지되고 말았습니다.

사실 이론적으로 보자면 공매도는 단 1주만 잘못되어도 투자자가 전 재산을 날릴 수 있을 정도로 위험성이 큰 투자 방식입니다. 일반적인 주식투자에서 초래될 수 있는 최악의 결과는 보유 회사의 주가가 0원에 이르러 주식이 휴지조각이 되어버리는 것, 즉 해당 주식을 사는 데 쓴 돈만 사라지는 것이지요. 하지만 공매도로 입는 손실은 상승하는 주가에 비례하기 때문에 그 규모는 사전에 예상했던 수준을 얼마든지 뛰어넘을 수 있습니다. 주가는 0원 이하로 하락할 일이 없지만, 상승할 경우에는 상한선이라는 것이 존재하지 않기 때문입니다. 그저 소문만 믿고, 혹은 지인의 말만 믿고 공매도를 하면 절대 안 되는 이유가 이것입니다.

액티비스트 공매도투자자들은 이처럼 위험이 큰 공매도 거래로 이익을 얻고자 하는 이들이기에, 타깃이 된 회사의 주가가 과대평가되

중국 최대의 커피회사 루이싱 커피의 로고.

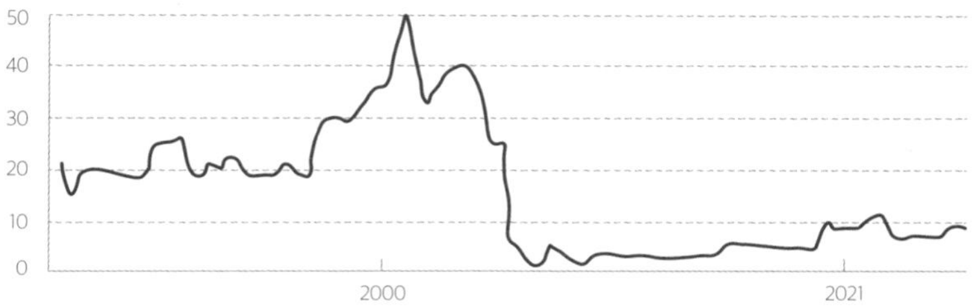

2020년 상반기 루이싱 커피는 분식회계 사실이 밝혀지며 주가가 폭락했다.

었다고 어지간히 확신하게 되지 않는 한 투자를 결정하지 않습니다. 그리고 그러한 확신을 갖기 위해 해당 기업과 관련된 자료를 엄청나게 조사하고 공부하며 증거를 쌓아나갑니다.

머디 워터스의 경우, 루이싱 커피의 실적이 과장되었다는 사실을 파악하기 위해 몇 개의 매장에 몰래카메라를 설치하고 1만 1,000시간 이상의 동영상을 촬영했다고 합니다. 더불어 해당 매장들에서 나온 2만 5,000장 이상의 영수증을 입수, 판매 상황과 대조함으로써 매출이 과장되어 있음을 알아냈다는군요. 공매도가 실패할 경우엔 타격이 엄청나기에 더욱 철저히 알아보고 준비한 것입니다.

그럼 이렇게 적극적으로 나서는 액티비스트 공매도투자자들뿐 아니라 보통의 공매도자들 역시 실제로 부정적 정보가 주가에 반영되게끔 하는 데 도움을 줄까요? 워싱턴 대학의 조너선 카포프(Jonathan Karpoff) 교수 팀은 '공매도와 금융 부정행위'라는 주제로 연구를 진행, 기업의 부정행위나 거짓정보들이 밝혀지는 시점과 공매도 포지션의 크기 사이에 어떤 관계가 있는지를 살펴보았습니다.

이 팀이 알아내고자 했던 것은 '기업이 부정행위를 저지르고 있을 경우, 과연 공매도자들은 그 사실이 만천하에 공개되기 전에 이미 알고 있는 상태일까?'였습니다. 이미 알고 있다면 이는 공매도자들에게 엄청난 투자 기회가 될 수 있습니다. 부정행위가 밝혀지기 전에 잔뜩 공매도 포지션을 잡은 다음 범죄행위가 밝혀져 주가가 떨어지면 큰 이득을 취할 수 있을 테니까요. 아래의 그래프를 보시면 카포프 교수 팀의 연구 내용을 보다 자세히 알 수 있습니다.

가로축의 0은 기업의 부정행위가 공개적으로 밝혀지는 시점을 뜻합니다. 그리고 이를 기준으로 좌측에는 과거 4개월과 9개월, 14개월과 19개월 시점이, 우측에는 발표 이후 1개월과 6개월, 11개월과 16개월 시점이 표시되어 있습니다. 가장 위의 주황색 선은 공매도 잔량(short interest)을, 아래쪽에 모여 있는 세 개의 선들은 비정상 공매도 잔량(abnormal short interest)의 세 가지 다른 측정치들을 나타냅니다.

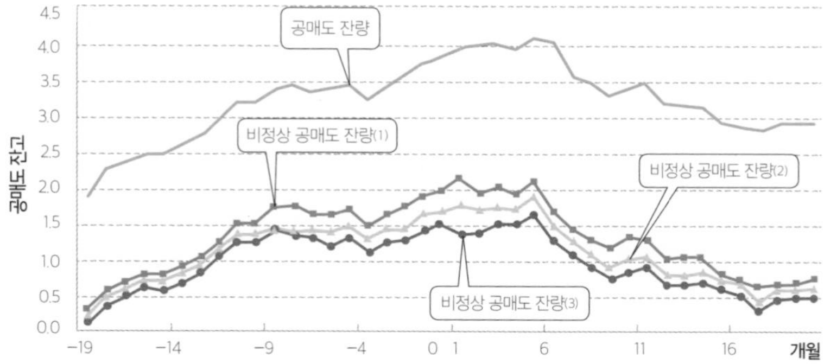

기업체 부정행위 보도 시점과 공매도 잔량의 상관관계.

출처: Karpoff, J. M., Lou, X., 2011. Short Sellers and Financial Misconduct, *Journal of Finance* 65, 1879-1913.

비정상 공매도 잔량이란 평상시보다 유난히 증감한 공매도 잔량을 말합니다. 평상시에도 어느 정도의 공매도는 실행됩니다. 그러나 이 연구가 관심을 갖는 것은 '평상시와 달리 기업의 부정행위를 알아냈기 때문에 늘어난 공매도 잔량'이지요. 여기서 말하는 '평상시의' 공매도 수준은 어떤 가정하에서 측정될 수밖에 없고, 때문에 연구팀은 이를 위해 기업들의 공매도 잔량을 그들과 관련되어 있다고 여겨지는 여러 변수들에 회귀분석했습니다.

이 그래프에서 비정상 공매도를 나타내는 선이 세 개인 이유는 이때 연구 팀이 서로 다른 세 종류의 변수를 사용했기 때문입니다. 즉, 변수가 세 개였기에 평상시 공매도 잔량의 측정치도 세 가지가 나왔고, 이 측정치를 전체 공매도 잔량에서 차감한 비정상 공매도 잔량 측정치 역시 세 개가 도출된 것이지요.

그래프에서 유심히 봐야 할 것은 기업들의 부정행위가 밝혀지기 19개월 이전 시점부터 공통적으로 공매도 잔량이 서서히 늘어난다는 점입니다. 어떤 경로를 통해서든 부정적 정보를 접한 공매도자들이 그때부터 공매도 포지션을 잡기 시작한다는 뜻이지요. 그리고 그 정보가 공개적으로 밝혀지는 0의 시점이 되면 공매도 잔량은 한층 더 증가합니다. 그때까지 미처 그 정보를 모르고 있었던 이들도 적극적으로 공매도에 뛰어들기 때문입니다. 그런 뒤 시간이 흐름에 따라 공매도 포지션이 커버되면서 전체 공매도 잔량의 수는 감소하기 시작합니다.

앞서 언급했듯 기업의 범죄가 밝혀지기 전에 이를 미리 알고 있다는 것은 공매도자들에게 좋은 투자 기회가 됩니다. 물론 이익을 실현하려면 공매도 포지션을 잡은 이후 반드시 범죄 사실이 밝혀져 주가가 하락해야 하지요. 다시 말해 범죄 사실을 세상에 알리는 것은 공매도자들에게 있어 자신의 이익과 직결되는 문제인 것입니다. 이 연구는 공매도자들이 실제로 기업의 범죄 사실이 만천하에 드러나는 것을 돕는다는 증거를 제시합니다. 그리고 이를 바탕으로 카포프 교수 팀은 '공매도자들은 기업의 부정행위를 밝혀준다'는 결론을 내렸습니다.

사실 기업에 불리한 정보를 파헤치고 공개적으로 알림으로써 주가를 떨어뜨리는 공매도자들을 좋지 않게 보는 시각도 존재합니다. 하지만 불리한 정보를 숨김으로써 투자자들을 속이는 기업이라면 주가가 크게 상승하면 안 되는 것이 정상입니다. 따라서 부정적 정보를 빨리 시장에 알려 주가에 반영되게끔 하는 것은 공매도의 순기능으로 보아야 합니다.

정보반영 편향의 수정이 한국에선 쉽지 않은 이유

지금까지 비효율적 시장을 만드는 정보반영 편향, 그리고 그것을 해소시켜주는 여러 주체들을 알아보았습니다. 그런데 우리나라의 경우엔 불리한 정보를 밝히는 이러한 채널들이 미국에서처럼 실질적인 효과를 갖지 못하는 것이 사실입니다.

증권사 애널리스트들의 의견들만 보더라도 '이 회사 주식은 지금과하게 올라 있으니 팔아야 한다'며 매도를 추천하는 의견은 거의 없습니다. 물론 미국에도 이런 현상은 존재하지만 한국의 경우가 더 심하지요. 또 공동체 문화가 강한 한국에선 공익을 위해 내부자가 용기를 내어 기업의 부정행위를 고발해도 그에 따른 보상을 받기는커녕 오히려 조직의 배신자로 낙인찍히는 경우가 많습니다. 뿐만 아니라 공매도 제도나 미디어의 탐사보도 역시 그리 활성화되어 있는 편이 아닙니다.

종합하자면 한국은 기업의 부정적 정보가 밝혀지고 반영될 만한 채널이 충분치 않은 상태라 할 수 있습니다. 투자자의 관점에서 보자면 이는 기업의 실제 펀더멘털에 비해 높은 가격에서 주식을 거래할 위험성이 작지 않다는 의미가 됩니다. 따라서 주식거래 시에는 해당 기업과 관련하여 널리 알려진 좋은 정보는 잘 반영되어 있으나 부정적 정보는 잘 반영된 상태가 아닐 가능성, 다시 말해 주가가 과대평가되어 있을 가능성이 있음을 기억해두시는 것이 좋겠습니다.

5

이야기가 시장을 흔든다

주식시장이라는 복잡계의 핵심, 심리

주식시장은 흔히 복잡계의 대표적 예로 언급되곤 합니다. 주식이나 환율과 같은 경제 관련 요소들뿐 아니라 투자자들과 관련된 여러 다른 요소들도 변수로 상호작용하는 탓에 계속해서 변화하는 세계라는 뜻입니다. 이때의 '변수'들 중에는 주가를 펀더멘털에서 벗어나게 하는 요인, 즉 시장을 비효율적으로 만드는 것을 돕는 요인들이 있습니다. 앞서 살펴본 정보반영 편향도 이런 변수 중 하나지요. 그 외에 투자자들의 투자 행태나 심리적 편향 역시 효율적 시장을 저해하는 요소로 기능하는 경우가 많습니다.

투자자들의 심리가 제각각이라는 점은 간단한 질문 몇 가지만 던져봐도 쉽게 알 수 있습니다. “주식투자를 하면서 제일 기분 좋을 때는 언제인가요?”라 물으면 어떤 사람은 “내가 산 주식의 주가가 폭등했을 때”라고 답하지만 “보유하고 있던 주식을 전량 매도했는데 이튿날 그 주식의 주가가 폭락했을 때”라 하는 사람도 있으니까요.

동일한 주식을 매수한 이들에게 매수 이유를 물어도 다양한 답이 나옵니다. “펀더멘털을 철저히 분석해보니 투자 가치가 있을 것 같아서”라는 교과서적 답변도 있지만 “친구가 추천해서” 혹은 “느낌상 왠지 오를 것 같아서” 등도 있지요. 이런 답을 들으면 투자가 언제나 이성에 의해서만 이뤄지는 행위는 아니라는 점을 새삼스레 깨닫곤 합니다.

사실 인간인 이상 우리의 모든 행동은 심리와 무관할 수 없습니다. 주식투자라는 행동도 예외가 아니고요. 때문에 주식시장의 속성과 특징을 파악하기 위해선 인간의 심리적 특성과 연관된 요소들도 반드시 살펴봐야 합니다.

전통적 경제학에 충격을 안긴 행태경제학

우선 이런 질문으로 시작해보겠습니다. 여러분은 지금 막 연락 한 통을 받았습니다. 여러분이 어떤 상을 받게 되었으니 두 가지 선택지 중 하나를 고르라고 하는군요. 선택지 ①은 80퍼센트의 확률로 4,000달러를 받거나 20퍼센트의 확률로 한 푼도 못 받는 것이고, 선택지 ②는 100퍼센트의 확률로 3,000달러를 받는 것입니다.

여러분은 어느 쪽을 택하실까요? 여러분이 선택하신 쪽을 기억해 두신 뒤 다음의 질문에 대해서도 한번 생각해보시기 바랍니다.

여러분은 어떤 법규를 어긴 탓에 벌금을 내게 되었습니다. 이번에도 두 가지 선택지 중 하나를 고를 수 있다는군요. 선택지 ①을 택하면 4,000달러의 벌금을 낼 확률이 80퍼센트이지만 20퍼센트의 확률로 벌금 전액을 면제받을 가능성도 있습니다. 그리고 선택지 ②는 100퍼센트의 확률로 벌금 3,000달러를 내는 것입니다. 이번에는 어느 쪽을 택하시겠습니까?

눈치채셨겠지만 이 두 질문은 사실 돈을 '낸다'와 '받는다'는 점만 다를 뿐 금액과 확률 등의 세부 사항이 동일합니다. 심리학자 대니얼 카너먼(Daniel Kahneman)과 에이머스 트버스키(Amos Tversky)는 이 두 질문에 대한 사람들의 대답을 정리, 분석하여 '전망이론(Prospect Theory)'으로 발전시켰습니다.•

긍정적 전망 (상금을 받는 경우)		부정적 전망 (벌금을 내는 경우)	
① 4,000달러를 받을 확률 80퍼센트, 한 푼도 못 받을 확률 20퍼센트	② 3,000달러를 받을 확률 100퍼센트	① 4,000달러를 낼 확률 80퍼센트, 전액을 면제받을 확률 20퍼센트	② 3,000달러를 낼 확률 100퍼센트
20퍼센트가 선택	80퍼센트가 선택	92퍼센트가 선택	8퍼센트가 선택

카너먼과 트버스키가 실시한 전망이론 관련 실험의 결과.

• Kahneman, D., Tversky, A., 1979. Prospect Theory: An Analysis of Decision under Risk, *Econometrica* 47, 263-291.

상금수령 방식에 대한 선택을 물었던 첫 번째 질문의 결과를 볼까요? 여러분의 선택과 비교해보시면 재미있을 겁니다. 전체 응답자의 80퍼센트는 100퍼센트의 확률로 3,000달러를 받는 쪽을, 나머지 20퍼센트는 80퍼센트의 확률로 4,000달러를 받거나 20퍼센트의 확률로 한 푼도 받지 못하는 쪽을 택했습니다. 많은 사람들이 '확실'하게 상금을 받는 쪽을 선택한 것이지요.

그런데 두 번째 질문에서 100퍼센트의 확률로 3,000달러를 내는 쪽을 고른 응답자는 전체의 8퍼센트에 불과했습니다. 즉, 무려 92퍼센트의 사람들이 80퍼센트의 확률로 4,000달러를 내거나 20퍼센트의 확률로 벌금 전액을 면제받는 쪽을 고른 것입니다. 벌금을 내야 하는 사람들은 확실한 것보다 '불확실한' 대안을 선택해 약간의 모험을 해보려 하는 경우가 훨씬 더 많다는 점을 이 결과는 보여줍니다.

재미있지 않나요? 내용은 동일하게 유지하고 상황만 살짝 바꿨을 뿐인데 돈을 받을 때와 낼 때의 선택이 이토록 다르니까요. 그런데 그저 흥미로운 실험으로 여겨질 수 있는 이 연구로 카너먼은 2002년 노벨경제학상을 받았습니다[트버스키는 1996년에 사망한 터라 수상하지 못했으나, 최고 권위의 경제학 학술지인 「계간 경제학 저널(Quarterly Journal of Economics)」은 트버스키를 추모하는 특별호를 발간, 그의 업적을 기렸습니다]. 심리학자에게 주어진 노벨경제학상이라니, 이 연구에는 대체 어떤 대단한 점이 숨어 있었던 것일까요?

현대 경제학은 기대효용이론(expected utility theory)에 기초한 학문입니다. 그리고 기대효용은 체감적으로 증가합니다. 이를 한계효용체감의 법칙(Law of diminishing marginal utility)이라 하는데, 이와 관련하여 흔히 언급되는 예가 있습니다. 똑같은 한 그릇의 짜장면이라도 두 번째 그릇을 먹을 때의 행복감(경제학에선 '효용'이라고 합니다)은 첫 번째 그릇을 먹었을 때보다 작다는 게 그것이지요.

큰 효용을 얻기 위해서라면 사람들은 기꺼이 불확실성이나 위험을 감수하고자 할 것입니다. 따라서 '한계효용이 체감한다'는 것은 자신의 부가 늘어날수록 위험을 감수하려는 의지가 점점 줄어드는 위험회피(risk aversion) 성향을 보인다는 뜻과 같습니다. 효용이 작은 두 번째 그릇을 먹기 위해 감수할 용의가 있는 수준의 위험은, 효용이 더 큰 첫 번째 그릇을 먹기 위해 감수하고자 하는 수준의 위험보다 작을 테니까요.

앞의 실험에서 ①은 '불확실한', 다시 말해 위험이 있는 선택이고 ②는 '확실한', 즉 위험이 없는 선택입니다. 기대효용이론에 따르면 사람들의 위험선호 성향은 '전망'에 상관없이 나타납니다. 상을 받는 경우처럼 긍정적 전망하에서 위험한 선택지인 ①을 고른 사람이라면 벌금을 내는 경우처럼 부정적 전망하에서도 ①을 택할 테고, 긍정적 전망의 경우에 위험이 없는 대안인 ②를 고른 사람이라면 부정적 전망일 때에도 마찬가지로 ②를 택한다는 것입니다.

그러나 이 실험이 충격적인 이유는 따로 있었습니다. 긍정적 전망에선 확실한 것을 추구하며 ②를 선택해 위험을 '회피'하고자 했던 사

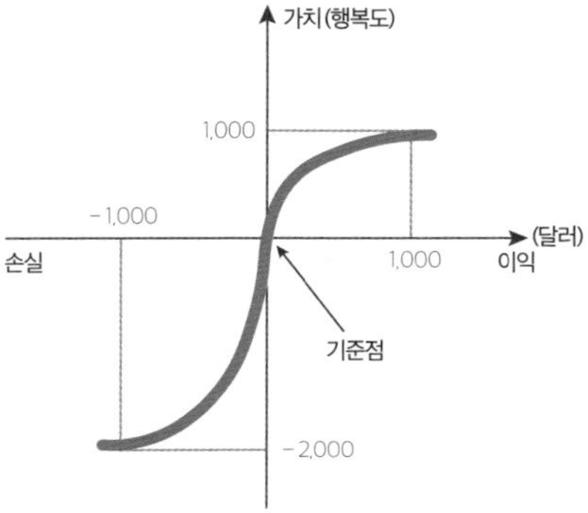

카너먼과 트버스키의 가치함수 그래프.

람들이 부정적 전망에선 위험을 '추구'하는 대안인 ①을 선택했다는 점이 바로 그것이었지요. 이처럼 사람들의 위험선호(risk preference)가 '전망'에 따라 달리 나타난다는 점은 기대효용이론으론 잡아낼 수 없는 부분입니다. 카너먼과 트버스키는 이런 내용을 가치함수(value function)로 요약해 발전시켰습니다.

위의 그래프를 보실까요? 그래프의 가로축은 여러분이 버는 돈, 즉 수익이고 세로축은 행복도(효용)를 나타냅니다. 기존 경제학이 그간 주목해왔던 것은 이 그래프의 1사분면에 해당하는 내용이었습니다. 돈을 많이 벌면 벌수록 행복도가 상승하지만 그 상승세는 갈수록 줄어든다는 것이지요(한계효용 체감).

그러나 카너먼과 트버스키는 이 곡선의 범위를 3사분면으로까지 확장시켜 그림에서와 같은 S자 곡선을 만들었습니다. 수익이 마이너스인 경우, 즉 손실을 입었을 때 수익과 행복도의 상관관계는 수익이

플러스일 때와 달라진다는 점을 반영한 것이지요.

예를 들어 우리가 주식투자로 1,000달러를 벌면 행복도도 1,000만큼 올라간다고 가정해보겠습니다. 하지만 같은 금액인 1,000달러를 잃었다면 행복도는 −1,000이 아니라 그보다 훨씬 큰 −2,000 수준까지 내려갑니다. 큰 불행감을 느낀다는 뜻이지요. 이는 똑같이 1,000달러를 번다 해도 이득구간에서 버는 것보다 손실구간에서 버는(그래서 손실이 그만큼 줄어드는) 경우에 효용이 더 크게 증가한다는 점을 보여줍니다.

즉, 이 실험의 결과는 손실구간에선 한계효용이 '체증(遞增)'한다는 점, 그래서 사람들은 이 구간에서 위험을 '선호'한다는 점을 보여줍니다. 앞의 그림에서 S자 곡선이 원점[이를 '기준점(reference point)' 또는 '준거점'이라 합니다]을 기준으로 모양이 변하는 이유가 이것입니다. 단순히 한계효용체감이라는 개념만으로는 사람들의 행동을 설명하는 데 한계가 있을 수밖에 없다는 점을 카너먼과 트버스키는 밝혀낸 것이지요. 그렇다면 이런 가치함수 곡선은 주식투자와 어떤 관계가 있을까요?

심리 편향은 변동성을 야기한다

코로나19 사태가 일어난 2020년은 전 세계 주식시장에서 일반인들의 투자 참여가 급등한 해이기도 했습니다. 우리나라에서도 동학개미운동이라는 신조어가 등장할 정도로 개인투자자가 늘어났지요.

만약 여러분이 2020년 5월경 동학개미 중 하나가 되기로 결심하고 주식시장에 뛰어드셨다면 이는 결과적으로 나쁘지 않은 결정이었을 것입니다. 당시만 해도 주가가 계속 상승세였고, 그에 따라 투자 수익도 늘어나 행복도가 커졌을 테니까요. 이럴 경우엔 수익을 안겨준 주식을 매도하고 시장에서 빠져나가는 일이 어렵지 않습니다. 물론 앞으로 가격이 더 오를 것을 기대하면 팔고 싶지 않겠지만, 그래도 행복도가 높기 때문에 비교적 가벼운 마음으로 주식을 처분할 수 있지요.

그런데 2021년에 뒤늦게 주식투자를 시작하신 분들은 얼마 지나지 않아 주가가 크게 하락한 탓에 매우 괴로우셨을 수 있습니다. 이렇게 손실을 입으면 마음이 아파 보유 주식을 차마 팔 수 없는 것이 사람의 마음입니다. 대개는 '지금은 너무 떨어졌으니 조금만 더 기다렸다가 주가가 회복될 때 팔자'는 생각을 하게 되지요. 이렇듯 손실을 피하려는 심리적 경향을 일컬어 '손실회피(loss aversion)' 성향이라고 합니다.

'심리'라 하면 대개 개개인이 갖는 특성으로 생각하기 쉽지만, 이러한 심리적 편향은 특정 개인이 아닌 우리 모두가 인간으로서 갖는 보편적인 특성입니다. 물론 일정 수준의 손실을 입으면 냉철하게 손절매를 행하는 사람들도 있습니다. 우리가 흔히 투자 고수라 일컫는 이들이지요. 그러나 이는 수많은 시행착오와 노력을 통해 손실회피 성향에 휘말리지 않는 판단력과 실행력을 갖추게 된 경우로 보는 편이 옳습니다.

모든 인간에게 공통적으로 나타나는 보편적 특징인 만큼 심리적 편향은 주식시장에도 적지 않은 영향력을 미칩니다. 그래서 그간 많은 경제학자들이 이를 행태경제학 관점에서 연구했는데, 그중 한 사람이 앞서도 언급했던 로버트 실러입니다. 그는 1870년부터 1980년까지 미국 S&P500 지수가 보인 움직임과 지수를 구성하는 기업들의 펀더멘털을 비교하는 연구를 진행했습니다.

이 책의 첫 꼭지에서 이야기했듯, 주가는 향후 그 기업이 벌어들일 현금 중 주주에게 현금으로 배당될 부분들을 현재 가격으로 할인하여 더한 것의 총합입니다. 따라서 배당 데이터를 이용하면 펀더멘털 추정치를 구할 수 있습니다. 실러는 이런 방식으로 실제 기업들의 펀더멘털을 계산하여 S&P500 지수와 비교했고, 그 결과는 아래의 그래프와 같았습니다.

이 그림에서 파란 선은 S&P500 지수, 빨간 선은 기업들의 펀더멘털인데 이 둘의 모습이 크게 다른 것을 확인할 수 있습니다. 주가가 실제 펀더멘털보다 훨씬 큰 폭으로 움직이는 모습이지요. 실러는 이

S&P500 지수와 실제 기업들의 펀더멘털 비교.

출처: Shiller, R. J., 1981. Do Stock Prices Move Too Much to be Justified by Subsequent Changes in Dividends? *American Economic Review* 71, 421-436.

런 차이를 야기하는 것이 바로 심리 편향이라고 말합니다. 사람들의 보편적 심리 특성들이 시장에 영향을 미치면서 펀더멘털보다 심한 변동성을 일으킨다는 것입니다.

심리 편향의 한 예로 다수의 사람들을 좇아 특정 방향으로 움직이는 허딩(herding)을 들 수 있습니다. 앞서 특정 주식이 과대(혹은 과소)평가되어 있다는 소문이 퍼지면 그 주식을 팔려는(혹은 사려는) 사람들의 세력이 한쪽으로 쏠려 수요공급 상태를 변화시킨다는 이야기를 한 바 있는데 이것도 허딩에서 비롯된 현상일 수 있습니다(물론 개중에는 합리적인 허딩도 존재하기 때문에 허딩이 꼭 나쁜 것이라고만은 할 수 없습니다).

허딩의 중요한 특징 중 하나는 투자자로 하여금 시장에 대해 자기 나름대로 갖고 있던 판단 기준을 버리고 다수의 사람들을 따라가게

자신의 판단 기준을 버리고 다수를 따르게 만드는 허딩 현상.

만든다는 것입니다. 아래의 그림은 발음이 유사하거나 동일한 영단어 '뛰어나다(excel)'와 '팔다(sell)', '안녕(bye)'과 '사다(buy)'가 빚어낸 허딩 현상을 재미있게 보여줍니다.

근래에 개인투자자들이 급증하며 동학개미 붐이 일어난 이유가 무엇일지 한번 생각해볼까요? '코스피가 빠르게 상승하고 있다', '한국 증시 역사상 처음으로 코스피 지수가 3,000선을 돌파했다' 등의 뉴스가 자주 나온 데다 주변 사람들도 실제로 좋은 수익을 올리자 자신만 뒤처질지 모른다는 불안감이 들어 주식투자를 시작한 사람들이 많을 것입니다. 이성적 판단이나 이유가 아니라 '시장이 활황세라 모두가 주식으로 돈을 벌고 있네. 이러다 주식투자 안 하는 나만 돈을 못 버는 건 아닐까?' 하는 마음, 요즘 표현으로 '벼락거지'가 될지 모른다는 심리적 요인이 작용했을 가능성이 클 것이란 뜻입니다. 이 또한 허딩이라는 심리 편향이 주식시장에 영향을 미친 예에 해당합니다.

이야기가 증폭시킨 '게임스톱 사태'

심리 편향만큼이나 시장에 큰 변동성을 초래하는 것은 '이야기'입니다. 이와 관련된 가장 최근의 드라마틱한 예가 바로 2021년 초에 미국에서 발생해 지금까지 이어지고 있는 '게임스톱(GameStop) 사태'입니다.

게임스톱은 게임 및 관련 주변기기를 판매하는 미국의 오프라인 체인점입니다. 그러나 최근 게임업계의 생태계는 온라인 플랫폼들을 중심으로 하기 때문에 게임스톱의 주가는 10년 이상 제자리 수준이었지요.

그런데 2021년 1월이 되자 상황이 달라졌습니다. 1월 4일만 해도 17.25달러였던 주가가 27일에는 무려 347.51달러까지 급등한 것입니다. 이어 28일에는 193.6달러까지 내려가고 29일에는 다시 325달러까지 오르더니 2월 초에는 100달러 미만으로 떨어졌습니다. 기업 펀더멘털이 며칠 사이에 갑자기 스무 배나 좋아졌다가 열 배 넘게 떨어질 리도 없는데 왜 이런 현상이 벌어진 것일까요?

이 사건은 미국 개인투자자들의 온라인 커뮤니티인 월스트리트베츠(Wallstreetbets)에서 시작되었습니다. 이 커뮤니티에서 주식투자에 대해 이야기를 나누던 개인투자자들은 게임스톱이 그간 부진하긴 했지만 2020년 하반기 들어 유명 투자자의 투자 결정과 온라인 게임 매장으로의 시스템 전환 가능성 타진 등 나름 호재라 할 수 있는 소식들이 나오고 있음에도 주가가 오르지 않는 이유가 궁금했습니다. 그리고 얼마 지나지 않아 헤지펀드 등 여러 기관투자자들이 게임스톱 주식을 많이 공매도했다는 사실을 알게 되었지요. 이에 분노한 개인투자자들은 그에 맞서기 위해 주식을 사들이기 시작했습니다.

앞서 이야기했듯 공매도는 주가가 떨어져야 수익을 얻고, 반대의 경우엔 엄청나게 큰 손해를 보는 구조입니다. 그렇기에 공매도 세력은 일단 특정 기업의 주식에 공매도 주문을 넣은 뒤 그 주가를 떨어뜨리기 위해 애쓰지요. 월스트리트베츠의 개인투자자들은 바로 이렇게 게임스톱 주식의 공매도 세력을 겨냥해 이 주식을 사들였습니다. 이렇게 수요가 몰리면 주가가 엄청나게 치솟고, 그에 따라 공매도 세력에게 크나큰 손실을 입힐 수 있으니까요.

그런데 이렇게 가격이 이상급등하는 주식에는 어김없이 새로운 공매도 세력이 붙기 마련입니다. 이상 증세가 해소되면 주가는 다시 본래의 가격으로 내려갈 테니 일단 급등 당시에 공매도를 해두고, 이후 주가가 떨어지면 이익을 실현하려 하는 것이지요. 이러한 공매도 세력과 그에 맞서는 개인투자자들이 대립하면서 게임스톱 주가 그래프는 마치 지진의 강도를 나타내는 그래프처럼 요동을 쳤습니다. 간단히 말해 '이 정도 주가라면 고평가된 상태'라 여기는 공매도 세력과 '주가를 더 올려 공매도자들을 완전히 몰아내자'며 단합한 개인투자자 세력 사이에서 벌어진 전쟁이 바로 게임스톱 사태인 것입니다.

2022년 초반인 현재, 이 사태 이전에 20달러에도 미치지 못했던

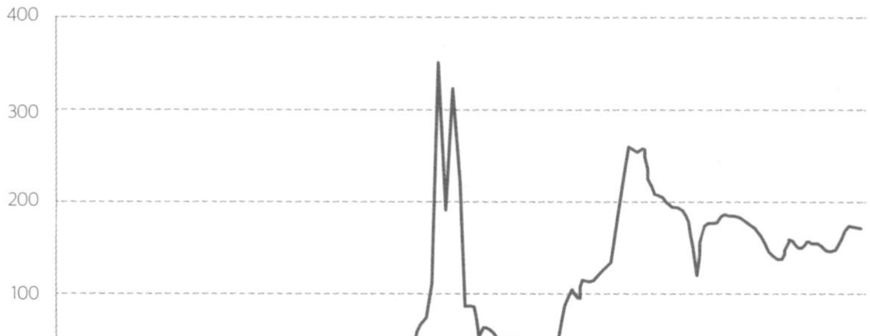

2020년 11월부터 2021년 5월까지의 게임스톱 주가 그래프.

게임스톱 주가는 여전히 그보다 열 배가 높은 200달러 안팎의 수준에 있습니다. 하지만 사실 게임스톱 사태에서 우리가 주목해야 하는 것은 그 싸움의 결과보다 과정, 즉 기업 펀더멘털에는 아무 변화가 없음에도 오로지 이야기의 힘만으로 주가가 수십 배 폭등할 수 있음을 보여주었다는 점입니다.

참고로 재미있는 것이 하나 있습니다. 게임스톱 사태를 영어로는 흔히 '게임스톱 사가(GameStop Saga)'라 칭한다는 점입니다. 영웅담, 무용담, 모험담 등을 뜻하는 단어인 '사가'가 사용된다는 것은 곧 게임스톱의 주가를 내리려는 공매도 세력에 대항해 그것을 끌어올린 개인투자자들의 싸움을 정의로운 무용담의 하나로 규정한다는 의미겠지요.

'밈 주식'과 '사회적 전이 편향'

혹시 '밈 주식(meme stock)'이라는 표현을 들어보셨나요? '(기업 가치와 무관하게) 투자자들 사이에서 입소문을 타거나 주목을 받아 주가가 급등하는 주식'을 일컫는 용어입니다. 본래 밈(meme)은 진화생물학자인 리처드 도킨스(Richard Dawkins)가 그의 저서 『이기적 유전자(The Selfish Gene)』에서 사용한 표현으로 '유전적 방법이 아닌 모방을 통해 전달, 복제되는 문화적 요소'를 뜻하는 용어였습니다. 그런데 이것이 '주식'이라는 단어와 결합되어 투자와 관련된 용어를 낳은 것입니다.

쉽게 말해 밈 주식은 '이야기 주식'입니다. 무언가가 사람들 사이에서 입소문을 탄다는 것은 그 안에 흥미로운 이야깃거리가 있다는 뜻이지요. 게임스톱 사태 역시 '(공매도라는) 악의 세력을 물리쳐야 한다'는 이야기가 개인투자자들 사이에서 돌지 않았다면 시작되지 않았을 것입니다.

행태경제학의 대가인 데이비드 허슐라이퍼(Davie Hirshleifer) 교수는 이러한 현상을 광범위하게 살펴본 논문을 2020년에 발표했습니다. 이 논문에서 그는 '사회적 전이 편향(social transmission bias)'이라는 개념을 소개하고, 경제학이 직면한 여러 문제들을 이해하는 데 이 개념이 유용할 것이라고 주장했습니다. 이 용어는 사람들 사이에서 도는 입소문이나 이야기 등이 그저 어느 누군가로부터 다른 사람에게 전해지는 개인적 차원에서 끝나는 것이 아니라, 이들의 상호작용을 통해 사회 구성원들의 경제적 사고나 행위에 유의미한 영향을 미친다는 점을 알려줍니다.

이야기의 힘은 특히 최근에 훨씬 강해졌습니다. SNS나 앱 등을 통해 온라인상에서의 소통이 활발해지고 그 속도 또한 빨라짐에 따라 사회적 전이 편향의 정도 또한 심해졌지요. 자신이 반드시 하기로 마음먹었거나 매우 좋아하는 행위가 아님에도 이야기의 힘 덕에 사람들을 따라 하기가 쉬워진 것입니다. 그리고 이는 일부 특정 개인들 사이에서만이 아닌, 사회 구성원 누구에게서든 나타날 수 있는 체계적인 현상입니다.

허슐라이퍼 교수는 보다 쉬운 이해를 위해 군대개미(army ants)의 예를 듭니다. 군대개미의 경우 무리를 지어 이동할 때는 목적지를 향해 가야겠다는 의지가 아닌, 오로지 앞에 선 개체만을 따라 움직입니다. 그렇기에 만약 앞의 개미가 구덩이 같은 곳에 빠지면 그것을 뻔히 보고서도 뒤의 개미들 또한 줄줄이 그 개미를 따라 구덩이로 함께 떨어집니다. 이런 특징은 군대개미들이 집단적으로 움직일 때에만 발현되는데, 사회적 전이 편향도 이와 마찬가지로 개별 개인으로 행동할 때에는 나타나지 않습니다. 즉, 이 편향은 집단으로서 움직일 때에만 일어나고, 이것이 바로 이야기의 힘을 증폭시키는 메커니즘이 됩니다.

허슐라이퍼 교수는 이러한 내용을 바탕으로 밈 주식들이 보이는 주가 움직임을 설명했습니다. 아래의 그래프는 그가 논문에서 제시한 밈 주식 가격의 전형적인 흐름입니다. 가로축은 시간, 세로축은 주식의 가격, 파란 선은 주가의 경로이며 붉은 선은 적정주가, 즉 펀더멘털

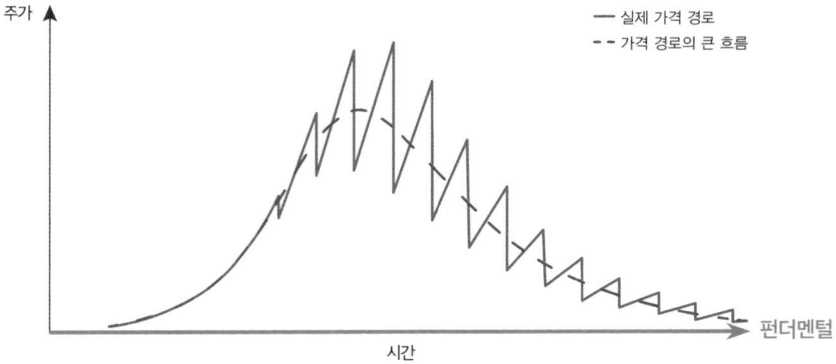

사회적 전이 편향의 누적과 증폭에 따른 주가 변동의 추이

출처: Hirshleifer D., 2020, Presidential Address: Social Transmission Bias in Economics and Finance, *Journal of Finance* 75, 1779-1831.

입니다. 가격은 펀더멘털을 기준으로 표시했습니다. 커질수록 과대평가된 정도가 크다는 뜻이고, 붉은 선과 가까워질수록 펀더멘털에 수렴한다는 뜻입니다. 따라서 이 그림은 전체적으로 주가가 펀더멘털에서 벗어나 과대평가된 이후 다시 펀더멘털로 복귀하기까지의 변화를 보여줍니다.

사람들이 "이 주식 괜찮은 것 같네. 앞으로도 오르겠어"와 같은 이야기를 하기 시작하면 그 주식에 대한 수요가 늘면서 주가도 서서히 상승합니다. 그리고 그렇게 이야기가 돌다 보면 '편향된 정보'들이 생겨나는데, 사람들은 그중 자신이 현재 갖고 있는 믿음에 부합하는 정보만을 선택적으로 취합니다. 가령 '이 주식은 향후에도 계속 투자하기에 괜찮을 거야' 하는 믿음을 가진 사람은 그것을 뒷받침해주는 정보만을 믿고 다른 이들에게도 알려주는 것입니다. 동일한 믿음을 가진 사람들의 집단 내에서 이렇게 공유된 '편향된 정보'들은 점점 더 많은 투자자들을 끌어 모으고, 그 결과 주가를 더욱 밀어 올립니다.

하지만 그렇게 올라간 주가가 계속 그 수준에서 머무르긴 힘들 것입니다. 주식시장은 주가가 기업 펀더멘털에 수렴하는 효율적 시장인데, 이런 식의 주가 상승은 기업 펀더멘털과 무관하게 이야기의 힘으로만 빚어진 결과니까요. 이 기업과 관련하여 실제 영업이익이 발표되거나 애널리스트들의 보고서가 나오는 등 '이 기업의 펀더멘털은 사실 이 정도 가격에 이를 만한 것이 아니다'라는 정보들이 시장에 등장하면 어떻게 될까요? 주식 보유자들의 일부는 주식을 팔 것이고, 그에 따라 주가도 하락할 것입니다. 그럼 이 주식의 가치를 긍정적으로 바라보는 투자자들이 매수에 나서면서 가격을 상승시키고, 이런 힘겨루기에 따라 주가 역시 등락을 반복하는 양상을 띠게 됩니다.

이후 긴 시간이 흐르는 동안 시장에는 이 기업의 펀더멘털에 대한 여러 정보들이 쌓이고, 그 결과 이러한 등락도 잦아들면서 주가는 펀더멘털에 가깝게 수렴합니다. 하지만 앞서 본 그래프에서의 붉은 선처럼 선형으로 완만하게 상승했다 하락하는 것이 아니라 들쭉날쭉 위아래로 급격한 변화를 보이지요.

이런 변화를 야기하는 것이 바로 투기적 성향을 갖는 투자자들입니다. 해당 주식의 가치를 긍정적으로 보는 이들이든 그렇지 않은 이들이든, 사람들은 자신들이 반대 세력에 대항해 어떻게 움직였는지를 서로 무용담처럼 공유하게 됩니다. 그러다 보면 그 이야기를 접하고 해당 주식의 투자에 투기적 목적으로 뛰어드는 이들이 생기고, 그에 따라 단기적 주가 변동성도 높아집니다.

이는 해당 주식의 현재 주가에 대해 '비싸다'고 생각하는 이들과 '싸다'고 생각하는 이들의 의견 차이가 심해진다는 의미입니다. 무언가를 두고 모두가 '싸다' 혹은 '비싸다'고 동일한 판단을 내릴 땐 거래라는 것이 발생하지 않습니다. 팔려는 사람과 사려는 사람은 동일 대상에 대한 가격 판단이 서로 다르기 때문에 생겨나고, 그래서 거래가 이뤄지는 것이니까요.

또한 가격이 펀더멘털로부터 상당히 많이 벗어났음을 인지하면 투자자들 사이에서는 매수 혹은 공매도 등 투자 행위가 증가하는데, 이때 대개 합리적 근거가 결여된 비이성적 투자가 이뤄집니다. 이런 것이 바로 투기성 거래이고, 주가 변동성을 키우는 요인입니다. 이 모든 일들은 심리적 편향을 바탕으로 하여 일어나는 현상입니다.

반복해서 이야기했듯 주식시장은 효율적 시장이기 때문에 가격이 펀더멘털에 수렴하기 마련입니다. 다만 이는 장기적 관점에서 그러한 것이고, 단기적 시간 범위에서는 주가가 펀더멘털과 괴리되는 현상이 항상 존재합니다. 전혀 이상한 현상이 아니라는 뜻입니다.

그러나 시대적 특성은 투자자들의 특성과 투자 스타일에도 영향을 미칩니다. 온라인 덕에 이야기를 공유하고 전파시키는 것이 과거보다 훨씬 쉬워졌기에 이야기가 갖는 힘이 커졌다는 것은 이제 주식투자자라면 꼭 유념해야 하는 사실입니다. 더불어 그런 현상들이 근본적으로 인간의 심리 편향과 연관된다는 점까지 항상 인지한다면 주식시장을 보다 냉철하고 객관적으로 바라보며 현명한 투자 판단을 내리는 데 도움이 될 것입니다.

3

투자 시야의 확장
_채권과 인플레이션, 환율

1

채권투자도 알고 보면 쉽다

채권, 왜 알아야 할까

채권시장은 주식시장보다 훨씬 더 큽니다. 전 세계에 상장된 주식들의 시가총액보다 발행된 채권들의 액면가를 모두 합친 금액이 거의 두 배에 달할 정도지요. 많은 기업들은 자본을 조달할 때 회사채를 발행하고, 국가나 지방정부는 나랏일이나 지역사업에 돈이 필요할 때 국채 또는 지방채를 발행합니다. 이처럼 채권시장에서는 다양한 주체들이 활발하게 거래를 합니다.

채권을 발행한다는 것은 시장에서 불특정 다수를 대상으로 돈을 빌리기 위해 채권이라는 유가증권을 이용한다는 뜻입니다. 은행에서 대출을 받는 것과 비교하면 본질적인 차이는 없습니다. 다만 그 과정이 증권화되어 이루어지기에 자금을 훨씬 더 대규모로, 그리고 훨씬 더 편리하게 조달할 수 있지요. 또 채권을 다른 주체에게 넘김으로써 채무 관계를 이전시킬 수 있습니다. 또한 채권 가격은 일반적으로 이자율 등 거시경제 변수들에 주식 가격보다 민감하게 반응하기 때문에, 채권 거래의 양상은 그 자체로 시장 상황이나 경제 전망과 연관되는 중요 정보들을 제공하는 근거가 되곤 합니다.

더불어 채권에는 주식과 다른 중요한 특징이 있습니다. 주식을 갖고 있으면 미래에 배당을 받게 됩니다. 그러나 그 액수가 얼마일지 지금은 모르지요. 그와 달리 채권을 갖고 있다면 미래에 얼마의 현금을 받게 될지 알 수 있습니다. 채권을 사서 돈을 빌려줄 때는 언제 얼만큼의 이자를 받고 어느 시점에 원금을 상환받을지를 미리 정해두기 때문입니다. 바로 이런 이유로 채권을 고정수익증권(fixed income security)이라 부르기도 합니다.

주식과 채권의 가장 큰 차이가 이것입니다. 주식의 경우엔 미래에 지급받을 배당금이 늘어날 거라 기대될수록 가격이 올라 수익률도 상승합니다. 하지만 채권의 경우엔 미래에 받을 금액이 정해져 있기에, 수익률을 높이려면 보다 싼 가격에 채권을 사야 합니다. 1년 후 똑같이 100원을 받게끔 설정된 채권이라면 오늘 그것을 80원에 사기보다는 50원에 사는 편이 수익률 면에서 당연히 더 좋을 테니까요.

사실 채권은 거시경제와 연결되는 등 범위가 매우 넓은 주제이기 때문에 채권의 이해에 필요한 개념, 또 채권과 연계되는 개념이 주식의 경우에 비해 많고 어렵습니다. 하지만 복잡한 주제일수록 기초부터 디딤돌로 단단히 다져두면 후에는 그것에서 파생되는 훨씬 어려운 개념들도 쉽고 명쾌하게 이해할 수 있지요. 채권과 관련하여 다루는 내용들이 바로 그런 디딤돌이라고 생각합니다. 자, 그럼 지금부터 채권의 특성에 대해 공부해보겠습니다.

채권의 정의와 분류

채권투자에 대한 이야기를 하려면 그에 앞서 채권이 무엇인지부터 정확히 알아야겠지요. 다음과 같은 비유로 생각해보면 채권의 정의와 개념을 파악하기가 조금 쉬울 것입니다.

여러분은 어느 회사의 최고재무책임자(CFO)입니다. 회사는 지금 어떤 프로젝트에 투자하기로 결정을 내렸고 그에 따라 자금이 필요해졌습니다. 그런데 현재 갖고 있는 돈만으로는 부족해서 자금을 융통해야 하는 상황이 되었습니다. 필요 자금의 규모가 너무 큰 탓에 은행 몇 군데를 찾아가 빌리기도 어렵네요. 이 문제를 해결하려면 어떻게 해야 할까요?

이럴 때는 여러분이 채권을 만들고 시장에 가져가 판매하는 것(이를 '채권을 발행한다'고 합니다)이 해결 방안이 될 수 있습니다. 채권은 국가, 지방자치단체나 은행, 그리고 일정 요건을 갖춘 회사가 자금 조달을 위해 발행하는 유가증권으로, '앞으로 ○년간 내게 돈을 빌려주면 만기

시 원금과 함께 이자를 지급하겠다'는 내용을 명시한 증서입니다. 개인들 사이의 채무 관계에서 채무자가 차용증을 작성해 채권자에게 주는 것처럼, 채권은 발행 주체가 투자자들에게 주는 차용증과 비슷한 개념입니다.

다만 채권은 차용증과 달리 시장에서 사고팔 수 있다는 차이점을 갖습니다. 발행 주체들이 채권을 찍어 시장에 내놓는 이유가 이것이지요. 시장은 많은 사람들이 모이는 곳이니 채권을 찍어 내놓으면 그것을 사려는 이들이 와서 매수할 것이고, 따라서 발행 주체의 입장에서는 거래 상대를 찾기가 쉬워집니다. 채권을 매수한 투자자들이 지불한 금액은 곧 해당 채권의 발행자에게 빌려준 돈이 되고, 투자자들은 그 대가로 만기까지 정해진 이자를 받고 만기가 되면 원금을 함께 돌려받습니다. 채권을 발행한다는 것은 다시 말해 발행 주체가 그렇게 불특정 다수로부터 필요한 자금을 빌린다는 의미입니다.

채권은 발행 주체, 상환 기간, 이자를 지급하는 방법, 지급하는 이자의 변동성 여부, 보증 유무 등의 기준에 따라 여러 종류로 나뉩니다. 그중 발행 주체, 그리고 상환 기간에 따른 채권의 종류는 채권 시장을 공부할 때 계속해서 접할 개념이기에 기본적으로 알아두어야 합니다.

앞서 언급했듯 회사채는 기업이 발행하는 채권입니다. 그리고 국채는 국가에서, 지방채는 시나 도와 같은 지방정부에서 발행하는 채권을 지칭하지요. 장기채는 만기가 긴 채권으로, 발행 주체가 장기적으로 돈을 빌리고자 할 때 발행합니다. 국채 중에는 만기가 30년, 심지어 50년까지인 것도 있습니다. 단기채의 경우라면 보통 1~2년 정도 이내에 채무 관계를 정리해야 합니다.

채권의 종류 중에는 해외채권(foreign bond)도 있습니다. 채권을 발행하여 돈을 빌리는 행위는 꼭 한 국가 내에서 이뤄져야만 하는 것이 아닙니다. 한국 기업이라도 미국에서 채권을 발행할 수 있다는 뜻이지요. 이렇게 하면 더 큰 달러 자금을 융통할 수 있는데, 이는 미국의 채권 시장이 한국의 것보다 규모가 훨씬 크기 때문입니다.

이처럼 미국 국적이 아닌 회사가 미국 시장에서 발행하는 달러표시 채권을 '양키 본드(Yankee bond)'라 합니다. 비(非)일본 기업이 일본에서 엔화 채권을 발행하면 '사무라이 본드(Samurai bond)', 비영국 기업이 영국에서 파운드화 채권을 발행하면 '불독 본드(Bulldog bond)'로 칭하고요. 만약 외국 기업이 한국에서 원화 채권을 발행하면 이는 '아리랑 본드(Arirang bond)'로 불립니다.

이러한 해외채권은 그저 액면가와 이자만 해당 국가의 화폐 체계를 통해 발행되는 것에서 끝나는 것이 아니라, 마치 해당국에서 발행된 국내채권처럼 그 나라의 모든 규제를 동일하게 따라야 합니다. 가령 삼성전자가 발행한 양키 본드는 미국 증권거래위원회에 등록되며 여타 미국 기업들이 발행한 채권과 마찬가지로 미국 내의 관련 규제를 준수해야 한다는 의미입니다.

해외채권의 이러한 특징은 채권을 위한 또 다른 해외 시장을 발전시켰습니다. 바로 '유로본드(eurobond)' 시장입니다. 유로본드는 표시화폐 국가를 벗어나 다른 국가에서 거래[이를 '역외(閾外) 거래'라 합니다]되는 채권'을 뜻합니다. 미국달러로 표시된 채권이 미국 이외의 국가에서, 혹은 원화로 표시된 채권이 한국 이외의 국가에서 거래되는 것이 유로본드의 예입니다. 이렇게 역외에서 거래되는 덕분에 유로본드는 해외채권이 준수해야 하는 많은 규제로부터 자유롭다는 장점을 갖습니다. 유로본드 시장이 해외채권 시장보다 훨씬 더 크고 빠르게 발전해온 이유입니다.

참고로 유로본드의 정의를 보시면 아시겠지만 이때의 '유로(euro)'는 유럽 국가나 유럽연합을 지칭하는 표현이 아니라 '해당 발행국이 아닌 다른 국가들에서 이루어지는 거래'를 뜻하는 보통명사입니다. 유로달러(euro-dollar)가 미국 이외의 지역에서 거래되는 미국달러를 뜻하는 것도 이와 같은 맥락이지요. 역외에서 미국달러화를 거래하는 일이 특히 유럽 지역에 많았기 때문에 유로라는 이름이 붙은 것뿐입니다.

따라서 '유로본드'는 유럽이나 유로존과 전혀 무관한 명칭입니다. 간혹 유로라는 단어를 보통명사가 아닌 고유명사로 사용, 유로존이나 유럽연합(EU)에서 발행하는 채권을 지칭하는 경우도 없는 것은 아닙니다. 하지만 아직까지 이러한 의미의 유로본드는 발행된 적이 없음을 참고로 알아두시기 바랍니다.

채권수익률과 시장이자율

여러분은 지금 1만 원이란 돈을 다음의 두 가지 투자안 중 하나에 1년 동안 투자하려고 합니다. 첫 번째 안은 10퍼센트의 이자율을 받고 은행에 예금하는 것입니다. 따라서 1년 후에는 원금과 이자를 합쳐 1만 1,000원을 받겠지요. 두 번째 안은 액면가 1만 원, 표면이자율이 10퍼센트인 채권을 사는 것입니다. 만기인 1년 후가 되면 역시 1만 1,000원을 받을 테고요.

이 두 가지 투자안 중 어느 것을 선택할지는 우선 채권의 가격이 얼마인가에 달려 있습니다. 만약 현재 채권의 가격이 9,000원이라면 어떨까요? 이 채권을 사면 1만 원을 은행에 예금하는 경우보다 1,000원을 덜 쓰고도 1년 후에 정확히 동일한 금액을 받게 될 것입니다. 따라서 이때의 투자수익률, 즉 채권수익률은 22.2퍼센트[(1만 1,000원 - 9,000원) ÷ 9,000원]가 됩니다. 이 값은 1만 원을 예금하고 1년 뒤 1만 1,000원을 받을 때 적용받을 시장이자율인 10퍼센트[(1만 1,000원 - 1만 원) ÷ 1만 원]보다 훨씬 크군요. 그러니 누구라도 은행에 예금하려 하기보다는 당연히 채권을 사려 할 것입니다.

그럼 이제 채권의 가격이 9,000원이 아닌 1만 원이라고 가정해 보겠습니다. 이때는 1만 원을 채권 매수에 쓰든 은행에 예금하든 수익률 차이가 없습니다. 두 경우 모두 1만 원을 투자하여 1년 뒤 1만 1,000원을 받는 것이기 때문입니다(만약 두 경우에 차이가 있다면 무엇일지 생각해보시기 바랍니다. 190페이지에서 이 질문으로 다시 돌아오겠습니다).

끝으로 채권 가격이 1만 500원이면 어떨지 생각해보겠습니다. 이 채권을 사면 채권수익률은 4.8퍼센트[(1만 1,000원 − 1만 500원) ÷ 1만 500원]가 됩니다. 이는 시장이자율인 10퍼센트보다 훨씬 낮은 수치이므로, 이런 경우라면 아무도 채권을 사지 않을 것입니다

이렇게 세 가지 상황을 살펴봤지만, 사실 실제 시장에서 채권수익률은 결국 시장이자율과 같아집니다. 어떻게 그럴 수 있을까요? 여러분의 이해를 돕기 위해 여기에선 시장이자율, 즉 은행이자율이 10퍼센트로 이미 결정되어 있는 상황에서 채권수익률이 어떻게 변하는지를 살펴보겠습니다.•

첫 번째 예에서는 채권을 사는 것이 낫기 때문에 시장에는 채권을 사고자 하는 사람들이 많아질 것입니다. 이렇게 채권에 대한 수요가 늘어나니 9,000원이었던 채권 가격도 1만 원까지 오르겠지요(그 이상으로 오르면 바로 뒤에 나오는 세 번째 예의 경우가 됩니다). 그에 따라 1만 원을 채권에 투자하고 1년 뒤 1만 1,000원을 받게 되니 결과적으로 은행에 1만 원을 예금했을 때와 동일한 상황이 됩니다. 즉, 이때의 채권수익률은

• 이자율은 간단히 말해 돈의 값입니다. 여느 재화나 서비스처럼 돈 역시 수요와 공급에 의해 그 가격, 즉 이자율이 결정됩니다. 그러나 이자율은 통화 정책을 주관하는 기관의 의사결정에 의해 조절되는 변수이기도 합니다. 중앙은행의 통화위원회는 여러 거시경제적 상황을 고려하여 이자율, 특히 모든 이자율의 기본이 되는 기준금리(base rate)를 올리거나 내리는 등의 조정을 합니다. 6주에 한 번씩 열리는 연방공개시장위원회(FOMC) 미팅에서 미국이 기준금리를 올렸는지 내렸는지, 아니면 이전과 같은 수준으로 유지하기로 결정했는지에 대해 많은 투자자들이 신경을 곤두세우는 것은 이미 우리에게 익숙한 광경이 되었지요. 이 역시 기준금리가 변하면 그에 따라 다른 수많은 이자율들이 변하기 때문입니다.

결국 시장이자율인 10퍼센트가 된다는 뜻입니다.

채권 가격이 1만 500원인 세 번째 예의 경우에는 아무도 채권을 사려 하지 않을 것입니다. 그러니 채권 가격은 하락할 테고, 1만 원까지 떨어져야 채권을 매수하려는 사람이 나올 것입니다. 만약 채권을 1만 500원에 혹시라도 팔 수 있다면 어떤 일이 벌어질까요? 여러분은 채권 발행으로 생긴 돈 1만 500원을 은행에 10퍼센트의 이자율로 예금했습니다. 그리고 1년 뒤엔 여러분의 채권을 샀던 투자자에게 1만 1,000원을 지급하고, 은행으로부터 1만 1,550원을 받았습니다. 결과적으로 550원의 수익을 올린 것이지요. 이만큼의 수익을 얻기 위해 여러분이 투자한 금액은 얼마였나요? 0원입니다. 채권을 발행해 돈을 빌린 뒤 그것을 은행에 투자했으니까요. 그리고 채권에 대한 원금과 이자를 모두 갚고도 550원을 벌었으니 수지맞는 장사를 한 셈입니다.

하지만 불행히도 시장에는 여러분 혼자만 있는 것이 아닙니다. 세 번째 예와 같은 상황에서는 다른 많은 투자자들 역시 똑같이 채권을 발행하고 은행에 예금하려 할 것이란 뜻이지요. 이렇게 너도나도 채권을 팔려 하면 1만 500원이었던 채권 가격은 1만 원까지 떨어집니다(1만 원 이하로 떨어지면 앞서 살펴본 첫 번째 예에서의 일이 일어납니다). 따라서 이 상황에서도 채권수익률은 결국 시장이자율과 같아진다는 점을 알 수 있습니다.

액면가와 표면이자율

한편 채권은 할인채, 할증채, 액면채로 분류되기도 합니다. 이 용어들은 채권시장에서 아주 많이 사용되니 기억해두시는 편이 좋겠습니다. 이렇게 분류하는 기준을 이해하려면 '액면가(額面價, face value)'와 '표면이자율(表面利子率, coupon rates)'이라는 두 가지 중요한 개념부터 알아야 합니다.

실제 채권을 보면 앞면에는 해당 채권의 발행 주체(국가나 지방 자치 단체, 회사, 은행 등), 액수, 발행일과 상환일(만기일) 등이, 뒷면에는 표면이자율이 찍혀 있습니다. 이때의 '액수'에 해당하는 것이 액면가인데, 유의해야 할 것은 이 액면가가 곧 해당 채권의 가격은 아니라는 점입니다. 즉, 액면가 1만 원의 채권이라 해서 여러분이 그것을 살 때 1만 원을 지불하는 것은 아니라는 뜻입니다.

왜 그럴까요? 앞서 살펴봤듯 모든 증서들의 '가격'은 미래에 발생할 현금흐름을 현재의 가격으로 할인한 것의 합입니다. 채권의 경우 '미래의 현금흐름'에 해당하는 것은 만기 시 돌려받을 돈이겠지요. 따라서 채권의 가격은 만기에 받을 그 돈을 현재의 가격으로 할인한 금액에 해당합니다.

서로 다른 세 기업이 발행한 채권들의 예를 들어 이 점을 살펴보겠습니다. A 기업은 액면가가 1만 원, 만기가 1년, 표면이자율이 5퍼센트인 채권을 발행했습니다. 표면이자는 만기에 한 번만 지급됩니다.

현재 시장의 이자율은 10퍼센트이고, 이 채권투자에 아무런 위험이 따르지 않는다(즉, 이자의 일부나 원금을 떼일 가능성이 없다)고 가정했을 때 A 기업의 채권 가격은 얼마일까요?

1만 원은 원금에 해당하고 표면이자율이 5퍼센트이니 만기 시 돌려받을 금액은 원금과 이자를 더한 1만 500원일 것입니다. 이것을 현재의 시장이자율인 10퍼센트를 적용해 할인하면 '1만 500원÷(1 + 0.10)', 즉 9,545원이 되고, 이것이 곧 A 기업 채권의 가격입니다. 지금 9,545원을 빌려주는 대신 1년 후에 1만 500원을 받기로 하는 것입니다. 이렇게 액면가보다 실제 가격이 낮은 채권을 '할인채(割引債, discount bond)'라 합니다.

그럼 할인채들은 왜 액면가보다 낮은 가격으로 판매되는 것일까요? 여러분이 1만 원을 가진 투자자의 입장이라면 A 기업의 채권과 시장금리를 제공하는 상품 중 어느 쪽에 투자하고 싶을까요? A 기업 채권의 표면이자율은 5퍼센트인 데 반해 현재 시장이자율은 10퍼센트이니 당연히 시장 쪽이겠지요. 그만큼 이 채권에 대한 수요는 낮을 것이기에 가격을 낮춰서 파는 것입니다. 그래야 채권에 투자해 얻는 수익률이 시장이자율과 동등해질 수 있으니까요.

이번에는 다른 모든 조건은 A 기업의 채권과 동일하지만 표면이자율만 10퍼센트로 다른 B 기업 채권의 경우를 보겠습니다. 이 채권을 지금 산다면 1년 뒤에는 원금과 이자를 합쳐 1만 1,000원을 돌려받겠지요. 현 시장이자율을 적용해 그 1만 1,000원을 현가로 할인하면 '1만

1,000원 ÷ (1 + 0.10)', 즉 1만 원이 되는데 이는 이 채권의 액면가와 동일한 금액이군요. 이렇게 액면가와 채권의 실제 가격이 같을 때 '채권을 액면가에 발행했다'고 이야기하고, 이런 채권을 '액면채(額面債, par bond)'라 합니다. 이렇듯 실제 가격이 액면가와 동일한 상태에서 거래되는 이유는 투자자 입장에서 봤을 때 1만 원이라는 자금을 시장에 투자하든 채권에 투자하든 그에 적용되는 이자율이 동일하기 때문입니다.

앞의 두 경우와 달리 C 기업 채권의 표면이자율이 좀 더 높아서 20퍼센트라고 가정해보겠습니다. 지금 이 채권을 살 경우 1년 뒤 돌려받을 원금과 이자의 합은 1만 2,000원입니다. 그것을 앞서와 같이 현가로 할인하면 현재 가격이 어떻게 산출될까요? '1만 2,000원 ÷ (1 + 0.10)'이므로 1만 909원이 나올 것입니다. 이렇게 실제 가격이 액면가보다 비싼 채권을 '할증채(割增債, premium bond)'라 하며 '채권을 프리미엄에 발행했다'고 이야기합니다.

그렇다면 왜 이런 채권엔 프리미엄이 붙을까요? 현 시장이자율이 10퍼센트인 데 반해 이 채권에 적용되는 이자율은 20퍼센트입니다. 발행 주체인 C 기업의 입장에서 보면 이자를 많이 주는 채권이니 싼 값에 팔지 않는 것입니다. 시장보다 이자를 많이 지급할 테니 이 채권을 더 비싸게 사달라는, 다시 말해 돈을 더 많이 빌려달라는 뜻이지요.

지금까지의 이야기를 식으로 나타내면 다음 페이지의 것과 같습니다. 이 식에서의 C는 표면이자율이 아니라 표면이자로 지급되는 금액

$$P(\text{채권 가격}) = \frac{C(\text{표면이자}) + FV(\text{액면가})}{1 + y(\text{채권수익률})}$$

이고, FV는 액면가이며, y는 채권만기수익률(또는 채권수익률)을 뜻합니다. 채권을 만기까지 갖고 있을 경우 이자와 액면가를 받음으로써 얻게 되는 수익률이지요. 즉, 그 채권의 위험 정도에 따라 시장에서 얻을 수 있는 수익률입니다.

그런데 표면이자(C)는 액면가에 표면이자율을 곱한 금액이지요. 표면이자율은 표면이자 금액과 구분하기 위해 소문자 c로 표기합니다. 따라서 C는 c × FV로 바꿔 쓸 수 있고, 그렇게 하면 이 식은 다음과 같이 정리됩니다.

$$\begin{aligned} P &= \frac{C + FV}{1 + y} \\ &= \frac{(c \times FV) + FV}{1 + y} \\ &= FV\left(\frac{1 + c}{1 + y}\right) \end{aligned}$$

이 식에서의 중요한 변수는 c와 y, 즉 표면이자율과 채권수익률입니다. 이 두 값이 같다면(c = y) 마지막 식은 분모와 분자의 값이 같아지므로 'P = FV'라는 식으로 정리됩니다. 표면이자율이 채권수익률과 같은 채권은 액면가로 발행되어 실제 가격이 액면가와 같은 채권, 즉 액면채가 되는 것입니다.

그와 달리 c 값이 y 값보다 크다면($c > y$) 이 식의 분자가 분모보다 커지기 때문에 P의 값 역시 FV보다 커집니다. 액면가보다 실제 가격이 큰 채권, 즉 할증채인 것이지요. 반대로 c 값이 y 값보다 작다면($c < y$) P의 값은 FV보다 작아지므로 할인채가 됩니다.

끝으로 한 가지 밝혀둘 것이 있습니다. 앞의 식은 보다 간단한 설명을 위해 표면이자를 만기에 한 번 지급하는 채권을 예로 들어 도출한 것입니다. 그러나 이 예를 확장시킨 경우, 다시 말해 만기 이전에 몇 번이고 표면이자를 지급하는 채권의 경우에도 앞의 설명은 유효합니다.

2

채권수익률곡선으로 경기를 예측한다고?

채권수익률과 채권 가격의 특별한 관계

이번에는 조금 더 일반적인 형태의 채권을 살펴보겠습니다. 앞서 예로 들었던 기업들의 채권은 표면이자율을 한 번만 지급하는 형태였지요. 만기 시 원금과 이자를 함께 받는다고 가정했으니까요.

그런데 이와 달리 표면이자율을 매년, 매 반기, 매 분기 등 정기적으로 만기까지 계속해서 지급하고 만기에는 액면가, 즉 액면에 적혀 있는 원금을 지급하는 채권이라면 그 가격은 어떻게 산출할 수 있을까요? '모든 증서의 가격은 그것을 샀기 때문에 미래에 받을 수 있는 모든 현금흐름을 현가로 할인해 더한 것'이므로 이 채권 가격을 구하는 식은 다음과 같아집니다.

$$P = \frac{C_1}{1+y} + \frac{C_2}{(1+y)^2} + \cdots\cdots + \frac{C_T + FV}{(1+y)^T}$$

C_1, C_2 등은 각각 미래 1시점과 2시점에 받게 되는 표면이자 금액, C_T는 보다 일반적으로 미래 T시점에서 받는 금액입니다. y는 채권수익률, 또는 채권만기수익률입니다. 여러분이 P만큼 투자하여(즉, P의 가격에 채권을 사서) 이 채권을 만기인 T시점까지 보유할 경우, 그 기간 동안 받는 표면이자와 액면가를 모두 고려하면 결국 매 시점마다 y만큼의 수익률을 거두는 것과 같다는 뜻입니다. 수익률은 할인율과 같으니 매 시점에 받게 되는 이자나 원금 등의 현금을 채권수익률로 나누면(할인하면) 각 미래현금의 현가가 됩니다. 그리고 이 현가를 모두 더한 것이 곧 가격이 되는 건 주식의 경우와 같습니다.

여기에서 우리가 알아둬야 할 채권의 중요한 특성 한 가지가 있습니다. 경제 뉴스를 읽다 보면 '시장이자율이 높아져 채권 가격이 떨어졌다'라는 표현이 등장하곤 합니다. 시장이자율과 채권 가격 사이에 어떤 연관이 있어 그러한 것인지 궁금했던 분도 계시겠지만, 위 식에 나타난 P와 y의 관계를 보면 이 점을 이해할 수 있습니다.

y는 앞서 살펴봤듯 채권만기수익률을 뜻하고, 시장수익률이 변동함에 따라 같이 변화합니다. y 값이 커지면, 즉 이자율이 커지면 분자를 나누는 분모의 값이 커지니 P 값은 작아집니다. 따라서 y와 P는 반

비례 관계에 놓이지요. 이는 시장이자율이 높아지면 채권 가격이 떨어지고, 그에 따라 채권수익률이 오른다는 점을 나타냅니다.

이는 곧 높은 채권수익률을 보장하려면 현재의 채권 가격이 낮아야 한다는 것과도 같습니다. 특히 채권처럼 미래에 받을 현금흐름이 정해져 있는 것이라면 보다 싼 가격에 살수록 수익률이 커질 것이 자명하지요. 시장이자율과 채권가격의 반비례 관계는 채권의 여러 특징 중 가장 중요한 것이라 해도 과언이 아니니, 채권과 관련된 어떤 사안을 다룰 때에도 꼭 염두에 두셔야 합니다.

이자율위험과 듀레이션

그런데 채권들 중에는 가격이 이자율 변동에 매우 민감하게 반응하는 것들이 있습니다. 이런 채권들을 '듀레이션(duration)'이 높은 채권이라고 합니다. 듀레이션은 시장이자율의 변화에 대해 채권 가격이 얼마나 민감하게 반응하는지, 즉 이자율위험(interest rate risk)이 얼마나 큰지를 나타내는 개념입니다.

보다 쉽게 이해하기 위해 이자율 변동에 따른 가격 변화를 두 개의 채권에 대해 나타낸 180페이지의 그래프를 보겠습니다. 그래프의 x축은 이자율의 변동, y축은 채권 가격의 변동을 나타냅니다.

채권 가격은 이자율과 반대로 움직이기 때문에 그림의 두 선은 기울기가 음수이고, 따라서 우하향합니다. 예를 들어 빨간 선으로 표시

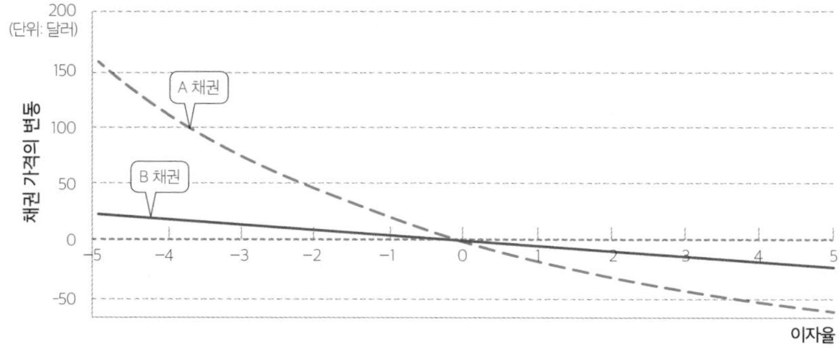

이자율 변동에 가격이 민감하게 반응하는 정도를 나타내는 듀레이션.

된 A 채권의 가격은 이자율이 5퍼센트 오르면 50퍼센트 이상 하락하고, 반대로 이자율이 5퍼센트 하락하면 150퍼센트 이상 상승하는 모습을 보여줍니다. 이자율 변동에 따른 두 선의 움직임을 비교하면 B 채권보다 A 채권이 더 급격하다는 점을 알 수 있습니다. 이자율 변동에 더 민감한 것이지요. 이런 채권을 '듀레이션이 높은' 채권이라고 합니다.

코로나19 상황이 2년 이상 지속되고 있는 요즘에는 미국 연방준비제도가 언제 얼마만큼 기준금리를 올릴 것인지가 큰 관심사입니다. 만약 이자율 상승이 예상된다면 듀레이션이 높은 채권을 보유하는 건 좋은 전략이 아닙니다. 이자율이 오르면 그와 반비례 관계인 채권 가격은 하락할 텐데, 듀레이션이 높은 채권이라면 그 하락의 폭이 매우 클 테니까요. 때문에 이런 경우엔 이자율 변동에 가격이 덜 민감하게 움직이는, 즉 듀레이션이 낮은 채권을 택해 투자하는 편이 좋습니다.

그렇다면 이와 반대로 향후 이자율이 떨어질 것으로 전망될 때는 어떻게 해야 할까요? 이때는 듀레이션이 높은 채권을 보유하는 편이 좋습니다. 이자율이 떨어지면 채권 가격은 상승할 테고, 듀레이션이 높은 채권은 가격 상승의 폭이 더 클 것이기 때문이지요. 이렇듯 듀레이션은 채권 펀드매니저들이 채권투자 및 포트폴리오 구성을 할 때의 핵심 요소가 됩니다.

채권수익률곡선의 개념과 특성

채권투자 시 알아둬야 할 또 한 가지 중요한 개념으로 '채권수익률곡선'이 있습니다. 영어로는 '일드 커브(yield curve)'라 하고, 간혹 '이자율 기간구조(term structure)'라는 명칭으로 불리기도 합니다['일드(yield)'는 수익률을 뜻하는 용어입니다]. 익숙하거나 쉬운 표현들은 아니지만 간단한 예를 통해 찬찬히 이해해보겠습니다.

지금 여러분은 주머니에 1달러가 있고, 이 돈을 앞으로 4년간 투자하려 합니다. 이자율을 알아보니 1년차엔 5퍼센트, 2년차엔 7.01퍼센트, 그리고 3년차와 4년차엔 각각 9.025퍼센트와 11.06퍼센트라는군요(이자율은 보통 1년 동안의 이자율, 즉 연리로 표시됩니다).

5퍼센트의 이자율로 1달러를 투자한 결과 1년 후 여러분은 원금과 이자를 합친 1.05달러를 받았고, 이 돈 모두를 7.01퍼센트의 이자율로 1년간 재투자했습니다. 이듬해 만기가 돌아와 이 투자의 결과로 받은 원금과 이자 1.124달러[1.05 × (1 + 0.0701)] 전부를 이번에는 이자율 9.025퍼센트로 다시금 재투자합니다. 그 결과 1년이 더 지난 뒤엔 1.225달러[1.124 × (1 + 0.09025)]를 손에 쥐게 됩니다. 이 금액 모두를 11.06퍼센트의 이자율로 1년간 재투자하면 약 1.36달러[1.225 × (1 + 0.1106)]가 됩니다. 여러분이 처음에 갖고 있었던 1달러가 4년 뒤에는 1.36달러가량이 된 것이지요. 이런 식으로 재투자를 반복하는 것을 '돈을 굴린다'는 의미에서 '롤오버(rollover)한다'고 얘기합니다.

지금까지 이야기한 이 롤오버 과정을 좀 더 상세히 살펴보겠습니다. 처음 1년간 5퍼센트, 그리고 그다음 1년간 7.01퍼센트로 재투자해 얻은 금액 1.124달러는 사실 6퍼센트의 이자율로 2년 동안 투자한 것과 같습니다. 이를 다음과 같이 써볼 수 있겠습니다.

$$1\text{달러} \times (1+0.05) \times (1+0.0701) = 1\text{달러} \times (1+0.06)^2$$

그리고 3년차에 다시 원금과 이자 모두를 9.025퍼센트의 이자율로 재투자해서 얻는 금액인 1.225달러는 7퍼센트의 이자율로 3년간 투자한 금액과 같습니다.

$$1\text{달러} \times (1+0.05) \times (1+0.0701) \times (1+0.09025) = 1\text{달러} \times (1+0.07)^3$$

마지막 1년 동안 모든 금액을 11.06퍼센트의 이율로 재투자해서 얻는 금액은 1.36달러인데, 이는 8퍼센트의 이자율로 4년 동안 투자한 액수와 같습니다.

$$1\text{달러} \times (1+0.05) \times (1+0.0701) \times (1+0.09025) \times (1+0.1106)$$
$$= 1\text{달러} \times (1+0.08)^4$$

이제 앞의 식들을 일반화해보겠습니다. 처음 1년 동안의 이자율을 r_1, 그다음 1년 동안의 이자율을 r_2와 같은 형태로 표기한다면 T년간 투자한 결과는 다음과 같이 쓸 수 있을 것입니다.

$$1\text{달러} \times (1+r_1) \times (1+r_2) \times \cdots\cdots \times (1+r_T) = 1\text{달러} \times (1+y_T)^T$$

이 간단한 예에서 얻은 정보를 정리해보면 다음과 같습니다.

- 투자 기간이 1년이라면 이는 매년 5퍼센트의 이자율로 1년간 투자한 것과 같다.
- 투자 기간이 2년이라면 이는 매년 6퍼센트의 이자율로 2년간 투자한 것과 같다.
- 투자 기간이 3년이라면 이는 매년 7퍼센트의 이자율로 3년간 투자한 것과 같다.
- 투자 기간이 4년이라면 이는 매년 8퍼센트의 이자율로 4년간 투자한 것과 같다.
- 투자 기간이 T년이라면 이는 매년 y_T퍼센트의 이자율로 T년간 투자한 것과 같다.

매년 y_T퍼센트의 이자율로 T년간 투자했다는 것은 곧 연간 수익률이 y_T퍼센트인 T년 만기 채권에 투자했다는 것과 같습니다. 결국 다음과 같은 결론에 도달하는 것이지요.

- 1년 만기 채권의 연간 수익률은 5퍼센트다.
- 2년 만기 채권의 연간 수익률은 6퍼센트다.
- 3년 만기 채권의 연간 수익률은 7퍼센트다.
- 4년 만기 채권의 연간 수익률은 8퍼센트다.
- T년 만기 채권의 연간 수익률은 y_T퍼센트다.

만기와 채권수익률의 관계, 즉 T와 y_T의 관계를 우리는 '이자율의 기간구조'라고 부릅니다. 그리고 이 관계를 만기(가로축)와 채권수익률(세로축)로 나타낸 그래프가 바로 '채권수익률곡선' 또는 '일드커브'인 것이고요.

이 예에서 산출한 1~4년 만기별 대표이자율은 각각 5, 6, 7, 8퍼센트입니다. 대개의 채권은 만기가 길어질수록 이자율이 높아지기 때문에 채권수익률곡선도 우상향하는 모습을 보입니다. 그러나 만기가 1년씩 늘어날수록 채권수익률도 1퍼센트씩 상승한 이 예와 달리 대개의 경우 이러한 선형 관계는 성립하지 않습니다. 만기가 50년이라 해서 채권수익률이 50퍼센트까지 높아지는 것은 아니라는 뜻입니다. 보통의 경우 만기가 늘면 채권수익률도 상승하지만 그 수익률이 증가

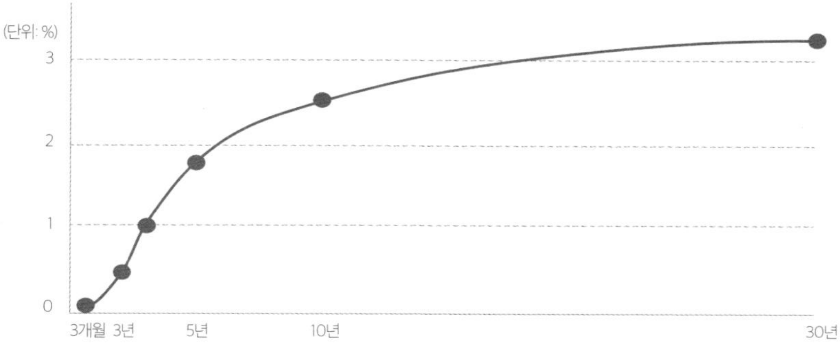

일반적으로 우상향하는 채권수익률곡선.

하는 속도는 느려지고, 그에 따라 만기와 수익률의 관계는 위와 같은 곡선의 형태를 띱니다.

그럼 왜 채권수익률곡선은 대개 이런 모습을 갖게 되는 걸까요? 이는 만기가 길수록 그 채권이 갖는 위험도 커지기 때문입니다. 가령 미국채 중에는 3개월 만기 상품이 있는가 하면 30년 만기 상품도 있습니다. 앞으로 3개월 안에 미국 경제에 큰 난리가 나서 국채가 휴지조각이 될 것이라 생각하는 투자자는 거의 없을 것입니다. 그렇지만 아무리 기축통화국인 미국이라 하더라도 향후 30년 안에 무슨 일이 벌어질지는 아무도 모르지요. 30년 후라면 적어도 3개월 후보다는 불확실성이 훨씬 더 크다는, 달리 표현하자면 만기가 길수록 그만큼 큰 위험이 따른다는 뜻입니다.

만약 여러분이 친구에게 1,000만 원의 돈을 빌려준다고 가정해보겠습니다. 1년 후에 원금을 상환받기로 하는 경우와 30년 후에 상환받기로 하는 경우, 둘 중 어느 쪽의 불확실성이 더 클까요? 당연히 후자겠지요. 이런 이유로 만기가 길면 보다 높은 위험에 대한 보상으로 보다 높은 수익률이 요구되고, 그렇기에 만기가 긴 채권일수록 이자율이 높아지는 것입니다.

이는 사실 이 책의 앞부분에서 수없이 강조했던 '수익률은 위험에 대한 보상'이라는 말을 채권에 적용한 것에 불과합니다. 그리고 이 점을 생각해보면 왜 채권수익률곡선이 만기가 길어질수록 더 완만하게, 즉 느리게 상승하는지도 이해할 수 있습니다.

3개월 후의 불확실성과 30년 후의 불확실성이 갖는 '차이'는 29년 후의 불확실성과 30년 후의 불확실성이 갖는 '차이'보다 큽니다. 지금부터 3개월 후에 화성여행이 일반화될 가능성은 0퍼센트이지만 30년 후에 그렇게 될 가능성은 최소한 0퍼센트보다 훨씬 크겠지요. 그와 달리 화성여행이 29년 뒤에 일반화될 가능성과 30년 뒤에 일반화될 가능성은 거의 비슷할 테고요. 따라서 위험에 대한 보상인 수익률도 3개월과 30년 사이에는 큰 차이가 있지만 29년과 30년 사이에선 그렇지 않은 것입니다. 채권수익률곡선이 만기가 긴 구간에선 완만하게 상승하는 이유가 이것입니다.

채권수익률곡선에는 경기전망 정보가 숨어 있다

채권수익률곡선과 함께 연결하여 알아두시면 좋은 개념이 장단기 금리차입니다. 장단기 금리차는 장기채 채권수익률에서 단기채 채권수익률을 뺀 값인데, 앞서 살펴본 대로 만기가 긴 채권, 즉 장기채는 위험부담이 크기 때문에 단기채에 비해 수익률이 높은 것이 일반적입니다. 따라서 장단기 금리차는 대개 양의 값을 갖게 되고, 그래서 '기간 프리미엄(term premium)'이라고도 불립니다.

하지만 만기가 길어질수록 채권수익률이 오히려 낮아지는, 즉 '수익률곡선 역전(inverted yield curve)' 현상이 나타나는 경우도 드물게나마 있습니다. 기간 프리미엄이 음수인 경우이지요. 다음 그래프는 미국 연방준비제도의 웹사이트에 올라온 것으로, 1985년부터 2021년 중반까지의 장단기 금리차를 나타낸 것입니다.

파란 선은 미국의 장단기 금리차, 즉 장기채(10년 만기 국채) 수익률에서 단기채(3개월 만기 국채) 수익률을 뺀 값을 뜻합니다. 앞서 말했듯 만기가 긴 채권일수록 짧은 채권보다 수익률이 높아 두 값의 차이는 대개 양수가 나오니, 파란 선도 대부분 세로축의 0보다 위에 자리합니다.

그래프에서 세로로 드문드문 표시된 회색 부분은 미국이 공식적으

1985년부터 2021년까지 미국의 장단기 금리차.

출처: FRB, St. Louis.

로 불황을 겪었던 시기를 나타냅니다. 2008년의 금융위기와 코로나19 팬데믹 기간인 2020년도 포함되어 있네요. 그런데 이렇게 박스로 칠해진 구간들보다 조금 앞선 시기에는 장단기 금리차가 음수를 기록했음을 알 수 있습니다. 이렇듯 단기채 수익률이 장기채 수익률을 상회하는 현상을 '(채권)수익률곡선 역전' 현상이라고 일컫습니다.

이 현상을 위험과 수익률의 관계에 비춰 생각해볼까요? 단기채 수익률이 장기채 수익률보다 높다는 것은 단기채를 살 때 감당해야 하는 위험이 장기채의 경우보다 크다는 것을 뜻합니다. 단기간 내에 일어날 일들에 대한 시장의 불안감과 위기감이 커졌다는 의미, 다시 말해 가까운 미래의 경제상황이 좋지 않을 것이란 의미지요. 이 점은 앞의 그래프에서도 실제로 확인됩니다. 장단기 금리차가 음수를 기록하고 얼마 지나지 않아 불황이 도래한 경우가 많기 때문입니다. 그래서 수익률곡선이 역전되는 현상은 멀지 않은 미래에 불황이 다가올 것이란 신호로 해석되곤 합니다.

앞 페이지의 그래프에서 눈여겨봐야 할 부분이 또 하나 있습니다. 그래프 오른쪽 끝자락의 빨간 원 부분에서는 2021년 상반기의 장단기 금리차가 2020년에 비해 급격히 상승하는 모습을 볼 수 있는데, 이 두 시기의 채권수익률곡선을 별도로 찾아보면 다음과 같습니다.

두 채권수익률곡선의 기울기를 비교해보면 2021년 4월의 선이 2020년 4월의 것에 비해 급격히 상승했음을 알 수 있습니다. 이런 양상을 두고 채권수익률곡선이 '가팔라졌다(steepened)'고 표현합니다.

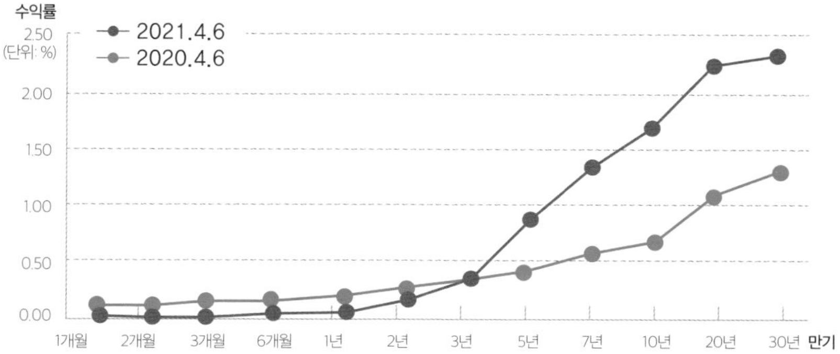

2020년 4월과 2021년 4월의 채권수익률곡선.
출처: US Treasury.

이는 곧 장기채 수익률이 단기채 수익률에 비해 더 높아졌다는 뜻인데, 한편으로는 경제회복에 대한 기대감이 시장에 형성되어 있다는 의미이기도 합니다. 어떤 이유로 이렇게 해석될 수 있는 것일까요?

여러분이 어느 회사의 의사결정자라고 가정해보겠습니다. 코로나19 팬데믹도 과거보다 잦아들고 있고 백신도 개발되어 사람들이 접종하고 있으니 앞으로는 코로나19로 인한 경기불황이 점점 해소될 것으로 전망된다면 어떻게 하시겠습니까? 다가올 호황기를 위해 현재의 투자를 늘리고 영업활동을 전개하겠지요. 이를 위해 여러분은 채권 발행을 결정할 것입니다. 영업활동들에는 자금이 필요하고, 이 자금은 시장에 채권을 발행하여 조달할 수 있으니까요. 그리고 똑같이 채권을 발행하더라도 빠른 시일 내에 갚아야 하는 단기채보다는 상환에 여유가 있는 장기채의 발행을 선호할 것입니다. 향후의 경기전망이 좋으니 투자자들 또한 장기적으로 돈을 빌려주는 데 거부감이 없을 테고요.

이런 이유로 기업들이 장기채를 많이 발행하면 시장에 공급되는 장기채의 양이 늘어나고, 공급량이 증가하니 장기채 가격은 하락합니다. 그리고 우리가 앞서 봤던 채권의 중요한 특성에 따라, 가격이 내려가니 장기채 수익률은 상승하고 그 결과 채권수익률곡선도 우상향하게 됩니다.

이렇듯 채권수익률곡선은 향후의 경기상황과 관련해 중요한 정보를 제공해줍니다. 이 점을 이해하는 투자자는 이 곡선을 보면서 향후 경기에 대한 시장의 전망이 어떤지를 짐작하고 이를 투자에 활용할 수 있습니다.

신용등급에 따라 채권의 특성도 다르다

앞서 우리는 채권 만기에 따라 변하는 위험과 수익률의 관계를 이야기했습니다. 그런데 사실 채권이 갖는 위험에는 이처럼 만기와 관련된 위험뿐 아니라 신용위험(credit risk) 또는 부도위험(default risk)이라는 것도 있습니다. 이는 내가 채권 발행 주체에게 돈을 빌려줬지만 돌려받지 못할 위험을 의미합니다.

앞에서 들었던 간단한 예를 다시 가져와보겠습니다. 여러분은 1만원을 1년간 투자하려 하고, 현재 시장이자율은 10퍼센트입니다. 은행에 예금하면 1년 후 10퍼센트를 이자로 받는다는 뜻이지요. 예금에 대한 대안으로는 액면가 1만 원, 표면이자율 10퍼센트인 1년 만기 채권이 있습니다. 채권 가격이 1만 원이라면 이 두 가지 투자 전략은 별다른 차이가 없어 보입니다. 어느 경우에든 1만 원을 투자하면 1년 후 원금 1만 원에 이자 1,000원을 받을 수 있을 것이라고 생각되니까요.

하지만 한 가지 문제가 있는 상황을 가정해보겠습니다. 은행에 돈을 빌려주면, 다시 말해 예금을 하면 1년 후 '확실하게' 이자와 원금을 받을 수 있는 데 반해 채권에 투자하면 받아야 할 금액 중 일부를 받지 못할 가능성이 있다는군요. 이자나 원금의 일부라도 제때 받지 못한다는 것은 채권에 부도가 날 가능성, 즉 '신용위험'이 있다는 뜻입니다.

사정이 이렇다면 투자자들은 신용위험이 있는 채권보다 신용위험이 없는 은행에 투자(예금)하려 할 것입니다. 이처럼 채권에 대한 수요가 줄어들면 당연히 가격도 하락합니다. 위험이 있는 채권에 투자하기 위해 위험이 없는 은행에 투자할 때처럼 1만 원을 내놓으려는 투자자는 아무도 없을 것이기 때문입니다. 채권 가격이 떨어지면 채권 수익률은 올라갑니다(앞서 설명한 수익률과 채권 가격의 관계를 다시 한 번 떠올려보시기 바랍니다). 미래에 받게 될 금액, 즉 이자와 원금 모두를 돌려받을 위험이 커진 데 대한 보상으로 수익률이 높아지는 것이지요.

정리해보겠습니다. 어떤 회사가 만기 때 이자도 제대로 지급하지 않고 원금마저도 온전히 돌려주지 못할 가능성이 있다면 이 회사의 채권을 사고 싶어 하는, 다시 말해 이 회사에 많은 돈을 빌려주고자 하는 투자자는 없을 것입니다. 따라서 이렇게 신용위험이 큰 기업의 채권은 매우 크게 할인한 값에 판매되고, 결과적으로 투자자 입장에선 수익률이 매우 높아집니다.

어떤 채권의 신용위험이 어느 정도인지는 신용평가사가 정하는 채권등급을 통해 가늠할 수 있습니다. 신용평가사는 글자 그대로 채권의 신용위험을 평가하는 업무를 주로 행하는 회사입니다. 세계적으로 유명한 3대 신용평가사로는 미국의 무디스 인베스터 서비스(Moody's Investor Service), 스탠더드 앤드 푸어스(S&P: Standard & Poor's), 피치 레이팅스(Fitch Ratings)가 있고 한국에는 한국신용평가(한신평), 한국기업평가(한기평), 나이스신용평가 등이 있습니다.

평가사들은 주로 알파벳을 이용하여 채권등급, 또는 신용등급을 매깁니다. 평가사마다 등급표시 방식이 약간씩 다르긴 합니다만 가장 신용이 높은, 다시 말해 신용위험이 없는 미국채의 경우 신용등급은 AAA(S&P와 피치) 또는 Aaa(무디스)입니다. 알파벳이 뒤로 갈수록 신용등급은 떨어집니다. 가령 CCC 등급의 채권은 BB 등급의 채권보다 신용위험이 큰 것이지요. BB나 Ba 이하 등급은 해당 채권이 부도위험이 높아 투자에 적합하지 않은 '투자부적격,' 또는 '투기' 등급임을 나타냅니다. 경우에 따라 알파벳에 +나 − 기호(S&P와 피치)나 1, 2, 3 등의 숫자(무디스)를 붙여 등급을 세분화하기도 합니다.

AAA 등급의 채권은 신용위험이 거의 없습니다. 이런 채권의 대표적 예가 10년 만기 미국채입니다. 이 국채를 사면서 10년 뒤에 미국이 사라지진 않을지, 혹은 미국 정부가 돈을 못 갚진 않을지 걱정하는 분들은 없겠지요. 그럴 가능성이 매우 낮으니까요. 이처럼 AAA 등급의 채권은 위험이 크지 않기 때문에 높은 수익률이 요구될 필요도 없습니다.

다음의 그래프는 투기등급 채권의 수익률을 10년 만기 미국채의 수익률과 대비해서 보여줍니다. 미국채는 신용등급이 최상인 만큼, 이 그래프에서는 최고등급 채권의 수익률이 투기등급 채권의 수익률과 어느 정도 차이가 있는지 쉽게 살펴볼 수 있습니다.

우리는 투기등급 채권이 갖는 몇몇 중요한 특징을 이 그래프로 알 수 있습니다. 우선 이 등급 채권의 수익률은 미국채와 같은 높은 신용등급 채권의 수익률을 상회합니다. 위험이 커서 수익률 또한 높아야 하기 때문입니다. 투기등급의 채권을 '하이일드(high-yield)'라 일컫기

투기등급 채권과 10년 만기 미국채의 수익률.

출처: FRB, St. Louis.

도 하는 이유입니다.

또 높은 신용등급의 미국채와 달리 투기등급 채권의 수익률은 그 변동성이 매우 크다는 것을 알 수 있습니다. 신용위험이 크기 때문에, 다시 말해 투자 원금과 이자를 제대로 회수할 가능성이 낮기 때문에 이 등급의 채권을 산 투자자들은 경기전망에 대단히 민감합니다. 상황이 조금만 불안정해져도 발행 주체가 원금이나 이자를 갚지 못할 가능성이 더욱 커지니까요. 따라서 경기전망이 좋지 않을 것으로 예상되면 이들은 보유하고 있던 투기등급의 채권을 매도하기 위해 재빨리 나섭니다.

미국채의 경우엔 이러한 민감성이 그리 크게 나타나지 않습니다. 경기가 어지간히 나빠진다 하더라도 미국이 부도가 날 가능성은 여전히 낮기 때문입니다. 그렇기에 투기등급의 채권들은 투자에 대한 위험, 그에 대한 보상인 수익률, 그리고 시장상황에 대한 가격변동성 모두가 매우 큽니다.

이러한 하이일드 채권의 특징은 아주 중요한 또 다른 특징과 연결됩니다. 바로 하이일드 채권의 수익률과 미국채 수익률의 차이, 즉 신용스프레드(credit spread)에 관한 것입니다. 앞 페이지의 그래프에서 빨간 선과 파란 선의 간격이 곧 신용스프레드입니다.

하이일드 채권이 경기전망에 매우 민감한 반면 미국채는 그보다 훨씬 덜 민감하기에, 향후 경기전망이 좋지 않을 경우 신용스프레드는 확대됩니다. 불황이 예상되면 하이일드 채권에 대한 요구수익률은 크게 증가하지만 안전한 미국채에 대해선 그렇지 않기 때문입니다. 앞의 그래프에서도 회색으로 칠해진 시기, 즉 공식적인 미 경제 불황기 직전에는 신용스프레드가 커지기 시작했고, 불황기엔 그 정도가 더 심해졌음을 알 수 있습니다. 바로 이런 이유 때문에 신용스프레드는 경기전망을 예측하는 데 있어 중요한 변수로 널리 이용됩니다.

지금까지 두 꼭지에 걸쳐 채권의 정의와 종류, 액면가와 표면이자율, 채권 가격과 채권수익률의 관계, 이자율위험과 듀레이션, 채권수익률곡선, 장단기 금리차, 그리고 신용위험과 신용스프레드 등 채권에 관한 중요 개념들을 살펴봤습니다. 채권투자와 관련하여 알아둬야 할 가장 핵심적인 개념들인 만큼, 명확히 이해해두신다면 실제 채권투자뿐 아니라 주식투자에서도 큰 힘이 될 것입니다. 채권시장의 동향은 장단기 금리차나 신용스프레드 등을 통해 거시경제에 관한 중요한 정보들을 전달해주고, 이는 주식투자에서도 매우 중요한 참고사항이 되니까요.

3

통화 정책, 다시 인플레이션과 싸우다?

미시·거시경제 모두와 밀접한 인플레이션

2021년 이후로 경제와 연관된 주제 중 가장 핫한 것은 바로 인플레이션(inflation)이 아닐까 합니다. 코로나19가 국내는 물론 세계 경제를 급작스레 멈춰 세운 탓에 각국 정부들은 국민들을 위한 긴급 지원책을 여럿 내놓았고, 이 같은 위기가 금융위기로 번지는 일을 차단하기 위해 엄청난 자금을 쏟아부었습니다. 이는 전 세계적으로 유동성(현금성 자산)이 급등하는 결과로 이어졌습니다. 팬데믹이 언제 종결될지조차 모르고 각국 경제가 제대로 작동하지 못하는 상황임에도 주식과 채권, 부동산 등의 가격은 지속적으로 상승하는 역설적인 현상이 나타난 것입니다.

이에 더해 미국의 조 바이든(Joe Biden) 대통령은 취임과 동시에 대규모 재정지출 패키지를 준비했고, 전 세계에서는 미국과 중국의 패권 다툼 및 우크라이나와 러시아의 전쟁 등 정치적 위기로 인한 불확실성과 더불어 글로벌 공급망의 붕괴 가능성도 커졌습니다. 모두 수십 년간 사람들의 관심 밖에 있었던 인플레이션을 세상으로 다시 불러오는 요인들입니다.

인플레이션은 '화폐가치가 떨어지고 물가가 전반적으로 꾸준히 오르는 현상'입니다. 그리고 그 정도가 매우 커서 극에 달한 상태를 초인플레이션(hyperinflation)이라 하지요. 최근에도 지구상의 몇몇 국가들은 초인플레이션으로 큰 고통을 겪었거나 겪고 있습니다. 초인플레이션까지야 아니라 하더라도 많은 국가들에서는 인플레이션에 대한 우려가 앞으로도 한동안 지속될 것으로 보입니다.

사실 인플레이션은 우리가 늘 관심을 기울이는 주제입니다. 흔히 하는 '물가가 많이 올랐다'라는 말도 인플레이션이 진행되고 있다는 것의 다른 표현입니다. 이번 꼭지에선 좁게는 우리의 지갑, 넓게는 글로벌 경제와 관련된 인플레이션에 대해 좀 더 상세히 살펴보려 합니다.

초인플레이션으로 혼란에 빠진 국가들

2000년대 들어 발생한 최악의 인플레이션을 기억하시는 분들이 계실까요? 2007년 짐바브웨는 100조 짐바브웨달러짜리 지폐를 발행할

초인플레이션 시기에 발행된 100조 짐바브웨달러짜리 지폐(좌)와 국민들이 지폐로 제작해 붙인 벽보(우).
출처: Google

정도로 엄청난 초인플레이션에 시달렸습니다. 또한 당시 국민들이 로버트 무가베(Robert Mugabe) 대통령에게 항의하는 뜻으로 지폐들을 모아 '무가베 대통령 덕에 돈으로 벽보를 만듭니다'라는 글귀를 넣은 벽보를 제작, 붙이는 일도 있었지요.

짐바브웨달러의 가치가 얼마나 급격하게 떨어졌는지는 환율로도 알 수 있습니다. 2001년 1월 1일에 1미국달러를 사려면 100짐바브웨달러를 내야 했던 것이 2009년에는 10^{31}짐바브웨달러로까지 치솟았습니다. 1,000조라는 수가 10의 15승인데 무려 10의 31승이라니, 어떤 수인지 가늠조차 되지 않는 것이 사실입니다.

2001년 초 1미국달러가 100짐바브웨달러였던 것이 그 열 배인 1,000짐바브웨달러로 뛰는 데 걸린 시간은 고작 1년 반 정도였습니다. 만약 1,100원 정도였던 달러값이 1년 반 뒤 1만 1,000원으로 뛴다면 한국 경제가 어떻게 될지 상상이 되시나요? 하물며 8년 만에 10의 31승이라는 상상불가한 수치까지 도달했으니 짐바브웨 국민들의 생활과 국가 경제가 받은 충격은 말로 형용할 수 없었을 것입니다. 이쯤 되면 지폐는 그저 숫자가 인쇄된 종이조각에 불과해진 것이라 해도 과언이 아닙니다.

가슴 아프지만 이런 일은 베네수엘라에서도 발생했습니다. 베네수엘라 정부가 공식적인 인플레이션율을 발표하지 않고 있어 정확한 수치를 알긴 어렵지만 국제통화기금(IMF) 자료에 따르면 베네수엘라의 연간 인플레이션율은 2016년의 254.95퍼센트, 2017년의 438.12퍼센트를 거쳐 2018년엔 무려 6만 5,374.08퍼센트에 이르렀다고 합니다(2021년 11월 23일자 「서울신문」 참조). 일부 기관들에선 베네수엘라의 인플레이션율이 100만 퍼센트 정도에 육박하지 않겠냐고 조심스럽게 추정하기도 합니다.

베네수엘라의 초인플레이션은 미국에서 소위 셰일가스 혁명이 일어나 유가가 급락하며 많은 산유국들이 타격을 입었던 상황과 밀접한 관계가 있습니다. 베네수엘라의 주력 분야가 석유 산업이었기 때문입니다. 베네수엘라는 2013년까지 석유 산업의 수익이 높은 편이었으나 2014년엔 전년 대비 절반 수준으로 내려앉았고, 2015년과 2016년은 각 전년 기록의 절반에도 미치지 못했습니다. 결과적으로 2016년에 석유로 얻은 수익은 2013년의 10퍼센트 수준조차도 되지 않았지요.

한 나라가 자국의 주력 산업으로 얻는 수익이 이 정도로 하락한다는 것은 곧 국내 경제는 물론 정치와 사회 모두가 제대로 돌아가지 않음을 뜻합니다. 이런 상황은 베네수엘라를 내전으로 몰아넣었고 국민들로 하여금 고국을 등지게 만들었습니다. 2021년 6월 유엔난민기구(UNHCR)와 국제이주기구(IOM)의 발표에 따르면 2015년 이후 베네수엘라에서는 전체 인구의 약 20퍼센트에 해당하는 560만 명이 고국을 등지고 탈출했습니다.

제2차 세계대전 종전 직후는 인류 역사상 물가상승률이 가장 높았던 혼란기였습니다. 다음의 표에서 볼 수 있듯 헝가리, 짐바브웨, 유고슬라비아, 독일, 그리스, 중국이 심각한 인플레이션을 겪었는데 그 중 가장 심각한 것은 헝가리였습니다.

이 자료에 따르면 1946년 7월 헝가리의 월간 물가상승률은 1.30×10^{16}퍼센트였다는데 아마 어떤 규모의 수치인지 잘 와닿지 않으실 것입니다. 그럼 그 옆에 함께 나와 있는 수치들을 볼까요? 당시의 1일

	물가상승률이 가장 높았던 달	월 최고 물가상승률(%)	1일 물가상승률(%)	물건 가격이 두 배가 되는 데 걸린 시간
헝가리	1946년 7월	1.30×10^{16}	195	15.6시간
짐바브웨	2008년 11월 중반	79,6000,000,000	98.0	24.7시간
유고슬라비아	1994년 1월	313,000,000	64.6	1.4일
독일	1923년 10월	29,500	20.9	3.7일
그리스	1944년 11월	11,300	17.1	4.5일
중국	1949년 5월	4,210	13.4	5.6일

역사상 물가상승률이 가장 높았던 시기와 국가들.

출처: Wikipedia.

물가상승률은 195퍼센트였고 물건 가격이 두 배가 되는 데는 15.6시간이 걸렸다는군요. 하루가 채 지나기도 전에 모든 물건의 값이 평균적으로 이렇게 빠르게 오르는 나날들을 당시 헝가리 국민들은 어떻게 견뎠을지 상상하기도 어렵습니다.

인플레이션의 여러 기능

여기서 한 가지 질문을 던져보겠습니다. 지금 여러분은 1946년 7월의 헝가리에 있고 물, 식료품, 생필품 몇 가지 등 구입해야 할 품목들이 있습니다. 그렇다면 여러분은 그것들을 당장 사시겠습니까, 아니면 16시간이 지나서 사시겠습니까? 당연히 지금 사겠다고 답하실 겁니다. 물건 가격이 두 배로 오르기 전에 얼른 사는 것이 이득이니까요.

1990년대 중반에 초인플레이션을 겪었던 브라질에서는 이것저것 사기 위해 장에 가서 한 바퀴 돌고 나올 때면 물건 값이 이미 장보러 들어갈 때보다 올라 있었다고 합니다. 이런 상황에선 사람들이 물건을 가능한 한 빨리 구입하려 할 것이고, 그로써 소비가 진작되는 효과가 생겨납니다. 이것이 바로 인플레이션이 갖는 매우 중요한 특징 중 하나인 '소비증대 효과'입니다.

참고로 이와 반대되는 현상, 즉 경제 전반적으로 상품 및 서비스의 가격이 지속적으로 떨어지는 현상은 디플레이션(deflation)이라고 합니다. 디플레이션엔 좋은 성격의 것과 나쁜 성격의 것이 있습니다. 전자는 기술발전과 혁신 등을 통해 가격이 하락하는 디플레이션으로, 대형 TV 등 여러 전자제품의 가격이 과거 대비 획기적으로 낮아진 것이 그 예입니다.

이와 달리 후자, 즉 나쁜 성격의 디플레이션은 화폐가치가 상승함에 따라 서비스 혹은 물건의 가격이 향후 하락할 것으로 예상되어 사람들이 소비를 미루는 현상입니다. 거주할 집을 한 채 사야 하는데 앞으로 디플레이션 상황이 예상된다면 굳이 오늘 사지 않겠지요. 다시 말해 집값이 떨어질 것으로 기대하면서 오늘 집을 매입하는 사람은 없을 것입니다. 집값은 시간이 갈수록 오늘보다 떨어질 테니 훗날 집을 사는 것이 이득이기도 하고, 자칫 오늘 샀다가 내일 팔아야 하는 상황에 처하면 손해를 보게 될 테니까요. 따라서 이럴 때는 인플레이션 시기 때와 달리 '소비감소' 현상이 나타납니다. 즉, 나쁜 디플레이션은 경제활동의 침체를 가져오는 물가하락 현상인 것입니다.

소비증대와 더불어 인플레이션이 갖는 또 다른 특징은 '부채탕감 효과'입니다. 사실 인플레이션 상황은 모두에게 고통만 주는 것이 아닙니다. 이를 반기는 이들도 있기 때문이지요. 다름 아닌 채무자들이 그에 해당합니다.

앞서 예로 들었던 짐바브웨에서 1억 짐바브웨달러의 대출을 받은 사람이 있다면 그는 얼마 지나지 않아 휴지조각이나 다름없는 1조 짐바브웨달러짜리 지폐를 들고 은행에 가서 "자, 내 대출금을 1만 배로 갚겠습니다" 하며 내놓을 수 있을 것입니다. 이는 명목액수가 고정되어 있는 부채의 실질가치를 인플레이션이 탕감해주는 덕에 생기는 효과입니다.

인플레이션이 채무자들의 부채를 깎아준다면 그 탕감분은 누가 어떻게 부담하게 될까요? 그렇습니다. 채권자들이 그만큼 손해를 보겠지요. 따라서 인플레이션으로 인한 부채탕감은 채권자의 부를 채무자에게로 이전시키는 효과를 가져옵니다. 반대로 디플레이션 상황이라면 화폐가치가 높아지니 부채에 대한 부담이 높아질 것입니다.

그 외에도 인플레이션은 부동산 등의 가격을 밀어 올려 자산가들이 더욱 부자가 되도록 돕는 반면, 임금생활자들은 실질임금이 줄어 더욱 가난해지게 하는 등 부의 불평등을 심화시키기도 합니다.

인플레이션, 무엇 때문에 일어날까?

그럼 인플레이션은 어떤 요소와 원리로 야기되는 것일까요? 대표적으로 이야기되는 인플레이션의 두 유형으로는 '비용-상승 인플레이션'과 '수요-견인 인플레이션'이 있습니다. 제품의 수요와 공급, 그리고 가격 형성을 나타낸 204페이지의 그래프들을 보면서 이 두 유형에 대해 알아보겠습니다.

'비용-상승(cost-push) 인플레이션'은 원자재 등의 가격이 오른 탓에 상승한 비용이 물가를 밀어 올려 발생하는 인플레이션을 말합니다. 기름이나 원자재 등 제품 생산에 필요한 요소들의 가격이 오르면 생

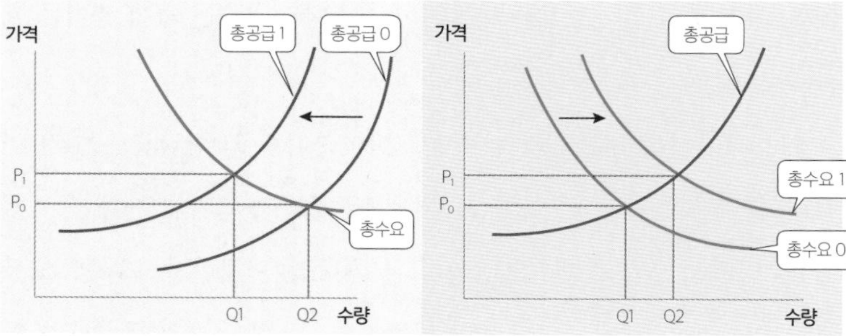

비용-상승 인플레이션(좌)과 수요-견인 인플레이션(우).

산비용이 상승하면서 공급이 부족해질 것입니다. 그러면 총공급 곡선이 왼쪽으로 이동하고, 그에 따라 이것이 총수요 곡선과 만나는 지점의 위치도 높아집니다. 제품의 가격은 이 두 곡선의 교차점에서 정해지니, 이 점의 위치가 높아진다는 것은 곧 제품 가격이 상승함을 뜻합니다. 인플레이션이 일어나는 것이지요.

이와 달리 '수요-견인(demand-pull) 인플레이션'에서는 총수요가 늘어나서, 다시 말해 수요 곡선이 오른쪽으로 이동함에 따라 가격 형성 지점이 상승합니다. 이런 현상은 경기가 회복하며 총수요가 늘거나 정부가 재정 정책 완화 등을 통해 국민들에게 돈을 풀어 소비를 늘리게끔 할 때 나타납니다.

그럼 코로나19 사태로 각국 정부가 전개한 재정완화 정책들로 인해 현재 우려되고 있는 인플레이션은 이 두 가지 중 어느 쪽에 해당될까요? 우선 구리, 니켈, 석유 등 상당히 많은 원자재의 값이 오름에 따라 물가가 상승하는 비용-상승 인플레이션의 면이 있는 것은 확실합니다. 그런데 한편으로는 백신 접종이 시작되고 코로나19 바이러스의 확산세가 서서히 누그러지면서 소비 심리가 살아나는 경향도 나타나고 있습니다. 안타깝게도 현재로선 두 가지 중 어느 것이 더 우세한지 판단하기가 어렵습니다. 그리고 이렇게 두 유형 모두가 관찰되고 있기 때문에 '실제로 인플레이션이 일어날 가능성이 높지 않겠냐'는 우려 역시 더욱 커지고 있는 것입니다.

관건은 인플레이션이 일어날 경우 그것이 일시적 현상에 그칠지, 아니면 좀 더 지속적으로 이어질지의 여부입니다. 이에 많은 경제학자들도 계속해서 경제 현상을 관찰하며 끊임없이 논쟁을 거듭하고 있습니다.

그 논쟁에 불을 댕긴 것은 미국의 경제학자이자 전 재무장관인 로런스 서머스(Lawrence Summers)입니다. 2021년 2월 5일자 「워싱턴 포스트(The Washington Post)」에 기고한 칼럼에서 그는 다음과 같이 경고했습니다. "(2021년 1월에 구성된) 조 바이든 행정부는 초반부터 1.9조 달러를, 또 각종 인프라 재건축을 위해 2조 달러를 쓰는 등 재정을 지나치게 풀고 있다. 이로 인해 미국은 지금껏 경험해보지 못한 엄청난 인플레이션을 겪을 가능성이 있다."

이 칼럼이 나온 뒤 많은 거시경제학자와 경제관료들이 가세하면서 논쟁에 불이 붙었습니다. 그리고 2021년 하반기에 미 연방준비제도이사회(FRB)의 의장인 제롬 파월(Jerome Powell)은 인플레이션이 일시적일 것이라는 기존의 전망이 잘못되었음을 인정했습니다. 이제 보다

코로나19 이후 인플레이션을 경고한 미국 경제학자 로런스 서머스.

장기간 지속되는 인플레이션이 올 거라 예상되고 있는 것입니다.

미국의 GDP 갭(GDP gap) 관련 자료를 보면 서머스가 우려한 바를 좀 더 명확히 확인할 수 있습니다. 실제 자료를 보기 전 GDP 갭의 개념에 대해 조금 알아보겠습니다.

아웃풋 갭(output gap)이라고도 불리는 GDP 갭은 한 국가의 실제 GDP(actual GDP)에서 잠재GDP(potential GDP)를 뺀 값을 잠재GDP로 나눈 수치로, 경기의 과열 또는 침체 상태를 보여주는 척도입니다. 이때 잠재GDP는 자본, 노동 등 해당 국가에 있는 모든 생산요소를 '정상적으로' 총동원할 경우 다다를 수 있는 최대생산 능력을 나타냅니다.

여기서 '정상적'이란 완전고용 상태를 뜻합니다. 따라서 잠재GDP는 경제가 정상적으로 겪게 되는 자연실업률하에서의 생산량을, 실제 GDP는 그 생산요소들이 실제로 움직여 나온 결과를 뜻합니다. 실제 GDP는 주로 인플레이션을 조정한 '실질GDP(real GDP)'를 기준으로 합니다.

$$\text{GDP 갭} = \frac{\text{실제GDP} - \text{잠재GDP}}{\text{잠재GDP}}$$

실제GDP가 잠재GDP보다 크다면 GDP 갭의 값은 양수가 될 것입니다. 그런데 이는 모든 생산요소를 동원했을 때 가능한 정도(잠재GDP)보다 실제로 더 많은 생산을 했다(실제GDP)는 뜻입니다. 다시 말해 경기가 과열되었다는 의미임과 더불어, 그에 따라 인플레이션이 발생할 가능성이 높다는 의미이기도 한 것입니다.

이와 반대로 GDP 갭의 값이 음수일 경우, 즉 실제GDP가 잠재GDP보다 작다면 설비나 노동력 등 생산 관련 요소들 중 현재 돌아가지 않고 있는 유휴(遊休) 요소가 있다는 뜻입니다. 따라서 음수 값이 클수록 경기가 많이 침체된 상태라고 해석할 수 있습니다.

아래의 그래프는 1950년부터 2020년까지 미국의 GDP 갭이 어떻

1950~2020년 미국의 GDP 갭.

출처: FRB, St. Louis.

게 달라져왔는지를 보여줍니다. 1980년 이후, 특히 2008년의 글로벌 금융위기 이후로는 대개 GDP 갭이 음수였음이 확인됩니다(노란 선 부분). 그러다 2018~2019년에 양수로 올라갔지요. '이제 경기가 상당히 회복되었고 생산량도 늘어났다'고 여겨진 시기였습니다.

하지만 2020년 코로나19 팬데믹이 발발하면서 GDP 갭은 −10.0선으로 수직낙하했고, 얼마 지나지 않아 마치 공이 바닥에 떨어졌다 튀어 오르듯 −2.5선 가까이까지 상승했습니다(녹색 원 부분). 이는 미 정부가 각종 재난지원금 등의 부양책을 전개한 결과였습니다.

칼럼을 통해 서머스가 경고한 바가 바로 이 부분과 관련되어 있습니다. 정부가 어느 정도의 부양책을 전개하여 GDP 갭을 보완해주는 것은 괜찮으나, 현재 바이든 행정부의 정책들을 보면 그 수준을 훨씬 넘은 탓에 경기가 과열되어 GDP 갭이 큰 값의 양수로 뛰어오를 수 있고, 그에 따라 초인플레이션이 발생할 가능성도 있다는 우려를 표한 것입니다.

기대인플레이션과 양적완화

이렇게 우려되는 인플레이션을 막기 위해 미국의, 또 각국의 정부들은 어떤 통화 정책을 펴야 할까요? 이에 대해 생각해보려면 우선 통화 정책의 가장 기본적인 요소들을 알아야 합니다.

저는 2011년쯤 베트남의 하노이에 다녀온 적이 있는데, 당시 제게 가장 크고 놀라운 인상을 주었던 것은 한국 모 은행의 하노이 지점에 고시된 '예금이자율 20퍼센트'였습니다. 당시 세계의 어느 은행에서도 보기 힘든 높은 이자율이었으니까요. 하지만 알고 보니 당시 베트남의 인플레이션율이 19퍼센트 수준이었더군요. 즉, 은행에 예금을 하면 20퍼센트의 이자를 주긴 하지만 물가 또한 19퍼센트나 올랐으니 은행에서 제공하는 실질이자율은 1퍼센트 남짓에 불과했던 것입니다.

이 에피소드에서의 20퍼센트는 '명목이자율(nominal interest rate)', 그리고 1퍼센트는 '실질이자율(real interest rate)'입니다. 실질이자율은 우리가 갖는 구매력의 변화와 연관됩니다. 가령 우리가 1만 원으로 살 수 있는 도너츠의 수가 오늘은 100개이고 1년 후엔 110개라면 도너츠 수가 늘어난 비율이 곧 실질이자율에 해당합니다. 즉, 처음의 개수가 100개, 증가한 개수가 10개이니 실질이자율은 10퍼센트인 셈이지요. 명목이자율은 은행 등에서 고지해 우리가 쉽게 볼 수 있는 수치입니다. 가령 1만 원을 1년간 예금한 결과로 1만 1,000원이 되었다면 명목이자율은 10퍼센트입니다.

경제학자 어빙 피셔(Irving Fisher)는 이자율을 명목이자율과 실질이자율로 나누어 다음과 같은 '피셔 방정식(Fisher equation)'을 제시했습니다. 명목이자율에서 인플레이션율을 제하면 실질이자율을 구할 수 있다는 공식입니다.

$$\text{실질이자율}(r) = \text{명목이자율}(i) - \text{인플레이션율}(\pi)$$

앞서 이야기한 베트남의 예에서 실질이자율이 1퍼센트가 나온 것은 위의 식에 명목이자율 20퍼센트와 인플레이션율 19퍼센트를 대입한 결과입니다. 이 식에서 뚜렷이 보이듯 실질이자율은 명목이자율의 변화에 인플레이션율의 변화를 조정한 결과로 도출됩니다.

그런데 사실 우리에게 중요한 것은 오늘이 아닌 내일의 인플레이션이 어느 정도나 될 것인가 하는 '기대치'입니다. 현재 물가의 높고 낮음도 중요하겠지만 우리의 소비 활동은 기본적으로 이 기대치를 바탕으로 이뤄지기 때문입니다. 앞서 1946년의 헝가리, 혹은 디플레이션 상황에서 상품 구입 여부에 대해 던졌던 질문을 떠올려보면 이 점을 쉽게 이해할 수 있으실 것입니다.

다시 한 번 이야기하지만 사람들이 아파트를 사는 이유는 아파트 값이 오늘 실제로 높거나 낮아서가 아니라 내일 더 오를 거라 '기대'하기 때문입니다. 오늘 아무리 아파트 값이 비싸다 해도 내일은 더 오를 것이라 예상되니 지금 사두려는 것이지요. 반대로 오늘 아무리 값이 싸다 해도 내일 더 떨어질 거라 생각되면 아무도 아파트를 사지 않을 테고요.

따라서 중요한 것은 인플레이션 자체가 아니라 그것에 대한 기대, 즉 기대인플레이션(expected inflation)입니다. 인플레이션을 기대인플레이션으로 바꾸어 피셔 방정식을 다시 써보면 다음과 같습니다.

실질이자율(r) = 명목이자율(i) - 기대인플레이션율(E[π])

혹시 '이번에 한국통화금융위원회는 기대인플레이션율이 1퍼센트 높아질 것으로 예상하여 이자율을 1퍼센트 높이기로 결정했습니다'와 같은 이야기를 들어보신 적 있으신가요? 물론 이 정도 수치라면 요즘 이야기는 아니겠습니다만, 피셔 방정식에 비춰 생각해보면 이 말에 담긴 뜻은 다음과 같습니다.

'물가가 1퍼센트 정도 상승할 것으로 예상된다'는 것은 '기대인플레이션율이 1퍼센트 상승한다'는 뜻입니다. 이때 중앙은행이 그에 대한 보완책을 마련해주지 않는다면, 즉 명목이자율을 조정해주지 않는다면 실질이자율은 이전보다 1퍼센트 낮아지겠지요. 국민들 입장에선 실제로 살 수 있는 빵의 개수가 1퍼센트 줄어드는 것과 같습니다.

그렇기에 이럴 경우 중앙은행은 1퍼센트 증가한 기대인플레이션율을 보완하기 위해 명목이자율도 1퍼센트 높여줍니다. 기대인플레이션이 클 때는 명목이자율도 그만큼 크게 올리면 되겠지요. 이렇게 기대인플레이션율에 맞춰 명목이자율을 조정함으로써 실질이자율을 보다 안정적인 수준에서 관리하는 것, 이것이 통화 정책의 기본입니다.

그런데 기대인플레이션은 이름처럼 '기대치'인 탓에 사람마다 다를 수 있습니다. 가령 한 무리의 부동산 전문가들이 내년에는 아파트 가격이 오를 것이라 예측하는 데 반해 또 다른 한 무리의 전문가들은 그와 정반대로 전망하는 식의 경우는 수도 없이 많습니다. 값이 오른다는 데 동의한다 해도 그 상승폭에 대한 예측은 1퍼센트, 3퍼센트, 혹은 5퍼센트 등 저마다 다를 수 있고요.

경제 전반에 영향을 줄 인플레이션율에 대해서도 이는 마찬가지입니다. 누구는 '내일의 인플레이션율은 2퍼센트일 것'이라 생각하는가 하면 또 다른 누군가는 '내일은 −3퍼센트의 디플레이션이 될 것'이라 예상하는 등 국민들이 갖는 기대인플레이션율이 저마다 다르다면 중앙은행은 난감할 것입니다. 누구의 기대에 맞춰야 할지 모르고, 그에 따라 이자율 관련 정책을 전개하기가 힘들어짐은 물론 제대로 된 효과를 거두기도 어려울 테니까요.

따라서 연방준비제도나 한국은행 등 각국 중앙은행은 각 경제주체들이 비슷한 수준의 인플레이션을 기대하게끔 '유도'합니다. 이를테면 '우리는 향후 1년 동안의 인플레이션율을 ○퍼센트 수준에서 관리할 테니, 우리를 믿고 그에 맞춰 소비나 투자 계획을 세워달라'는 내용의 가이드라인을 제공하는 것이지요. 이렇게 금융 정책의 방향을 예고하는 통화 정책의 수단을 '선제 지침', 영어로는 '포워드 가이던스(forward guidance)'라 합니다.

그럼 다시 피셔 방정식으로 돌아가보겠습니다. 만약 현재 명목이자율이 0퍼센트에 가까운 상황, 즉 흔히 이야기하는 '제로 금리' 상황인데 향후 2퍼센트 정도의 디플레이션이 올 거라고 사람들이 기대한다면 어떻게 될까요? 기대인플레이션율이 −2퍼센트인 이런 상황에서 피셔 방정식은 명목이자율 역시 2퍼센트만큼 내려가야 한다고 말해줍니다. 이자율이 음수가 되는 것이지요. '마이너스 금리' 이야기가 나오는 것이 이 때문입니다.

하지만 디플레이션에 대한 기대가 시장에 오랫동안 만연할 경우엔 마이너스 금리로 대응하는 데 한계가 있을 수 있습니다. 예를 들어 여러분이 중앙은행이라면 세간의 기대인플레이션이 −10퍼센트나 −20퍼센트일 경우 어떻게 하시겠습니까? 무려 −10퍼센트 또는 −20퍼센트의 마이너스 금리를 가져가야 할까요? 디플레이션 기대가 10년 가까이 지속될 경우엔 또 어떻게 대응하시겠습니까? 마이너스 금리를 10년 동안 유지할까요?

이렇게 마이너스 금리 정책을 지속적으로 사용하긴 어렵다고 판단될 경우, 중앙은행은 명목이자율에 집중했던 시선을 거두어야 합니다. 대신 왜 사람들의 기대인플레이션이 그토록 낮고 심지어 음의 값을 갖는지 살펴야 하지요. 다시 말해 기대인플레이션에 대한 대응을 계속 모색할 게 아니라 기대인플레이션 자체에 집중해야 하는 것입니다.

기대인플레이션이 낮을 때는 돈을 많이 찍어 시중에 풀어놓음으로써 기대인플레이션율 자체를 높여주는 방법을 고려해볼 수 있습니다. 통화량이 부족한 상황은 화폐가치를 상승시켜 디플레이션 기대를 높여주기 때문입니다. 만약 중앙은행이 시중의 통화량을 늘려 디플레이션 우려를 해소시킬 수만 있다면 기대인플레이션율 수치도 음수에서 양수로 바꿀 수 있습니다. 이런 경우엔 굳이 마이너스 금리 정책을 쓸 필요가 없어지지요. 이렇게 돈을 풀어 사람들의 기대치를 바꾸려 하는 정책이 흔히들 말하는 '양적완화(QE: quantitative easing)'입니다.

미국의 경제학자 밀턴 프리드먼(Milton Friedman)은 "인플레이션은 화폐적인 현상"이라고 이야기한 적이 있습니다. 시중에 돈을 풀면 인플레이션을 일으킬 수 있다는 뜻인데, 이는 우리가 돈을 찍어낼 수 있을 때의 이야기입니다. 화폐가치가 금에 고정되어 있는 금본위 체제하에서는 이런 정책 수단이 본질적으로 불가능했습니다. 금을 찍어낼 수는 없으니까요.

양적완화와 같은 자산매입 정책(asset purchase program)은 미국, 일본, 유럽 등 많은 나라들에서 꽤 오랫동안 인기리에 시행되었습니다. 이는 주로 은행들이 갖고 있는 국채나 모기지채권을 중앙은행이 사들임으로써 그 값만큼의 돈을 풀어주는 정책입니다. 팬데믹 이후 미국 연방준비제도는 이러한 자산매입 정책에 매달 120억 달러를 쓰고 있습니다. 우리 돈으로 14조 원이 넘는 어마어마한 돈을 매달 시중에 풀고 있는 것이지요. 덕분에 팬데믹 직전에 2020년 2월 4조 달러 수준이었던 연방준비제도의 자산은 겨우 2년 후인 2022년 2월 무려 9조 달러로 두 배 이상 불어났습니다.

코로나19로 전 세계의 국가 경제가 타격을 받아 디플레이션이 우려되자 각국 중앙은행들이 양적완화 정책을 취한 것 역시 인플레이션에 대한 자국민들의 기대치를 높이기 위해서였습니다. 다만 양적완화의 규모가 크고 시행 기간도 길어지는 와중에 바이든 대통령이 미국의 낙후된 인프라 개선에 2조 달러를 들이겠다는 등 대규모 재정지출을 약속하다 보니 로런스 서머스처럼 '이렇게 가다 보면 너무나 갑작스럽게 큰 인플레이션이 올 수 있다'고 경고하는 목소리도 커진 것입니다.

디플레이션이 우려되던 상황이 그리 오래 지나지 않아 인플레이션을 걱정하는 상황이 되어버릴 정도로 근래의 세계 경제는 변동성이 큰 모습을 보이고 있습니다. 각국 중앙은행들은 세계 경제에 큰 영향을 미치는 미국 연방준비제도가 2021년 하반기부터 취하고 있는 테이퍼링 정책을 계속 주목하며 자국의 통화 정책들을 고민, 시행하고 있지요. 이번 꼭지에서 살펴본 내용들이 코로나19로 인한 현재의 거시경제적 상황, 그리고 한국은행을 비롯한 각국 중앙은행의 통화 정책을 여러분이 이해하시는 데 조금이나마 도움이 되었기를 바랍니다.

4

꼭 필요한 환율 지식 ①: 환율과 인플레이션

환율 지식이 해외투자 수익률을 좌우한다

주식시장에서의 핵심 키워드가 단연 '동학개미'였던 2020년과 달리 2021년에는 '서학개미'의 세력 확장이 눈에 띄었습니다. 해외, 특히 미국 기업들의 주식에 투자하는 서학개미들은 테슬라, 애플, 아마존을 비롯한 대형 IT 기업들은 물론 해외 2차전지, 반도체 기업의 주식에 직접 투자하며 수익을 추구하지요.

그런데 그러한 직접투자 분위기가 최근에는 조금 달라져, 펀드를 통한 간접투자가 늘어나는 양상을 보이고 있습니다. 2021년 11월 한국예탁결제원의 발표에 따르면 서학개미의 투자 액수가 큰 상위 12개 미국 상장 ETF에 그들이 투자 중인 금액은 총 56억 8,558만 달러(약 6조

7,200억 원)입니다. 2020년 말에 24억 8,270만 달러(약 2조 9,300억 원)였던 것과 비교하면 65퍼센트가량이 늘어난 규모입니다.

여기에서 우리는 해외주식도 국내주식만큼이나 보편적인 투자 대상이 되었음을 확인할 수 있습니다. 그리고 이런 양상은 앞으로도 더욱 강해질 것으로 보입니다.

그런데 해외주식 상품들에 투자할 경우 계속해서 주의 깊게 살펴봐야 하는 것이 있으니, 바로 환율(FX: foreign exchange rate)입니다. 국내주식에 투자할 때와 동일한 수익률을 거두었다 해도 환율이 어떻게 변동하는가에 따라 실제 수익률이 크게 달라질 수 있기 때문입니다. 이는 주식뿐 아니라 채권, 부동산 등 외국의 어떤 자산에 투자하는 경우에도 마찬가지입니다.

그래서 이번 꼭지와 다음 꼭지에서는 환율의 정의, 환율 제도의 종류, 환율과 연관된 경제 요소들을 살펴보며 환율 관련 지식을 넓혀보려 합니다. 우선 환율이란 정확히 무엇인지, 그리고 환율 제도로는 어떤 것들이 있는지부터 알아보겠습니다.

'달러가 강해져 원화값이 1,000원에서 1,100원으로 하락했다'고?

환율을 이야기할 때 흔히 '환율이 오른다' 혹은 '환율이 내린다'라는 표현을 쓰곤 하지요. 하지만 환율의 종류에는 수천 가지가 있기 때문에 사실 이는 명확히 옳은 표현이라 할 수 없습니다. 그렇다면 정확하게는 뭐라고 말해야 할까요?

어제 사과 하나의 값이 1,000원이었다면 우리는 '사과값'이 1,000원이었다고 이야기할 것입니다. 그리고 오늘 '사과값'이 1,100원이 되었다면 그것이 어제에 비해 '올랐다'고 할 테고요.

달러도 다르지 않습니다. 어제 1달러를 사려면 1,000원을 내야 했으나 오늘은 1,100원을 내야 한다면, 오늘은 어제에 비해 '달러값이 올랐다'고 이야기해야 합니다. '환율이 올랐다'는 말은 대개 이렇게 달러값이 오른 상황을 지칭합니다. '환율'이란 단어가 어느 특정 화폐의 가치를 나타낼 경우 이것을 '달러값'으로 바꿔 읽으면 거의 틀리지 않습니다. 그러나 이렇게 달러값이 오른 상황을 보다 정확하게 표현하자면 달러가 원화에 비해 '평가절상'되었다거나, 혹은 원화가 달러 대비 '평가절하'되었다고 해야 합니다. 또한 이러한 상황을 '달러 강세', '원화 약세'라 칭하기도 합니다.

다시 말해 우리가 흔히 이야기하는 환율은 '1달러의 가치를 원화로 표시한 값'입니다. 이것을 줄여서 '달러당 원화값'이라 하는 경우도 흔하고, 많은 언론에서는 이것마저도 더 줄여 그냥 '원화값'이라고만 쓰기도 하지요.

하지만 이는 명확히 잘못된 관행입니다. '1달러의 가치'는 곧 '1달러의 가격', 즉 '달러값'인데 이를 '원화값'(표준어는 '원홧값'입니다)으로 칭하니까요. 게다가 '달러당 원화값'이나 '유로당 원화값'을 줄여 그저 '원화값'으로 쓰면 이것이 어떤 화폐의 가격인지 알 수가 없어집니다. 물론

'달러당 원화값'과 같은 표현은 잘못된 것이 아니지만, '달러값'이라는 간결하고 분명한 용어가 있는데 굳이 이렇게 쓰는 것은 복잡하고 비효율적입니다.

"달러 강세로 원화값이 1,000원에서 1,100원으로 하락했다"라는 식의 표현에도 잘못된 점이 많습니다. 달러가 강해졌는데 왜 원화값이 변했다고 하는 걸까요? 게다가 1,000원에서 1,100원으로 달라졌다면 이건 오른 것인데 하락했다고 하니 이상하지 않나요? 또 '원화값이 1,100원'이라는 말은 대체 무슨 뜻일까요? 1원의 값이 1,100원이라는 뜻일까요? 어떻게 하면 1원이 1,100원이 된다는 것인지 저도 참 궁금해집니다.

'달러값'을 '원화값'이라 칭하는 이런 잘못된 관행은 괜히 환율을 더 어려운 대상으로 느껴지게 합니다. 사과값을 사과값이라 하는 것처럼 달러값은 그저 달러값이라 부르는 것이 맞습니다. 앞으로 '환율'이나 '원화값' 같은 표현을 보면 그냥 '달러값'으로 읽으시면 되겠습니다.

고정환율제의 원리와 특징

환율 제도는 크게 고정환율제와 변동환율제의 두 가지로 나뉩니다. 명칭 그대로 전자는 환율이 고정되어 있는 것, 후자는 환율이 달라지는 것입니다.

얼핏 생각하면 시시각각 환율이 달라지는 상황보다는 일정 수치로 고정되어 있는 상황이 여러모로 편리할 것도 같습니다. 실제로 고정환율제를 시행하면 환율에 변동이 생기지 않기 때문에 환위험(FX risk)이 제거되어 경제 활동이 안정적으로 이뤄진다는 장점이 있습니다.

그러나 이 제도는 두 나라 경제력의 상대적 변화를 제대로 반영하기 어렵다는 큰 단점도 가집니다. 사과값이 사과의 수요와 공급에 따라 변하는 것처럼 국가 경제가 변하면 그 나라 화폐에 대한 수요와 공급도 바뀝니다. 그에 따라 화폐의 상대적 가치, 즉 환율도 변해야 하지만 고정환율제는 이를 어렵게 합니다. 이런 단점들 때문에 한국도 1990년대 후반 외환위기 이후엔 그전까지 오랫동안 유지했던 고정환율제 대신 변동환율제를 채택했습니다.

그럼 고정환율제의 경우엔 환율이 어떻게 지속적으로 일정 수준을 유지할 수 있는 것일까요? 다음 페이지의 그래프를 보면서 그 원리에 대해 알아보겠습니다.

빨간 선은 시장에 달러가 풀려 있는 양을 나타내는 달러 공급 곡선, 파란 선은 시장이 달러를 필요로 하는 정도를 나타내는 달러 수요 곡선입니다. 여타 재화의 가격이 그렇듯 달러값 역시 이 두 선의 교차점에서 정해지지요. 이 그래프로 보자면 달러값은 1,100원이 되어야 할 것입니다. 하지만 만약 한국이 1달러당 1,000원으로 달러값을 묶어두는 고정환율제를 채택하고 있다면 어떻게 해야 할까요? 이때는 달러값이 정해지는 교차점을 y축의 1,000원 수준으로 낮춰야 합니다.

그런데 달러값이 1,000원일 때의 수요 곡선과 공급 곡선을 보면

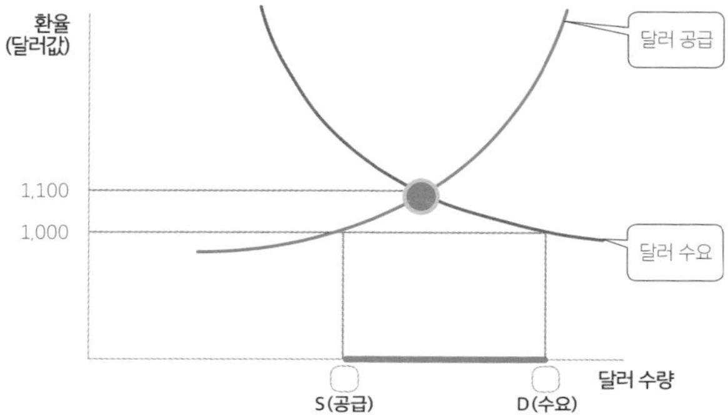

1달러당 1,000원의 고정환율제를 채택할 경우.

x축에 표시된 D-S 구간만큼의 초과 수요가 발생함을 알 수 있습니다. 즉, 달러값이 1,100원인 경우엔 수요와 공급이 일치해 어느 쪽에도 초과 분량이 발생하지 않지만, 1,000원으로 고정시키면 초과 수요(공급 부족)라는 문제가 발생하는 것입니다.

따라서 이럴 때는 외환 당국이 조정에 나서야 합니다. 1,100원이 아닌 1,000원 선에서 수요 곡선과 공급 곡선이 만나게끔 초과 수요를 줄여줘야 하는 것이지요. 여기에는 두 가지 방법이 있습니다. 하나는 공급 곡선을 오른쪽으로 이동시키는 것, 다른 하나는 수요 곡선을 왼쪽으로 이동시키는 것입니다. 222페이지의 그래프를 보시면 잘 이해되실 것입니다.

공급 곡선을 우측으로 옮긴다는 것은 결국 시중에 달러를 더 풀어 공급을 늘린다는 뜻입니다. 외환보유고를 충분히 확충해놓는 것이 필요한 이유이지요. 그렇다면 수요 곡선을 좌측으로 옮기기 위해선, 즉

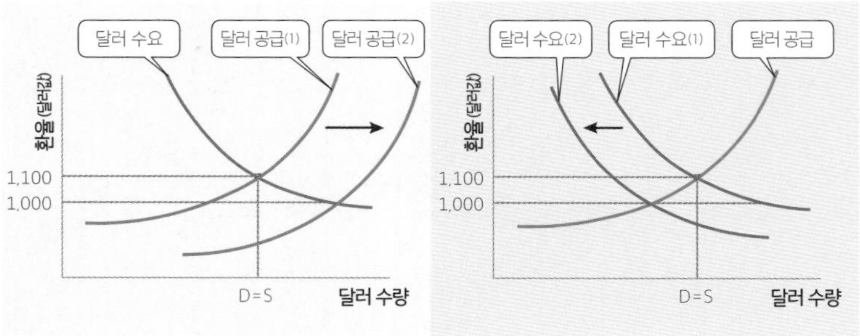

고정환율 유지를 위해선 달러의 공급을 늘리거나(좌) 수요를 낮추어야 한다(우).

달러에 대한 수요를 낮추기 위해선 어떻게 해야 할까요?

이때 쓸 수 있는 방법 중 하나는 통화 정책을 활용하는 것입니다. 가령 한국은행이 이자율을 미국의 이자율보다 높은 수준으로 올리면 미국 은행의 예금 상품에 달러를 넣어두었던 사람들은 그것을 빼서 한국의 은행에 넣으려 할 것입니다. 미국에서 달러로 예금하는 것보다 한국에서 원화로 예금하면 더 높은 이자수익을 얻을 수 있으니까요. 여기서 '원화로 예금한다'는 것은 외국인들이 자신들의 달러로 원화를 사서 채권이나 예금 등과 같은 한국의 금융 상품에 투자한다는 뜻입니다. 이런 상황은 원화 수요 증대를 가져와 원화의 가치를 상승시킵니다.

중요한 것은 '고정환율제를 채택하면 외환 당국이 어떻게든 시장에 개입해야 한다'는 점입니다. 달러값이 특정 수준으로 계속 유지되는 것은 저절로 일어나는 일이 아니기 때문입니다. 달러값의 고정을 위해 외환 당국은 시중에 달러가 부족하면 외환보유고에서 달러를 풀고,

충분하면 달러를 흡수해 외환보유고를 확충합니다. 그렇기에 고정환율제를 유지하려면 외환보유고가 충분히 확충된 상태여야 합니다.

하지만 변동환율제라면 이 모든 것이 시장에서 자율적으로 이루어집니다. 달러가 부족하면 달러값이 오르고, 달러가 충분하면 달러값도 떨어지는 등 시장이 가격을 결정하기 때문에 시장개입이 필요치 않습니다. 물론 각국의 환율 제도는 고정환율제와 변동환율제의 극단보다는 대개 그 사이 어딘가쯤에 위치하는 경우가 많아 시장개입이 전혀 없다고 할 수는 없습니다.

구매력 등가설: 환율과 인플레이션

하지만 변동환율제라 해서 환율이 제멋대로 움직이는 것은 분명 아니겠지요. 그렇다면 환율은 과연 어떠한 이유로 변동하는 것일까요?

환율은 어느 나라 화폐가 다른 나라 화폐에 대해서 갖는 상대적 가치입니다. 따라서 한 나라 거시경제의 절대적 상황보다는 그것이 다른 나라에 비해 어떠한지, 즉 상대적 상황이 어떤지에 따라 변합니다.

화폐가 갖는 가장 기본적 기능이 재화와 서비스를 구매하는 사용가치에 있음을 생각해보면 환율, 즉 화폐의 상대가치는 두 나라 간 구매력의 차이로부터 영향을 받을 것임을 예상해볼 수 있습니다. 구매력은 주어진 돈으로 얼마만큼의 물건을 살 수 있는가를 가리키는 말이니 '물가'의 함수가 됩니다. 물가가 높으면 주어진 돈으로 살 수 있는 재화와 서비스의 양이 줄어드니까요. 더불어 이자율이 다름 아닌 '돈의 가격'임을 생각해보면 환율은 두 나라 간 이자율의 차이와도 무관할 수 없겠습니다. 결국 환율은 두 나라의 물건값(물가)의 차이와 돈값(이자율)의 차이에 영향을 받는다는 얘기가 되는데, 이번 장에서는 바로 이 점을 살펴보겠습니다.

다만 그전에 명확히 해두고 싶은 점들이 있습니다. 환율에 영향을 미치는 요인은 그 외 여럿이 있을 수 있습니다. 또 환율과 물가, 혹은 환율과 이자율의 관계 역시 둘 중 어느 한쪽이 일방적으로 영향을 주거나 받는 것이 아니라 양쪽이 서로의 원인이자 결과로 작용할 수 있지요. 사실 환율의 움직임을 제대로 이해하거나 예측하는 것이 쉽지 않은 이유가 바로 이것입니다. 영향을 미치는 요인이 많고 인과관계 또한 다양해 '환율결정모형' 같은 것을 만들기가 어렵기 때문입니다. 그래서 환율모형들은 '~론(論)'이 아닌 '~설(說)'이라는 명칭으로 불리곤 합니다.

먼저 환율과 구매력의 관계를 살펴보겠습니다. 가령 품질에 아무런 차이가 없는 동일 모델의 삼성 갤럭시 휴대폰이 한국에선 50만 원이고 미국에선 500달러라고 합시다. 50만 원이나 500달러나 모두 삼성 휴대폰 한 개를 살 수 있는 금액이니 이 둘의 구매력은 같습니다. 다시 말해 500달러와 50만 원은 구매력 측면에서 등가(等價)인 셈입니다.

그렇기에 환전수수료나 항공비, 숙박비 등의 거래비용, 다시 말해 국내나 해외에서 삼성 휴대폰을 사기 위해 지불해야 하는 모든 거래 비용이 없다면 환율은 '1달러=1,000원'으로 결정됩니다(그 이유는 뒤에서 알아보겠습니다). 화폐의 상대가치, 즉 환율은 각각의 화폐로 표시된 금액의 구매력이 같아지는 수준에서 정해진다는 것이지요. 이를 '구매력 등가설(PPP: Purchasing Power Parity)'이라고 부릅니다[가끔 같은 값이라는 뜻의 '평가(平價)'라는 단어를 써서 '구매력 평가설'이라 하기도 합니다. 그러나 이는 마치 성과평가(evaluation)를 의미하는 것으로 여겨지곤 하기에 '등가'라는 용어를 쓰는 편이 낫겠습니다].

그럼 달러값은 왜 1,000원에서 결정되는 걸까요? 또 만약 1,000원이 아니라면 어떤 일이 벌어질까요? 이 삼성 휴대폰의 가격은 앞서 얘기한 바와 같지만 환율이 '1달러=1,100원'에서 결정되었다고 가정해 보겠습니다. 이 경우 미국에서의 이 휴대폰 가격인 500달러는 한국 돈으로 50만 원이 아닌 55만 원이 되지요. 즉, 등가 수준이 아니게 되는 것입니다. 그렇기에 이럴 때 여러분이 한국에서 삼성 휴대폰을 산 뒤 미국에서 팔면 다음의 과정을 통해 차익을 얻을 수 있습니다.

한국에서 50만 원을 빌려 휴대폰을 구입하고 미국으로 건너가 이를 팔면 500달러를 받을 것입니다(앞서의 가정대로 거래비용은 없습니다). 그리고 새로운 환율에서 500달러를 원화로 바꾸면 55만 원입니다. 처음에 빌린 돈 50만 원을 갚고도 5만 원을 번 셈이지요. 이는 환율이 구매력을 제대로 반영하지 않아 거저 얻을 수 있는 이득이고, 이러한 거래를 '차익거래'라 합니다.

문제는 이런 차익거래를 여러분만 하는 것이 아니라는 점입니다.

이렇게 하면 5만 원을 벌 수 있다는 점을 시장에 있는 누구든 알 수 있으니까요. 따라서 너도나도 한국에서 삼성 휴대폰을 구입해 미국에서 판 후 달러를 원화로 바꾸려 할 겁니다(이런 상황에서 휴대폰의 가격은 한국에서 오르고 미국에서 하락하겠지만, 이 예에서는 환율에 대한 영향만을 보기 위해 이런 가격 변동 현상이 없다고 가정하겠습니다). 미국에서 휴대폰을 팔아 얻은 달러를 한국에서 원화로 바꾸려는 사람이 많아지면 한국에선 원화 수요와 달러 공급 모두가 증가합니다. 그 결과 1,100원이었던 달러값은 당연히 떨어져 등가가 되는 수준, 즉 1,000원까지 하락할 것입니다.

우리가 삼성 휴대폰을 구입할 때 한국에서 지불하는 돈을 P_{KW}, 미국에서 지불하는 돈을 $P_{\$}$라고 하고 지금까지의 내용을 일반화해보겠습니다. 구매력 등가설에 따르면 이때 P_{KW}와 $P_{\$}$는 동일한 상품에 대한 금액이므로 그 가치 또한 같아야 합니다. 미국에서 지불한 금액 $P_{\$}$를 환율(S) 조정을 통해 원화로 환산한 값이 P_{KW}와 일치해야 한다는 뜻입니다. 결국 구매력 등가설의 핵심은 '환율은 양국 물건값의 차이로 결정된다'는 것인데, 이를 식으로 나타내면 다음과 같습니다.

$$P_{KW} = P_{\$} \times S$$

$$\rightarrow \quad S = \frac{P_{KW}}{P_{\$}}$$

이러한 관계는 휴대폰뿐 아니라 컴퓨터, 자동차, TV 등 다른 상품들의 경우에도 성립해야 합니다. 양국에 존재하는 재화나 서비스가 수도 없이 많은데 휴대폰이라는 상품만을 기준으로 환율이 결정될 리는 없으니까요. 그렇기에 이런 관계는 많은 재화와 서비스의 가격을 대표하는 '물가수준'에 의해 성립됩니다. 그리고 대표적인 물가수준 지표는 소비자물가지수(Consumer Price Index), 즉 CPI입니다. 앞의 식에 나온 P_{KW}는 한국의 CPI를, $P_{\$}$는 미국의 CPI를 나타낸다고 보시면 되겠습니다.

이렇듯 환율이 양국 물가지수의 '수준'에 따라 결정되는 것을 '절대적 구매력 등가설(absolute PPP)'이라 합니다. 여기에서 한 발 더 나아가면 환율이 양국 물가지수 수준의 '변동'에 의해 결정된다는 '상대적 구매력 등가설(Relative PPP)'을 도출해낼 수 있습니다.

그런데 '물가지수 수준의 변동'은 무엇을 지칭하는 것일까요? 그렇습니다. CPI 수준의 변화율, 즉 인플레이션율이지요. 인플레이션율은 물가 상승의 정도를 보여주는 척도니까요. 만약 한국에서의 삼성 휴대폰 가격은 현재 50만 원인데 인플레이션율이 10퍼센트라면 내년에는 55만 원[=50만 원×(1+10퍼센트)]이 될 것입니다.

앞서 '절대적 PPP'의 설명을 위해 들었던 예에 인플레이션을 추가해보겠습니다. 오늘 한국과 미국의 물가지수는 앞에서와 마찬가지로 각각 P_{KW}, $P_{\$}$입니다. 그리고 '오늘'의 환율($S_0$)은 절대적 PPP가 성립하는 값에 있습니다. 바로 앞서 보았듯 $S_0 = P_{KW} \div P_{\$}$ 의 관계가 성립하는 것이지요.

이제 어떤 한 가지 상품(그 가격은 물가지수라고 합시다)을 1년 뒤 한국에서 판매할지 미국에서 판매할지(수출) 결정해야 한다고 가정해보겠습니다. 한국과 미국의 인플레이션율이 각각 π_{KW}, $\pi_{\$}$라고 가정하면 1년 뒤 한국의 물가지수는 '$P_{KW} \times (1+\pi_{KW})$,' 그리고 미국의 물가지수는 '$P_{\$} \times (1+\pi_{\$})$'가 되겠지요. 1년 후 미국에서 물건을 판 뒤 이를 원화로 바꾸면 그 금액은 1년 뒤 한국에서 해당 물건에 매겨질 가격, 즉 앞서 구한 $P_{KW} \times (1+\pi_{KW})$의 결과값과 동일해져야 합니다. 동일한 물건이라면 1년 뒤 양국에서의 가격도 동일해야 하기 때문입니다. 이를 식으로 정리하면 다음과 같습니다(S_1은 '1년 뒤'의 환율, 즉 달러값입니다).

① 한국에서 파는 경우: $P_{KW} \times (1 + \pi_{KW})$

② 미국에서 파는 경우: $P_{\$} \times (1 + \pi_{\$}) \times S_1(KW/\$)$

① = ②여야 하므로: $P_{KW} \times (1 + \pi_{KW}) = P_{\$} \times (1 + \pi_{\$}) \times S_1(KW/\$)$

$$\text{이를 정리하면} \rightarrow S_1 = \frac{P_{KW}}{P_{\$}} \times \frac{(1 + \pi_{KW})}{(1 + \pi_{\$})}$$

그리고 '오늘 절대적 PPP가 성립한다'고 했으니 '$P_{KW} \div P_{\$} = S_0$' 또한 성립하겠지요. 따라서 이를 맨 아래 식에 대입하면 다음의 관계식을 얻습니다.

$$S_1 = S_0 \frac{(1 + \pi_{KW})}{(1 + \pi_{\$})} \rightarrow \frac{S_1}{S_0} = \frac{1 + \pi_{KW}}{1 + \pi_{\$}}$$

이어 양변에서 1을 빼면 다음과 같이 정리됩니다.

$$\frac{S_1 - S_0}{S_0} = \frac{\pi_{KW} - \pi_{\$}}{1 + \pi_{\$}}$$

좌변은 환율 변동을 퍼센트로 나타낸 것입니다. 이 식을 통해 우리는 한미 양국의 환율 변동이 한국 인플레이션율과 미국 인플레이션율 간의 차이로 결정됨을 알 수 있습니다.

따라서 환율 변동과 관련해선 아래와 같은 식이 성립됩니다. 그리고 이 식이 나타내는 관계를 우리는 '상대적 PPP'라고 부릅니다(식에서의 ≈는 '거의 같다'는 뜻입니다. 앞 식의 오른쪽에서 분모를 빼고 썼기 때문에 등호가 아닌 이 기호로 바꿨습니다).

$$(S_1 - S_0) \div S_0 \quad \approx \quad \pi_{KW} \quad - \quad \pi_{\$}$$

환율, 즉 달러값의 변동 ≈ 한국의 인플레이션율 − 미국의 인플레이션율

이 식을 좀 더 직관적으로 이해해볼까요? 미국의 인플레이션율이 0퍼센트인데 한국의 인플레이션율이 10퍼센트 수준으로까지 올라간다고 가정해보겠습니다. 식에 의하면 당연히 좌변에 있는 환율 변동의 값은 양수가 될 것입니다. 이는 곧 S_1이 S_0보다 크다는 뜻, 즉 달러값이 1년 후엔 오늘보다 더 비싸질 거라는 뜻입니다. 달리 표현하자

면 앞으로 1년 동안 달러값은 오르고 원화의 가치는 그만큼 상대적으로 하락할 것이라는 의미입니다.

이런 해석은 우리 상식에도 부합합니다. 보통 인플레이션이 발생하면 그 나라의 화폐가치는 그만큼 떨어집니다. 예를 들어 1만 원이었던 냉면 한 그릇의 값이 인플레이션으로 인해 10만 원이 되었다면 돈의 가치는 그 정도만큼 하락한 것과 같습니다. 냉면 한 그릇을 먹기 위해 예전엔 1만 원권 한 장을 내면 됐으나 이젠 10장을 내야 한다는 것은 곧 돈의 가치가 예전보다 10분의 1로 줄어들었다는 뜻이기 때문입니다. 앞의 예에서도 마찬가지로 미국의 인플레이션율은 0퍼센트인데 한국의 경우엔 10퍼센트라 했으니, 원화의 가치는 달러에 비해 하락하게 됩니다.

이러한 상대적 PPP는 회사의 비즈니스 전략에 있어 실제로 어떤 시사점을 가질까요? 이 또한 예를 들어 살펴보겠습니다.

현대자동차가 그랜저 승용차를 미국에서 5만 달러에 팔고 있습니다. 그리고 현재 환율에 따르면 달러값은 1,000원입니다. 미국에서 그랜저 한 대를 팔아 한국 돈으로 바꾸면 5,000만 원이 된다는 뜻이지요.

그런데 달러값이 1,100원으로 올랐고(원화 평가절하), 그에 따라 차량 한 대를 팔아 올린 매출 5만 달러가 이젠 5,500만 원이 되었습니다. 이전보다 500만 원을 더 벌게 된 것이지요. 이는 결국 이익 증가(profit margin)로 이어집니다. 강세가 된 화폐(달러)로 수익을 올린 후 이를 약세가 된 화폐(원화)로 바꾸면 더 많은 원화로 환전할 수 있기 때문입니다.

그렇다면 이젠 조금 다른 전략을 써볼 수 있겠습니다. 환율이 이롭게 변했으니 미국에서 파는 차량의 가격을 5만 달러가 아닌 4만 5,455달러로 낮춘다면 어떨까요? 이 가격에 팔아도 한국 돈으로 환산하면 여전히 5,000만 원이 됩니다. 한 대로 올린 매출은 원화로 여전히 5,000만 원인데 미국에서의 판매가는 4,500달러가량 낮아진 것이지요. 따라서 미국의 소비자들은 똑같은 자동차를 과거 대비 싼 값에 구매할 수 있고, 그 결과 구매자가 늘어 현대자동차는 더 많은 차량을 판매하는 것이 가능해집니다. 더불어 미국 자동차 시장 내에서 현대자동차가 차지하는 시장점유율도 높아집니다.

이렇듯 자국 화폐의 가치가 하락하면 수출시장에서의 경쟁력은 대개 커집니다. 현지 판매가를 그대로 유지해 더 큰 이익을 얻거나, 현지 판매가를 낮추는 대신 시장점유율을 높일 수 있기 때문입니다. 그럼 여러분이 상품을 수출하는 입장이라면 이 두 전략 중 어느 것을 쓰는 편이 더 나을까요?

정답은 여러분의 수출 품목이 갖는 가격민감도(price sensitivity)에 달려 있습니다. 가격이 조금만 낮아져도 수요가 급증해 훨씬 많은 수량을 판매할 수 있다면 당신은 가격민감도가 높은, 즉 가격변화에 민감한 품목을 팔고 있는 것입니다. 이처럼 수요가 가격변화에 민감한 것을 일컬어 경제학에서는 '수요의 가격탄력성(price elasticity of demand)이 높다'고 말합니다. 이와 달리 가격을 낮춰도 수요에 별다른 변동이 없는 상품은 수요의 가격탄력성이 낮은 상품입니다.

탄력성은 상품이 아닌 소비자 특성에서도 나옵니다. 마케팅에서는 가격에 민감한 소비자를 '가격충성도(price loyal)가 높은 소비자', 특정 브랜드에 대한 충성도가 높은 소비자를 '브랜드충성도(brand loyal)가 높은 소비자'라고 부릅니다.

따라서 여러분이 판매하는 상품에 대한 해외 소비자들의 브랜드충성도가 높다면 환율이 유리한 방향으로 변동한다 해도 굳이 현지 판매가를 낮출 필요가 없습니다. 가격탄력성이 낮으니 가격을 낮춰도 시장점유율이 그다지 크게 늘진 않을 것이기 때문입니다. 그러나 가격충성도가 높은 소비자들이 주 고객들이라면 문제가 달라집니다. 가격을 약간만 낮춰도 훨씬 더 많은 소비자들에게 상품을 판매할 수 있고, 그로써 시장점유율을 크게 높일 수 있으니까요.

이런 상황은 수출기업이라면 자주 맞닥뜨리는 문제입니다. 토요타(Toyota)의 사례를 들어보겠습니다. 2013년 8월 「워싱턴 포스트」에는 토요타에 대한 재미있는 기사가 실렸습니다.• 토요타는 2009년부터 2010년대 초반까지 액셀러레이터 페달의 결함과 전자제어 장치의 오류 등으로 전 세계적으로 무려 1,000만 대 이상의 차량을 리콜하며 고전했는데, 그런 토요타의 주가가 2013년 들어 엄청난 상승세로 돌아선 사례를 다룬 기사였습니다.

• Irwin, N., 2013. 8. 2., Toyota is Crushing it. Abenomics is the reason., *The Washington Post*.

기사는 그 원인을 이전 해 말부터 시작된 아베노믹스(Abenomics)에서 찾았습니다. 아베노믹스는 2012월 12월에 선출된 아베 신조(安倍晋三) 수상의 경제 정책으로, 그 중요한 목표 중 하나는 엔화를 약세로 만들겠다는 것이었습니다. 그 결과 토요타는 미국 수출 시장에서 큰 혜택을 입었지요.

그렇다면 이때 토요타 경영진은 어떤 전략을 썼을까요? 현지 판매가를 낮춰 시장점유율을 더 확보하기 위해 노력했을까요, 아니면 기존 가격 그대로 팔면서 더 큰 이익을 얻기로 했을까요? 기사에 따르면 후자의 전략이 선택되었다고 합니다. 토요타에는 가격충성도보다 브랜드충성도가 높은 고객들이 많았던 모양입니다.

지금까지의 이야기를 간단히 정리해보겠습니다. 환율은 두 나라 화폐가 갖는 구매력의 차이를 메울 수 있는 수준에서 결정됩니다. 그런데 인플레이션은 구매력에 영향을 미칩니다. 다시 말해 물건값이 달라지면 구매력도 달라지고, 따라서 환율도 변동합니다. 환율은 물가가 더 많이 오른 나라의 화폐, 즉 구매력이 더 많이 떨어진 나라의 화폐가 상대적으로 더 약세가 되는 방향으로 조정됩니다. 이를 수식으로 정확하게 보여주는 것이 PPP이고요.

이제 환율에 대한 기본 지식이 어느 정도 생기셨겠지요? 그럼 다음 꼭지에서는 환율과 이자율의 관계를 살펴보겠습니다.

5

꼭 필요한 환율 지식 ②: 환율과 이자율

이자율 등가설: 환율은 양국의 이자율 차이를 반영한다

이자율은 이미 언급했듯 돈의 값입니다. 돈을 빌려 쓸 때 지불해야 하는 사용료와 같은 개념이지요. 따라서 이자율은 시장에서 돈에 대한 수요와 공급에 의해 결정됩니다. 사과의 수요와 공급에 의해 사과값이 결정되는 것과 마찬가지 이치입니다.

그러나 많은 국가에서 이자율은 통화 정책 당국이 조정할 수 있는 변수입니다. 가령 한국은행의 금융통화위원회는 거시적 경제상황을 고려해 기본이 되는 정책이자율을 높이는가 하면 그대로 두거나 혹은 낮추겠다는 결정을 내리지요. 그에 따라 이자율이 변하면 당연히 화폐의 가치 또한 변합니다.

이런 점을 보면 환율과 이자율의 관계는 환율과 물가의 관계보다 더 중요하다고도 할 수 있습니다. 물가는 정책 당국이 직접적으로 통제할 수 있는 변수가 아닌 데 반해 이자율은 통화 정책을 통해 조정할 수 있기 때문입니다.

간단한 예를 통해 이자율과 환율의 관계를 알아보겠습니다. 여러분은 지금 주머니에 1억 원이 있고, 이 돈을 앞으로 1년간 어떻게 투자할지 두 가지 방법 중 하나를 선택해야 합니다. 하나는 한국에 있는 은행에 예금해 이자를 버는 것이고, 다른 하나는 달러로 바꿔 미국의 은행에 1년간 예치한 뒤 다시 이를 원화로 바꾸는 것입니다(편의상 이자는 1년 후에 한 번 지급된다고 가정합니다). 전자의 경우엔 한국 은행들의, 후자의 경우엔 미국 은행들의 이자율을 적용받은 만큼의 이자를 벌겠지요.

이는 각각 한국의 채권을 1억 원어치 사는 방법, 그리고 1억 원을 미달러로 바꿔 그만큼의 미국 채권을 사는 방법 중 하나를 선택해야 하는 것과 같은 상황입니다. 이 두 경우를 표로 나타내면 다음과 같습니다.

한국 채권	미국 채권
• 1억 원을 1년 동안 한국 채권에 투자 – 한국 채권수익률 = i_{KW} – 1억 원 × $(1 + i_{KW})$	• 1억 원을 1년 동안 미국 채권에 투자 – 미국 채권수익률 = $i_{\$}$ – 1년 후 이 액수를 원화로 환전하면 – [1억 원 ÷ S(KW/$)] × $(1 + i_{\$})$ × F(KW/$)

한국 채권과 미국 채권에 1억 원을 투자할 경우의 비교.

1억 원을 1년 동안 한국 채권에 투자할 때의 수익률을 i_{KW}라 하면 1년 뒤 회수할 수 있는 원금과 이자의 합은 '1억 원 × (1 + i_{KW})'로 표시할 수 있습니다. 그럼 1억 원으로 미국 채권에 1년간 투자한 뒤의 원금과 이자의 합은 어떻게 나타낼까요?

이때의 투자 원금은 1억 원을 달러로 바꾼 금액, 즉 현재 환율로 조정한 금액이 될 것입니다. 1달러의 가격이 S원이라면 식으로는 '1억 원 ÷ $S_{(KW/\$)}$'이라 쓸 수 있겠지요. 이 원금을 1년간 투자하면 $i_\$$만큼의 이자를 벌 수 있으니 1년 뒤 회수할 수 있는 돈은 원금과 이자를 더한 것, 즉 '[1억 원 ÷ $S_{(KW/\$)}$] × (1 + $i_\$$)'이 됩니다. 이때의 단위는 미달러입니다.

따라서 이 결과값에 해당하는 미달러 액수를 1년 후 원화로 환산했을 때 얼마나 될지 알아보려면 미래의 환율이 필요합니다. 이때의 미래 환율은 '선도환율(forward exchange rate)'이라고 하며 $F_{(KW/\$)}$로 표시합니다. 쉽게 말해 미래에 환율 변동으로 생길지 모르는 위험을 없애기 위해 시장에서 거래당사자들이 '1년 뒤의 달러값을 지금 정해두자'고 합의한 값이 선도환율입니다.

선도환율을 이용해 1년 뒤 회수할 금액을 식으로 표현하면 [1억 원 ÷ $S_{(KW/\$)}$] × (1 + $i_\$$) × $F_{(KW/\$)}$'가 됩니다. 이 금액의 단위는 원화가 될 것이고요. 이렇게 환산한 1년 뒤 회수 금액은 한국의 채권에 1년간 투자했다가 회수하는 금액과 같아야 합니다. 다시 말해 '1억 원 × (1 + i_{KW})'과 [1억 원 ÷ $S_{(KW/\$)}$] × (1 + $i_\$$) × $F_{(KW/\$)}$'의 값이 같아야 한다는 뜻입니다. 만약 이것이 서로 다르면 차익거래의 기회가 생기는데, 이 부분은 조금 뒤에서 다시 다루겠습니다.

$$1\text{억 원} \times (1 + i_{KW}) = [1\text{억 원} \div S(KW/\$)] \times (1 + i_{\$}) \times F(KW/\$)$$

위의 식은 결국 아래의 식과 같습니다.

$$(1 + i_{KW}) = \frac{F}{S} \times (1 + i_{\$})$$

※ $F = F(KW/\$)$, $S = S(KW/\$)$

앞에서 살펴본 PPP의 경우에서 그랬듯 간단한 산수를 이용해 이 식을 정리하면 결국 '근사치'의 관계식은 다음과 같이 줄여서 쓸 수 있습니다.

$$(F-S) \div S \approx i_{KW} - i_{\$}$$

환율 변동 ≈ 한국의 이자율 − 미국의 이자율

앞에서 우리는 '상대적 구매력 등가설'에서 환율 변동은 물가 차이만큼 일어난다는 점을 알아본 바 있습니다. 그런데 이 식에 따르면 환율의 변동은 물가가 아닌 이자율의 차이와 같다는군요. 이를 '이자율

등가설(IRP: interest rate parity)'이라 합니다.

이 식이 의미하는 바를 직관적으로 이해해보도록 하겠습니다. 일단 F는 이미 어떤 값으로 결정되어 있다고 가정한 상태에서 현물환율(S)과 양국 이자율의 관계를 생각해볼까요?

만약 한국이 이자율(i_{KW})을 올린다면 우변의 값이 커지는데, 이는 좌변에서 달러값인 S, 즉 현물 환율(spot rate)이 작아져야 함을 뜻합니다(F는 고정되어 있으니까요). 이는 달러값의 하락, 즉 원화의 평가절상을 의미합니다. 따라서 이자율이 오른다는 것은 곧 그 나라의 화폐가치가 상승한다는 뜻입니다. 이자율이 올랐으니 그 나라에 투자하고자 하는 투자자들이 많아질 테고, 그 결과 그 나라 화폐에 대한 수요가 증가할 것이기 때문입니다.

이번에는 F 대신 S가 이미 특정 값으로 고정된 상태라고 가정해보겠습니다. F는 1년 뒤의 달러값입니다. S에 변함이 없는데 F가 오르면 식에서 우변의 값도 올라야 합니다. 다시 말해 i_{KW}가 $i_{\$}$보다 커진다는 것이고, 이는 한국이 이자율을 올려야 한다는 의미입니다.

그 이유는 무엇일까요? F의 값이 커진다는 것은 곧 '1년 뒤 달러값이 오를 것'이라고 사람들이 예상한다는 뜻입니다. 이는 '앞으로 원화 가치가 떨어질 것'으로 예상한다는 뜻이기도 하기에, 한국은 향후 하락할 원화 가치에 대한 보상으로 이자율을 올려줘야 합니다. 선물시장에서 원화 가치가 떨어질 것으로 예상된다면 투자자들은 원화를 보유하고 싶어 하지 않을 테고, 그에 따라 원화 매도세가 늘어나겠지요.

이럴 때는 한국이 이자율(i_{KW})을 올려주어야 투자자들이 원화를 마구 매도하지 않을 것입니다.

이자율과 환율의 괴리를 이용한 차익거래

앞에서는 이자율 등가설을 이끌어내기 위해 1억 원의 현금을 한국에 투자하든 미국에 투자하든 1년 후의 금액이 동일하다고 가정했습니다. 그런데 만약 그렇지 않다면 어떤 일이 벌어질까요?

한국 채권에 투자하는 것이 미국에 투자하는 것보다 낫다고, 그리고 식을 더 간단히 하기 위해 1억 원 대신 1원을 투자한다고 가정해보겠습니다. 다음 식에서와 같이 부등호가 성립하는 경우지요. 앞서 살펴보았듯 좌변은 1원을 한국에 1년 동안 투자했을 때 벌 수 있는 금액이고, 우변은 1원을 달러로 바꿔(S로 나눔) 이를 1년 동안 미국에 투자한 [$(1 + i_\$)$를 곱함] 뒤 원금과 이자를 다시 원화로 바꾸었을 때(F를 곱함) 벌 수 있는 금액입니다.

$$1 + i_{KW} > \frac{F}{S} \times (1 + i_\$)$$

※ F = F(KW/$), S = S(KW/$)

좌변의 '$1 + i_{KW}$'이라는 액수는 1원을 한국채에 투자할 경우 1년 후에 회수하게 될 금액이자, 1원의 돈을 빌릴 경우 1년 후에 갚아야 할 이자 및 원금이기도 합니다. 이렇게 생각하면 '미국보다 한국 채권에 투자하는 편이 낫다'는 말은 곧 '미국에서보다 한국에서 돈을 빌리는 것이 더 비싸다'는 뜻이기도 함을 알 수 있습니다.

이런 상황에서 환율을 고려해도 한국에 투자하는 편이 낫다면 투자자들은 어떤 생각에 이를까요? 돈은 미국에서 더 싸게 빌릴 수 있으니 너도나도 미국에서 돈을 빌려 한국 채권에 투자하려 할 것입니다. 결과적으로 한국에는 외국인 자본이 쏟아져 들어오게 됩니다.

이 과정을 좀 더 자세히 살펴보겠습니다. 대개의 투자자들이 한국에 투자하길 원하는 상황이 되면 한국 채권에 대한 수요가 높아지고 채권 가격도 상승합니다. 그럼 그에 따라 어떤 결과가 나타날까요?

앞서 우리는 채권 가격이 상승하면 수익률은 하락한다는 점을 알아본 바 있습니다. 수익률, 즉 이자율(i_{KW})이 낮아지는 결과로 이어진다는 뜻이지요. 다른 변수들이 변화하지 않을 경우 이러한 이자율 하락은 앞의 식에서 좌변과 우변의 값이 같아질 때까지 계속될 것입니다.

이 부등식의 S, 즉 현재의 달러값에 대해서도 한번 생각해보겠습니다. 외국인들의 입장에선 한국에 투자를 하려면 원화가 필요할 테고, 원화를 확보하려면 달러를 빌려온 뒤 팔아서 원화로 바꿔야 할 것입니다. 달러를 '판다'는 것은 시장에 공급되는 달러가 늘어난다는 뜻이고, 이는 달러 가치의 하락으로 이어집니다. 달러 가치가 떨어지면 앞의 식에서 분모 자리에 있는 S의 값이 감소하고, 따라서 우변 전체의 값은 커지겠지요. 그리고 이런 현상은 역시 좌변과 우변의 값이 같아질 때까지 계속됩니다.

달러의 이자율을 뜻하는 $i_\$$의 경우는 어떻게 될까요? 원화 투자를 위해 달러를 빌리려는 수요가 증가하면 가령 미국의 은행들처럼 달러를 빌려주는 입장에선 이자율, 즉 $i_\$$를 높이겠지요. 더불어 채권 시장에서는 돈을 빌리기 위한 달러표시 채권(원금과 이자를 달러로 지급하는 채권) 발행이 늘어날 것입니다. 채권 발행이 증가하면 채권의 가격이 하락하고 수익률은 높아지며, 마찬가지로 이 현상 역시 좌변과 우변이 같아질 때까지 계속됩니다.

마지막으로 1년 뒤의 달러 가치를 뜻하는 F에는 어떤 일이 생길지 살펴보겠습니다. 외국인들은 원화로 투자하더라도 1년이 지나면 그 원화를 다시 달러로 바꿔야 합니다. 1년 후엔 달러를 사려는 사람들이 많아질 것이란 의미지요. 이렇게 달러 수요가 증가하니 앞의 식에선 분자 자리에 있는 F의 값이 상승할 텐데, 이는 언제까지 이어질까요? 이제는 아마 여러분도 답을 아실 것입니다. 이 역시 좌우 항의 값이 같아질 때까지라는 것을 말입니다

이 모든 현상이 뜻하는 바는 '앞서와 같이 부등식의 상황을 가정해 본다 해도 결국 이 식은 등식, 즉 좌우가 균형을 이루는 상태로 바뀔 수밖에 없다'는 것입니다. 그리고 이러한 등가방정식은 앞서 이야기한 '이자율 차익거래'에 의해 가능해집니다. 이것이 이자율등가설의 내용입니다.

미국이 이자율을 올리면 한국도 올려야 한다?

코로나19 사태가 벌어지기 전, 미국이 금리를 올린다는 뉴스가 전해지자 '한국은행도 원화 금리를 올려야 한다'는 목소리가 우리나라에 있었습니다. 원화 이자율을 올리지 않으면 외국인 투자자들이 한국에 투자해두었던 채권이나 주식을 매도하고 그 돈을 달러로 바꿔 이자율 높은 미국으로 가져가 투자할 거란 이유에서였지요. 한국에서 외국인 자금이 썰물처럼 빠져나갈 것이라는 걱정이 듬뿍 담긴 주장이었습니다.

그럼 이 주장이 타당한지를 다음의 식으로 알아보겠습니다. 다른 변수들이 변하지 않은 상황에서 미국이 이자율($i_\$$)을 올렸는데 한국은 올리지 않았다면 다음과 같은 상황이 벌어집니다.

$$1 + i_{KW} < \frac{F}{S} \times (1 + i_\$)$$

※ F = F(KW/$), S = S(KW/$)

이 식이 보여주는 것은 한국에서 돈을 빌려 1년 후에 갚아야 할 비용(좌변)보다 그렇게 빌린 돈을 미국에 투자해서 얻는 수익(우변)이 더 크다는 것입니다. 다시 말해 좌변과 우변의 차이는 이자율등가가 성립하지 않을 때 차익거래를 통해 얻게 될 만큼의 이익을 나타냅니다.

미국에서 이자율을 올리면, '다른 변수들이 그대로 있을 경우' 우변의 값이 커지고 그 결과 차익거래 이익도 더 커집니다. 따라서 한국에서 외국인 자금은 썰물처럼 빠져나갈 것입니다.

그렇다면 이는 '한국도 이자율을 올려야 한다'는 우려가 타당하다는 뜻일까요? 그렇지 않습니다. 외국인 자금이 빠져나가는 것은 오직 '다른 변수들이 그대로 있을 경우'에 한해서이기 때문입니다.

미국의 이자율($i_\$$)이 높아진다는 것은 앞의 식에서 우변의 값, 즉 미국 투자 시 얻는 수익이 커진다는 뜻입니다. 그러니 투자자들은 미국에 투자하기 위해 너도나도 달러를 사려 할 테고, 그 결과 달러값(S)은 상승하게 됩니다(이는 다른 변수들이 그대로 있을 경우'라는 가정이 타당하지 않다는 점을 보여줍니다). 수요와 공급에 의해 환율이 달라지는 것이 변동환율제이니 말입니다.

문제는 이렇게 달러 수요의 증가에 따라 달러값이 비싸지면 미국에 투자하여 얻는 수익의 규모가 줄어든다는 데 있습니다. 물건을 만드는 것에 비유하자면 원재료비가 상승하여 결과적으로는 이윤이 감소하는 상황과 비슷하다 하겠지요. 게다가 이런 식으로 투자한 투자자들이 1년 뒤에는 달러화를 원화로 바꿀 것이기에 선물시장에서 원화가치는 상승하게 됩니다. F가 작아지는 것입니다.

이처럼 변동환율제하에서는 환율 변동이 이자율 차이에 의한 자본이동에 제약으로 작용할 수 있습니다. 앞의 식에서 좌변의 값을 우변쪽의 값에서 빼보면 환율 변동으로 인해 그 차익이 상당히 줄어든다

는 점을 알 수 있지요. 그럼에도 이런 점까지 고려하지 않고 그저 이자율만 보며 투자처를 미국으로 바꾸는 투자자라면 자칫 투자를 위해 들이는 비용이 수익보다 커져 결과적으로는 손실을 볼 가능성도 있습니다. 그렇기에 '미국이 금리를 올릴 때 한국은행이 원화 금리를 올리지 않아 양국 이자율에 차이가 생기면 한국에 있는 투자 자금은 엄청나게 많이 빠져나갈 것'이란 우려를 변동환율제하에선 하지 않아도 됩니다.

이 점을 좀 더 확실히 이해하기 위해 상황을 조금 바꿔보겠습니다. 미국이 달러 금리를 올린 것은 동일하지만 우리나라가 고정환율제를 채택했다고 달리 가정해보는 것입니다. 이런 상황이라면 앞서의 식에서 F와 S 값은 같아집니다. 고정환율제라는 것은 달러의 값이 현재든 내년이든 동일하다는 뜻이니까요. 따라서 식은 다음과 같이 간단하게 정리됩니다.

$$1 + i_{KW} < 1 + i_{\$}$$

여기서 환율은 고정되어 있으니 고려할 사항이 아닙니다. 이런 상황이라면 한국에 투자 중인 외국인 투자자들은 어떻게 할까요? 한국보다 미국의 이자율이 높으니 미국에 투자하고 싶은데, 마침 한국은 고정환율제라 달러값이 고정되어 있습니다. 변동환율제가 아닌 덕에 수요 급등으로 인한 달러값 상승을 걱정할 필요 없이 계속해서 달러를 살 수 있을 거란 뜻이지요. 다시 말해 환율 조정 메커니즘이 작동하지 않으니, 한국에 투자해두었던 원화를 편안한 마음으로 얼마든지 달러로 바꿔 미국으로 가져가는 것이 가능하다는 의미입니다.

그렇기에 이러한 고정환율제 상황이라면 외국인들의 투자자금이 한국에서 모두 빠져나갈지 모른다는 우려가 설득력을 갖게 됩니다. 사실 앞서 가정한 '다른 변수들이 그대로 있을 경우'가 곧 고정환율제 상황을 뜻하는 것입니다. 이러한 상황을 막기 위해선 미국이 이자율을 올리면 한국도 그에 따라 반드시 이자율을 올려야 합니다. 미국을 따라 통화 정책을 결정해야 하니 이는 통화 정책의 독자성이 없는 경우라 할 수 있겠습니다.

트릴레마: 세 마리 토끼를 모두 잡을 순 없다

앞서 우리는 이자율 변동은 국가 간 자본이동을 가져올 수 있지만 환율 시스템이 여기에 제약으로 작동하는 예를 살펴봤습니다. 이제는 이 세 변수의 관계들을 정리해보겠습니다. '트릴레마(Trillemma)'라고 불리는 아주 중요한 내용이니 주의 깊게 읽어주시기 바랍니다.

트릴레마는 세 가지 요소가 서로 상충되는 탓에 동시에 모두를 달성하긴 어렵다는 뜻에서 붙여진 명칭입니다. 이때의 세 가지 요소란 ①자본이동의 자유, ②고정환율제, ③통화 정책의 독립성입니다.

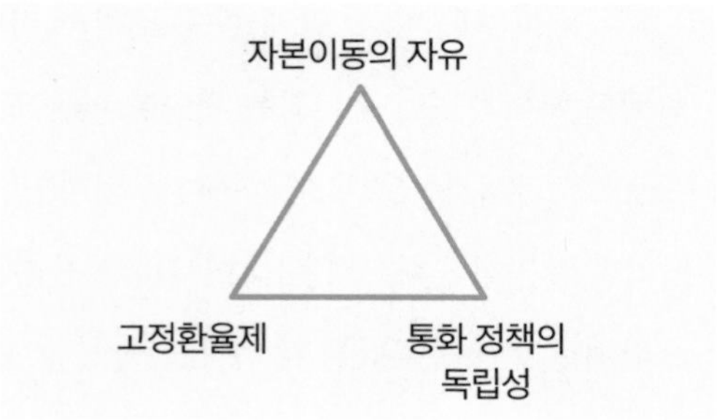

트릴레마의 세 요소는 절대 동시에 병립할 수 없다.

'자본이동의 자유'는 외국의 주식이나 채권 등을 쉽게 매수·매도할 수 있는 상황을 뜻합니다. 우리나라의 투자자들이 미국 주식 시장에서 애플이나 테슬라 주식을 사고파는 것, 혹은 반대로 외국인 투자자들이 우리나라 증시에서 삼성전자 등의 국내 주식을 자유롭게 거래하는 것이 그 예입니다.

'통화 정책의 독립성'은 달러에 대한 미국의 금리 변동 결정과 상관없이 우리나라는 우리의 상황에 맞게 독자적으로 통화 정책을 결정하는 것을 뜻합니다. 만약 다른 나라, 예를 들어 미국이 달러 금리를 올릴 경우 그에 따라 자국의 금리도 반드시 올려야 하는 국가라면 통화 정책이 독립적이지 않은 나라라고 할 수 있습니다.

이 두 가지 요소와 더불어 '고정환율제'까지의 세 요소는 동시 병립이 절대 불가능합니다. 다시 말해 어떤 국가든 지금 얘기한 세 가지 요소 중 두 가지는 동시에 채택할 수 있지만 나머지 하나는 반드시 포기해야 한다는 것이 트릴레마입니다.

정말 한 가지를 반드시 포기해야 하는지 알아보기 위해 어느 국가, 가령 한국이 앞의 세 가지 조건을 모두 갖고 있다고 해보겠습니다. 외국인 투자자들의 투자가 자유롭고, 달러값은 고정되어 있으며, 한국은행의 통화 정책은 미국의 정책과 독립적으로 운용되고 있다고 가정해보는 것입니다. 이런 상황에서 미국이 이자율을 올렸다면, 그리고 한국은 통화 정책이 독립적이니 미국을 따라 이자율을 올리진 않았다면 어떻게 될까요?

그때부터는 여러분이 이미 알고 계신 현상들이 나타납니다. 미국의 비싼 이자를 벌기 위해, 한국에서 낮은 이자로 싸게 빌린 돈을 미국에 투자하려는 투자자들이 많아질 것이란 뜻입니다. 이들은 한국에서 빌린 원화를 미국에 투자하기 위해 달러로 바꾸려 하고, 그에 따라 당연히 한국에서의 달러 수요가 늘어납니다. 그러나 달러값이 고정되어 있는 고정환율제에서는 달러값 상승의 걱정 없이 얼마든지 달러를 살 수 있습니다. 그리고 국가 간 자본이동이 자유로우니 이 돈들은 미국으로 쉽게 옮겨져 투자됩니다. 한국에서 자본이 계속 빠져나가는 것이지요. 뭔가 익숙하지 않으신가요? 앞서 이자율 등가설을 살펴봤을 때 양국의 화폐가치가 고정되어 있는 경우 일어나는 일과 같은 내용이니까요.

자본유출을 막으려면 다음의 셋 중 하나를 반드시 선택해야 합니다. 한 가지는 아예 국가 간 자본이동을 금지해버리는 것입니다. 그렇다면 미국의 이자율이 한국보다 높든 낮든 아예 미국에 투자하는 것이 불가능하니 자본유출을 방지할 수 있습니다. 이는 트릴레마의 세 가지 요소 중 고정환율제와 통화 정책의 독립성을 선택하고 자본이동의 자유를 포기하는 경우가 되겠습니다.

다음 방법은 고정환율제를 포기하는 것입니다. 이렇게 하면 달러값은 시장에서 달러의 수요와 공급에 의해 정해집니다. 그렇습니다. 이 역시 이자율등가설에서 이미 살펴본 부분이지요. 달러에 대한 수요가 높아지면 달러값이 올라 이자율 차익으로 얻는 이익을 상쇄하게 되고, 그 결과 굳이 자본이동을 막지 않더라도 자본이 유출되는 일은 일어나지 않습니다. 사람들로 하여금 이자율 차익거래를 실행하게 만드는 유인이 사라지기 때문입니다.

세 번째 방법은 통화 정책의 독자성을 포기하는 것입니다. 즉, 미국이 이자율을 올리면 한국도 따라 올림으로써 미국에서 투자할 때의 수익이 더 높지 않게끔 만드는 방법입니다. 변동환율제나 국가 간 자본이동이 허용되더라도 이런 상황에선 이자율 차익거래 자체의 수익성이 낮아지기 때문에 투자자들을 미국 시장에 끌어들이는 유인은 감소하게 됩니다.

일례로 외환위기 때의 우리나라 상황을 떠올려볼까요? 당시 한국은 고정환율제를 채택하고 있었고 국가 간 자본이동은 자유롭지 않았습니다. 요즘처럼 국내투자자들이 해외주식에 투자를 하기도 어려웠고 외국인들의 국내주식투자에 대해서도 지분보유에 한도를 두는 등 규제가 심했으니까요. 대신 이자율을 정하는 통화 정책은 미국의 이자율 정책과 상관없이 독자적으로 수립, 시행할 수 있었지요. 그러나 외환위기 이후 한국은 변동환율제를 택하면서 국가 간 자본이동도 자유롭게 허용했습니다. 외환위기 기간 동안 외국인 투자자의 지분한도가 계속 확대되다가 결국엔 폐지된 것에서 볼 수 있듯 말입니다.

중국의 경우를 살펴봐도 트릴레마의 특성을 확인할 수 있습니다. 중국은 관리변동환율제(managed floating exchange rate system)를 도입하고 있지만 이는 사실상 고정환율제나 다름없습니다. 그리고 통화 정책은 미국과 상관없이 자율적으로 운영하지만 그 대신 자본이동을 통제하지요. 그래서 외국인들은 중국 주식에 투자할 시 많은 제약을 받습니다. 이를테면 보통주 타입을 A 주식, B 주식 두 가지로 나누고 A 타입 주식은 중국 국적의 투자자나 따로 자격이 부여된 외국인들만 거래할 수 있도록 제한하는 식입니다. 선전(深圳)거래소와 홍콩거래소 간의 교차거래를 허용하는 선강퉁(深港通), 상하이거래소와 홍콩거래소 간의 교차거래를 허용하는 후강퉁(邑港通) 등의 이벤트성 규제완화를 통해 2010년대 중반 이후 해외의 개인투자자들도 중국에 투자가 가능하게 하고는 있으나 전면개방과는 거리가 멉니다.

종합하자면 트릴레마의 핵심은 세 마리 토끼를 모두 잡을 수는 없다는 것, 그래서 세 요소 중 적어도 하나는 반드시 포기해야 나머지를 얻을 수 있다는 것입니다. 이 점을 기억해두시면 환율이나 이자율과 관련된 정책은 물론 국제 경제의 정세를 이해하는 데도 큰 도움이 될 것입니다.

많이 어려우셨나요? 통화 정책과 마찬가지로 환율과 외환 역시 간단히 설명하기엔 그 범위가 매우 넓은 거시경제적 주제인 것이 사실입니다. 하지만 기초부터 하나씩 확실히 이해하고 넘어가면 큰 시각에서 바라보며 자신의 투자 전략에 참고하는 일도 충분히 가능합니다. 투자 환경과 관련 기술이 발달함에 따라 외국의 주식과 채권, 부동산 등에 직·간접적으로 투자하는 경우가 늘어나는 요즘인 만큼, 환율 관련 지식은 성공적인 투자를 위해서라도 더 이상 외면할 수 없는 필수 요소입니다.

4

투자를 넘어
_ 기업경영의 새로운 흐름

1

거대 기업들의 독점, 규제로 막을 수 있을까

거대 IT 기업들의 성장과 그 그늘

2020년이 동학개미의 해였다면 2021년은 서학개미의 해였습니다. 서학개미들은 해외 기업 중에서도 미국 기업, 그중에서도 특히 빅테크 기업의 주식에 큰 관심을 보였지요. FAANG, 즉 미국 IT 업계를 선도하는 페이스북, 아마존, 애플, 넷플릭스, 구글은 테슬라와 함께 이들의 사랑을 듬뿍 받는 대표적 기업들입니다. 이들이 주식투자자들 사이에서 인기가 많은 이유는 주가가 매우 빠르게 높아지고 있기 때문입니다. 특히 코로나19로 전 세계 경제가 큰 타격을 받은 와중에도 이들 기업의 주가는 급등했습니다.

이런 빅테크 기업들은 향후에도 지속적으로 성장할 것으로 예견되고 있습니다. 스마트폰이 우리 생활에 들어온 뒤로는 과거에 사용하던 2G폰으로 돌아가기 어려워진 것에서 알 수 있듯 기술은 후퇴하는 법이 없습니다. 우리 사회와 세계는 앞으로도 더욱 정보화되고 IT 기술에 힘입어 발전할 것이 분명하지요. 그래서 사람들은 FAANG뿐 아니라 빅테크 기업들이 향후에도 지속적으로 성장할 가능성이 높다고 예상합니다. 실제로 애플과 마이크로소프트(Microsoft)는 시가총액 2조 달러를 뛰어넘으며 세계에서 가장 거대한 기업들이 되었고, FAANG과 마이크로소프트, 테슬라의 전체 시가총액은 미국 S&P500지수의 25퍼센트를 차지할 만큼 큽니다.

그런데 몇 년 전부터 이런 거대 기업들의 독점적 횡포를 우려하고 그에 반대하는 목소리가 커지기 시작했습니다. 구글은 미국 정부가 제기한 불공정행위 관련 소송에 걸렸을 뿐 아니라 우리나라에서도 게임을 비롯한 모든 디지털 콘텐츠 사업자의 인앱(in app) 결제 의무화와 30퍼센트의 수수료 책정 등으로 큰 반발을 불러일으켰지요. 페이스북은 2021년 12월에 '수년간 인스타그램(Instagram)이나 왓츠앱(WhatsApp) 등 소셜미디어 업체들을 인수합병함으로써 시장에서의 독점적 지위를 확보해 소비자의 권리를 침해했다'는 혐의로 미국 연방거래위원회(FTC) 및 46개 주의 법무장관들이 제기한 소송의 대상이 되었습니다.

또 넷플릭스는 한국 콘텐츠 〈오징어게임〉의 전 세계적 흥행으로 엄청난 수익을 거둔 데 반해 한국에서 망 사용료를 내지 않아 논란의 대상이 되었습니다. 애플은 해외에서의 제품 판매 시 협력업체들에게 광고비를 전가하는가 하면, 최근에는 조 바이든 대통령으로부터 '제품 수리에 대한 소비자들의 권리를 통제하는 정책은 독점적 관행이니 시정하라'는 행정명령을 받기도 했습니다. 거대 IT 기업들의 독점과 관련된 여러 논란들은 지금도 계속 진행 중입니다.

독점을 규제하려던 역사적 노력들

사실 독점 관련 논란은 아주 오래전부터 있어왔습니다. 그중 역사상 가장 유명한 것은 아마도 스탠더드 오일(Standard Oil) 석유회사를 둘러싸고 벌어진 논란일 것입니다. 미국의 석유왕 존 록펠러(John Rockefeller)가 클리블랜드에 세운 스탠더드 오일은 1880년대 미국 석유 시장의 90퍼센트 가량을 독점했던 기업입니다.

록펠러는 공격적으로 사업을 확장했습니다. 가장 많이 알려진 예는 당시의 철도왕이었던 코닐리어스 밴더빌트(Cornelius Vanderbilt)와의 전략적 제휴입니다. 록펠러는 클리블랜드에서부터 미국 전역으로 석유를 운송하기 위해 밴더빌트에게 한 가지를 제안했습니다. '우리가 석유 운송을 위해 지불할 철도 운임을 할인해주면 더 많은 석유를 당신의 철도로 운송하겠다'는 내용이었고, 밴더빌트는 이 제안을 수락했습니다.

당시 록펠러가 미 석유시장의 거의 전부를 장악할 수 있었던 것은 석유의 생산·정유와 관련된 기업 40곳 이상을 공격적으로 인수합병한 뒤 스탠더드 오일 트러스트(Standard Oil Trust)로 통합시켰기 때문입니다. 트러스트(trust)는 동종업계의 기업들이 보다 많은 이익을 얻으며 시장을 지배할 목적으로 하나의 자본하에 결합한 독점 형태를 뜻합니다. 1880년대 미국에서는 석유 업계는 물론 철도, 은행 등 각 산업 분야에 이러한 트러스트들이 유행처럼 우후죽순 생겨났는데, 그 결과 시장에서의 경쟁이 방해받고 소비자 선택의 폭이 좁아지는 등 부작용이 속출했습니다.

이런 사태를 바로잡기 위해 1890년에 제정된 것이 바로 미국 최초의 트러스트 금지법인 셔먼 반독점법(Sherman Antitrust Act)입니다. 거대 생산 주체들은 어떤 형태로든 연합을 이뤄선 안 되고, 미국 내 거래·통상에서의 독점이 허용되지 않는다는 내용을 담고 있지요. 셔먼법으로 스탠더드오일은 33개 회사로 분할, 해체되었습니다.

스탠더드오일 중심의 트러스트로 미국 석유 산업을 독점하다시피 한 석유왕 존 록펠러.

독점을 막은 또 다른 법으로는 미국 재무장관 출신의 카터 글래스(Carter Glass)와 은행·통화위원장 헨리 스티걸(Henry Steagall)이 발의하여 1933년에 제정된 글래스-스티걸 법(Glass-Steagall Act)이 있습니다. 미국의 상업은행들이 고객들의 예치금을 무분별하게 투자에 활용했음에도 그것을 제어할 아무런 장치가 없었다는 점이 대공황의 원인 중 하나로 지적되면서 제정된 이 법은 상업은행과 투자은행의 업무를 분할한 중요한 법안입니다.

그러나 빌 클린턴(Bill Clinton) 행정부 시기였던 1999년에 만들어진 그램-리치-블라일리 법(Gramm-Leach-Bliley Act)으로 글래스-스티걸 법은 사실상 폐지되고 말았습니다. 그에 따라 업무 면에서 투자은행과 상업은행의 구분이 다시금 애매해졌고, 이것이 사실상 2008년 금융위기를 불러일으키는 데 중요한 역할을 했습니다.

규제의 역설

이렇게 보면 법안 등의 규제는 시장질서를 위해 반드시 존재해야 하는 것임에 틀림없습니다. 규제의 목적도 사실은 특정 기업의 손발을 묶어두려는 것이 아니라 보다 큰 그림에서의 시장이 원활히 작동해 여러 기업 및 소비자 들에게 긍정적 효과가 돌아가게끔 하기 위한 것이기 때문입니다. 그러나 규제 자체도 인간이 만드는 것이라 애초에 예상했던 것과는 전혀 다른 부작용, 혹은 역설적인 상황을 만들어 내기도 합니다.

규제로 인한 역설의 유명한 예로 시카고 대학의 교수인 샘 펠츠만(Sam Peltzman)의 연구에서 비롯된 펠츠만 효과(Peltzman effect)를 들어보겠습니다.• 미국에선 교통사고율을 낮추기 위해 운전자들의 안전벨트 착용을 법으로 의무화하고 이를 어길 시 벌금을 물렸는데, 그 효과를 연구한 펠츠만 교수는 '안전규제가 강화될수록 사고위험이 오히려 상승한다'는 결론을 내렸습니다. 안전벨트를 착용한 운전자들의 사망·부상률은 낮아졌지만, 외려 이들이 자신은 안전하다는 이유로 운전 시 과거보다 주의를 소홀히 하고 주행 속도도 높인 탓에 전체 사고 발생 건수는 오히려 늘어났던 것입니다.

영국이 인도를 식민 지배했던 시기에도 비슷한 부작용이 있었습니다. 인도에는 워낙 많은 뱀이 서식하고 있었기에 영국 관리들은 인도인들에게 '뱀을 잡아 오면 마리당 얼마씩 값을 치러 사겠다'고 공표했다 합니다. 예상대로라면 사람들이 너도나도 뱀을 잡아 뱀의 전체 개체수가 줄어들어야 했지만 이 또한 그렇지 못했습니다. 더 많은 돈을 받기 위해 사람들이 집에서 뱀을 길렀고, 결과적으로 오히려 이전보다 뱀의 수가 증가했기 때문입니다.

이런 역설들이 벌어질 수 있기에 규제를 가할 때는 그것이 현실적 측면과 크게 부딪히지 않게끔 잘 설계해야 합니다. 특히 경제·금융시장은 많은 요소들이 서로 톱니바퀴처럼 맞물려 복잡하게 돌아가기 때문에 이에 대한 규제는 시장을 방해하지 않으면서도 잘못된 부분을

• Peltzman, S., 1975. The Effects of Automobile Safety Regulation, *Journal of Political Economy* 83, 677-725.

통제, 수정할 수 있도록 매우 섬세하게 이뤄져야 하지요. 하지만 문제는 그것이 말처럼 그리 쉽지만은 않다는 데 있습니다.

규제는 벌을 가하는 것뿐 아니라 상을 주는 것을 통해서도 왜곡됩니다. 혹시 영화 〈빅 쇼트(Big Short)〉를 보셨나요? 2008년 미국의 서브프라임 사태를 다룬 이 영화는 마이클 루이스(Michael Lewis)가 집필한 동명의 책을 바탕으로 하여 만들어졌지요. 국내에도 번역 출간된 이 책에는 다음과 같은 이야기가 나옵니다.●

월가의 트레이더들은 성공을 자신의 공으로 돌리고 실패를 경영진의 탓으로 돌렸다. 이 같은 태도는 훗날 기업들에게도 전염되어 기업들은 좋은 시절에는 정부의 필요성을 무시했고, 나쁜 시기에는 정부의 도움을 요청했다. 성공은 개인의 성취의 결과였고, 실패는 사회적 문제였다.

글에 나오듯 월가의 트레이더들은 투자에 성공할 땐 엄청난 보너스를 받았지만, 실패로 돌아간 투자는 경영진과 회사 탓으로 여겼으며 그에 더해 정부의 도움까지 요청했습니다. 말하자면 국민의 세금으로 기업들을 구제해달라고 손을 내밀었던 것입니다.

이런 일이 자꾸 벌어지다 보면 투자회사나 트레이더들은 도덕적

● 마이클 루이스, 이미정 역, 『빅 숏』, 비즈니스맵, 2010.

해이에 쉽게 물들기 마련입니다. 실패해도 국가에서 물어주고 손해를 보전해줄 테니 훨씬 공격적으로 투자에 나서겠지요. 여러 기업들이 이와 같은 행태를 보일 경우 시장이 더욱 혼탁해질 것은 불 보듯 뻔한 일입니다.

이런 분위기의 월가를 그대로 두어선 안 되며 규제를 가해야 한다는 여론이 들끓은 것은 당연한 귀결이었습니다. 월가의 투자은행들이 고객들의 돈으로 무분별하게 투자하는 행위, 또 그렇게 하다가 실패하면 국민들의 세금으로 구제받게 하는 일이 없도록 막아야 한다는 목소리가 높아진 것입니다. 이런 취지로 버락 오바마(Barack Obama) 정부 시절이었던 2010년 7월에 발표된 법안이 도드-프랭크 법(Dodd-Frank Act)입니다. 2008년에 있었던 것과 같은 글로벌 금융위기가 재발하지 않도록 월가의 주요 금융 기업에 대한 규제 및 감독을 강화하는 이 법은 그 범위와 내용이 실로 방대합니다.

이 법안으로 투자은행들의 잘못된 투자 행태를 금지한 것까지는 좋았습니다만, 여기에서도 또 다른 규제의 역설이 나타났습니다. 그 중 한 가지 예를 들자면 이렇습니다.

2008년에 월가의 회사들은 여러 채권들, 그리고 그것들을 패키지로 구성한 파생 상품들을 상당히 많이 판매했습니다. 그러다 금융위기가 터졌고, 그와 관련하여 2008년의 채권 상품 판매 양상을 살펴보니 위험도 높은 상품들의 판매고가 매우 높았다는 점이 밝혀졌습니다. 위험이 지극히 큰 그 상품들이 많이 팔릴 수 있었던 것은 놀랍게도 그것들의 신용등급이 높았기 때문이었습니다.

앞서 나온 채권 관련 꼭지에서 살펴봤듯, 채권 및 그것에서 파생된 상품들은 신용평가사로부터 평가등급을 받게 되어 있습니다. 미 국채처럼 가장 높은 AAA 등급을 받는 상품은 투자 안정성이 매우 높고 이후 B, C, D 등급의 상품들은 뒤로 갈수록 위험도가 높아집니다. 그런데 2008년에 월가에서 많이 판매된 채권 상품들은 위험이 매우 컸음에도 신용평가 면에선 안정권에 해당하는 등급을 받았습니다. 때문에 등급 표시를 본 투자자들은 안심하고 해당 상품들을 구입했던 것입니다.

도드-프랭크 법을 바탕으로 시행된 여러 규제 중 하나는 바로 신용평가사들로 하여금 파생 상품들의 신용평가 등급을 제대로 매기게 하는 것이었습니다. 위험이 큰 투자 대상인데 그것에 높은 신용등급을 부여하면 크게 처벌받을 거라 공표한 것입니다. 이는 투자자들에게 상품에 대한 정확한 정보를 제공하고, 잘못된 투자로 시장에서 발생할 혼란을 사전에 예방하는 등 시장 및 투자자들을 보호하기 위한 올바른 규제로 보였습니다.

그러나 몇 년이 지난 뒤 발표된 한 논문에서는 이 규제로 인한 역설이 밝혀졌습니다. 도드-프랭크 법이 시행된 이후 신용평가사들은 채권 상품들에 과거보다 전반적으로 낮은 신용등급을 부여했습니다. 높은 등급을 매겼다가 나중에 사고가 날 경우 자신들이 지게 될 책임이 두려웠기에 아예 보수적으로 행동한 것이지요. 그 결과 신용위험이 큰 채권에든 낮은 채권에든 엇비슷하게 낮은 신용등급이 매겨지니 투자자와 시장의 입장에선 어떤 상품이 안정성과 투자 가치가 높은지를 구분하기가 어려워졌습니다.

신용평가사들의 이런 행태는 자신들의 책임을 회피하고 시장에 혼란을 일으킨다는 점에서 도덕적 해이라 할 수 있습니다. 도드-프랭크 법안과 관련된 이 예는 법을 만들어 기업들의 도덕적 해이를 막고 시장이 건전하게 작동하게끔 하는 일이 얼마나 어려운지를 우리에게 잘 보여줍니다.

규제와 포퓰리즘

역설이라 할 순 없지만 규제가 정치인이나 이익집단 등으로 인해 왜곡되는 경우도 있습니다. 미국 경제학자 맨커 올슨(Mancur Olson)은 1965년 『집단행동의 논리(Logic of Collective Action)』라는 대표작을 발표했습니다. 소수의 이익집단들이 얻는 이익을 위해 대다수 국민이 그 비용을 나누어 부담하는 현실을 설명한 저서였지요.

1만 명 정도의 회원이 속해 있는 '달봉이조합' 혹은 '고칼로리연합회'와 같은 가상의 단체가 정치인들과 로비로 결탁하는 경우를 상상해보겠습니다. 만약 어떤 법이 제정된다면 이 단체는 그 법에 따라 100억 원가량의 지원금을 받을 수 있습니다. 단체 입장에서는 좋은 일이지요. 그런데 그 법이 집행되는 데는 1,000억 원 정도의 비용이

들고, 이는 국민들의 세금으로 충당되어야 합니다. 온 국민이 1,000억 원의 손해를 입어야 하지만 자신들에게는 100억 원의 이익이 생기니 이 단체는 정치인들에게 해당 법이 제정될 수 있게 힘써달라며 로비를 벌입니다. 그럼 국민들은 이에 어떤 반응을 보일까요?

가령 국민의 수가 1,000만 명이라면 이 법의 제정으로 발생할 손해 1,000억에 대한 1인당 부담금은 1만 원이 됩니다. 1,000억 원은 매우 큰 돈이지만 이를 인구수로 나눈 값은 매우 작은 돈에 불과하기에 국민들은 이런 사안을 '합리적으로 무시'하기 쉽습니다. 관심을 덜 둔다는 뜻이지요. 100억 원의 이익을 위해 관련 단체는 적극적으로 로비를 벌이는 데 반해 국민들은 별 관심을 두지 않으니 정치인들은 자연스레 로비에 응하게 됩니다.

이렇듯 각 이익단체들은 자신들의 공통적 이익을 위해서라면 그것이 더 큰 비용을 야기한다 하더라도 정치인들의 포퓰리즘을 겨냥한 로비를 벌이고, 결과적으로 그런 이기적 사안들은 법제화될 위험이 있다는 것이 『집단행동의 논리』의 핵심입니다.

독점을 노리는 빅테크 기업들의 전략

지금까지 살펴봤듯 독점으로 인한 폐해를 없애려는 규제, 시장질서를 바로잡아 유지하기 위한 규제들은 비록 역설적 결과를 일으키는 경우도 있었지만 아주 오래전부터 지속적으로 만들어져왔습니다. 그만큼 독점, 시장질서, 규제는 새삼스러운 키워드가 아니라는 뜻도 되겠지요. 그러나 최근 몇 년 사이에 이와 관련된 논란들이 다시 점화된 것은 빅테크 기업들의 비즈니스 양상에서 비롯된 바가 큽니다. 이들의 경영 전략은 그야말로 노골적으로 독점을 향해 나아가고 있기 때문입니다.

일례로 글로벌 결제업체 페이팔(Paypal)의 공동 창립자이자 페이스북의 초기 투자자이기도 했던 피터 틸(Peter Thiel)은 다음과 같은 말들을 하기도 했습니다. "경쟁은 패배자들을 위한 것이다." "지속적인 가치를 창출하고 포착하려면 독점적 가치를 추구해야 한다." "창업자가 항상 추구해야 할 것은 독점이지 경쟁이 아니다." 한마디로 요약하자면 '제일 좋은 전략은 독점'이라는 뜻입니다. 자신만이 할 수 있는 것을 찾고 연구해 시장에 내놓으면 경쟁자와 피곤하게 경쟁할 일이 없고, 그것이 그 사업에서 이기는 방법이라는 이유에서입니다.

그러나 이는 기업 경영자로서의 논리일 뿐, 소비자 후생의 관점에서 보자면 독점은 좋은 것이 아닙니다. 독점을 지향하는 기업이라면 아무래도 공격적 인수합병을 전개할 테고, 회사 규모를 키울 것이며, 신생 기업들이 시장에 들어오지 못하게끔 진입장벽도 만들 것입니다. 소비자 입장에서 보자면 합리적 가격에 좋은 품질의 상품을 내놓기 위해 다양한 기업들이 서로 선의의 경쟁을 펼치는 것이 바람직하지만, 근래 급성장한 FAANG이나 마이크로소프트 등의 기업들은 이러한 독점 전략을 드러내놓고 설정, 실행하고 있다는 것이 문제입니다.

일례로 마이크로소프트의 경우를 한번 볼까요? 오래된 얘기지만 인터넷이 처음 등장했을 때 사람들 사이에서 가장 큰 인기를 끌며 많이 사용된 웹브라우저는 넷스케이프(Netscape)였습니다. 그러나 당시 마이크로소프트 CEO였던 빌 게이츠(Bill Gates)는 자사 웹브라우저인 인터넷 익스플로러(Internet Explorer)의 점유율을 늘리기 위해 이를 윈도우(Windows) 제품에 끼워 파는 공격적 전략을 폈습니다.

이 싸움에서 밀린 넷스케이프의 시장점유율이 급속히 떨어지자 1998년 5월 미국 연방법원은 마이크로소프트를 대상으로 독점금지법 위반 소송을 제기했습니다. 그중 일부 혐의와 관련해서는 마이크로소프트가 패소했지요. 그러나 이미 기울어진 시장의 흐름을 되돌리기엔 역부족이었습니다. 소송이 끝날 무렵엔 인터넷 익스플로러의 시장점유율이 이미 엄청나게 성장해 있었고, 넷스케이프는 시장에서 사라지고 말았습니다. 결과적으로 마이크로소프트의 '인터넷 익스플로러 끼워 팔기'는 시장 독점을 목적으로 사용된 반칙이었던 것입니다.

아마존 역시 독점 논란 시 지속적으로 등장하는 기업입니다. 처음에는 온라인 서점으로 작게 시작했으나 점차 판매 카테고리와 품목을 늘려 이제 아마존은 세상의 모든 물건을 취급하는 전자상거래 플랫폼이 되었습니다. 뿐만 아니라 클라우드 컴퓨팅, 물류, 제3자 판매, 미디어 콘텐츠 등 매우 다양한 사업을 전개하며 지금도 무섭게 성장하고 있지요. 때문에 미 정부는 아마존이 독점 이슈와 관련되는 일을 저지르진 않는지 지속적으로 관찰하고 있습니다.

거대 기업들에 대한 견제의 움직임들

특히 바이든 행정부는 독점적 권력을 형성해나가는 빅테크 기업들에 맞서 싸울 전사들을 정부 관료로 임용하고 있습니다. 대표적 인물이 컬럼비아 대학 교수로 2021년 6월에 초당적 지지를 받으며 미국 연방거래위원회의 최연소 위원장으로 발탁된 리나 칸(Lina Khan)입니다.

칸은 예일대 로스쿨에 재학 당시 「아마존의 반독점 역설(Amazon's Antitrust Paradox)」이라는 논문을 발표하며 크게 주목받았습니다. 그간 많은 사람들이 품었던 '아마존은 독점적 기업인 것 아닐까?'라는 의심을 확신으로 바꿔준 논문이었지요.

이 논문에서 칸은 '아마존 같은 온라인 플랫폼 제공자는 그 플랫폼상에서 제품을 판매하는 판매자들과 경쟁할 수 없도록 규제해야 한다'는 주장을 폈습니다. 예를 들어 아마존과 같은 플랫폼 사업자는 자신들의 플랫폼에서 사고팔린 상품들의 거래내역을 데이터로 확인하고, 그중 수익성 높은 것들을 아예 자신들이 직접 조달해 판매할 수 있습니다. 해당 플랫폼을 이용해 장사하던 소매업체들의 뒤통수를 칠 수 있는 것이지요.

빅테크 기업들의 독점적 지위와 폐해를 연구, 최연소 연방거래위원회 위원장으로 발탁된 리나 칸.

그럼에도 기존 독점 규제의 틀, 즉 소비자 후생의 관점에서 독점을 바라보는 방식으로는 이런 반칙을 금지하는 것이 불가능합니다. 어쨌거나 소비자들은 해당 재화를 보다 저렴한 가격에 구입할 수 있으니 소비자 후생 면에서 보자면 후퇴가 아닌 증대된 것으로 여겨지기 때문입니다. 이런 폐단을 막기 위해 플랫폼 사업자에 대해선 플랫폼 사업이라는 본연의 역할만을 충실히 행하고 판매 경쟁엔 뛰어들지 못하게끔 규제해야 한다는 것이 칸의 주장이었습니다.

칸은 보다 공격적인 주장도 폈습니다. 아마존과 같은 전자상거래 플랫폼이 여러 개라서 서로 경쟁하며 발전한다면 좋겠지만 실제로는 그런 플랫폼 자체가 얼마 없었던 데다 그중 유일하게 살아남아 시장을 독식, 독점하게 된 것이 아마존이지요. 칸은 이렇게 생겨난 거대 플랫폼들이 일종의 '자연독점'에 이르게 된다는 점을 지적했습니다. 사실 여타 분야보다 네트워크 효과(많은 사람이 사용해야만 성행할 수 있는 특성)가 중요한 플랫폼 사업에선 이러한 자연독점 상황을 피하기가 불가능한 일일지도 모릅니다.

이에 대해 칸은 '이런 식으로 생겨난 거대 플랫폼은 모든 사람들이 사용하는 공공필수 시설로 지정, 독점적 지위에서 사회와 시장질서에 피해를 끼치지 못하게 해야 한다'고 주장했습니다. 자연독점에 대항하는 것이 아니라 그 독점이 사회에 유리한 방향으로 작동할 수 있게끔 만들자는 것이었지요. 진보적이고 강력한 이런 주장 덕에 칸은 '아마존 킬러'라는 별명을 얻었지만 바이든 행정부로부터 인정을 받으며 연방거래위원회 위원장으로 영입되었습니다.

독점을 통한 거대 기업들의 영향력에 대한 우려는 그들이 정치권력화될 수 있다는 우려로까지 나아갑니다. 시카고 대학 경영대학원의 루이기 진갈레스 교수는 2014년에 출간한 『사람들을 위한 자본주의(A Capitalism for the People)』에서 독점화가 시장질서에 미치는 혼란을 일찌감치 지적했을 뿐 아니라 그 거대 기업들이 정치권력화됨으로써 갖는 힘을 분산시켜야 한다고 주장했습니다.

컬럼비아 대학 법학대학원의 팀 우(Tim Wu) 교수 역시 독점이 자유민주주의에 대한 도전이라고 말합니다. 저서 『빅니스(The Curse of Bigness)』에서 그는 거대 기업들에게 산업이 점차 집중됨에 따라 그들이 갖는 사적 경제권력이 비대해졌고, 이러한 경제적 독재를 계속 허용하면 자유민주주의를 붕괴시키며 정치적 독재로까지 이어질 수 있음을 경고했습니다. 그는 이 문제의 해결을 위해 기업들의 합병 기준 강화, 엄격한 시장조사법 채택, 거대 기업들의 해체, 그들의 독점적 수익에 대한 재분배 방법 연구 등의 규제 방안을 제시했습니다. 바이든 대통령은 우 교수 역시 중용하여 대통령 직속 국가경제위원회(NEC) 기술·경쟁 정책담당 대통령 특별보좌관으로 임명했습니다.

규제라는 것도 사실 인간이 만들어낸 제도이기에 완벽한 해결책이 될 수는 없습니다. 하지만 거대 기업들, 특히 IT 기술을 바탕으로 하는 빅테크 기업들의 권력은 나날이 커지고 있는 것이 사실입니다. 이런 문제는 시장에만 맡겨둔다 하여 해결될 것이 아니기 때문에 이들의 권력을 적절히 제한, 축소하는 규제들이 필수적으로 마련되어야 합니다. 물론 규제의 역설에서 보았듯 그 부작용은 최소화해야 하겠지요. 말이야 쉽지만 사실 아주 어려운 일이 될 것입니다.

빅테크 기업들의 독점 논란이 바다 건너 미국만의 일이 아닌 이유는 한국에서도 네이버와 카카오 같은 IT·플랫폼 기업들이 전방위적으로 사업 영역을 넓히며 힘을 키워가고 있기 때문입니다. 앞으로 바이든 행정부가 거대 기업들을 대상으로 어떤 규제들을 내놓으며 이 문제를 풀어나갈지 우리도 계속해서 지켜봐야 하는 이유입니다.

2

기업의 주인은 정말 주주일까

주주, 주인으로서의 권리를 위해 나서다

특정 주식을 선택해 장기투자하는 것은 한국에서 그다지 환영받는 투자 방식이 못 됩니다. 장기투자가 단기투자보다 개인투자자들에게는 더 나은 방식이라고 생각되긴 하지만 현실에선 전혀 그렇지 못하지요. 믿는 도끼에 발등 찍히기 딱 좋기 때문입니다.

이때의 '발등'으로는 여러 가지가 있습니다. 보통 인수합병의 타깃이 된 기업은 주가가 오르는 것이 일반적이지만, 용이한 합병을 위해 스스로 주가폭락을 유도하는 경우도 적지 않습니다. 기존 회사의 핵심 사업부문을 의도적으로 독립시켜 물적분할한 뒤 이를 상장시키는 것 또한 투자자들을 배신하는 예입니다. 빅맥 세트에 비유하자면 빅

맥만 따로 빼서 상장시키는 셈이지요. 빅맥이 빠져버린 빅맥 세트에 아무 의미가 없듯 이런 상황이 되면 기존 회사의 주가는 자연히 폭락하지만, 그럼에도 경영진은 주주들에게 아무런 보상을 해주지 않습니다. 이런 못된 방식은 특히나 최근에 주주들의 질타를 집중적으로 받고 있는 범죄적 행태입니다. 그런가 하면 어떤 기업들은 총수의 자녀들이 성장하면 상속을 돕기 위해 그룹 차원에서 일감 몰아주기를 시작하고, 자진상폐를 통해 소액주주들에게 피해를 주면서도 지배주주에게 유리한 배당정책이나 구조조정을 실행하기도 합니다.

그래서 주주들은 폭발하기 시작했습니다. 뉴스를 보면 버스 시위나 피케팅 등의 전통적인 방법(?) 이외에도 집단행동의 움직임이 커져가는 것을 알 수 있지요. 또 기업지배구조를 바로잡고자 하는 전문가 집단들도 많아졌고요.

이런 일들은 '비록 소액의 주식을 보유한 주주라도 회사의 주인'이라는 권리의식이 향상된 결과로 해석할 수 있습니다. 이전까지는 대주주나 오너 일가 등을 중심으로 이익구조가 만들어졌고, 그에 따라 소액주주들은 권리나 이익을 보장받지 못한 채 일방적으로 경영진들의 의사결정을 따라야 했습니다. 그러나 대주주들의 과도한 권리 및 횡포는 부당하다는 사회적 여론이 형성되면서 소액주주들이 기업의 주인으로서 자신들이 갖는 권리를 지키려는 움직임도 나타나게 된 것입니다.

'기업의 주인은 주주'라는 표현은 주식투자와 관련된 여러 서적들에서도 쉽게 접할 수 있습니다. 이런 책들에서 주주는 그저 주식이라는 이름의 증서를 보유한 존재가 아니라 해당 회사의 발전을 위해 동업자의 마음으로 투자하고, 그 회사가 성공하면 그에 따르는 과실을 함께 나누는 존재로 설명되곤 하지요.

그런데 한 번쯤 의문이 떠오르신 적은 없으신가요? '기업의 주인은 정말 주주인 걸까?' 하는 의문 말입니다.

'기업의 주인은 주주'라 하는 이유

경영자, 채권자, 주주, 직원, 소비자, 협력업체 등 하나의 기업과 연계되어 있는 사람이나 존재는 매우 많습니다. 그런데 그중에서 유독 '주주'만이 기업의 주인이라 이야기되는 이유는 무엇일까요? 그 힌트는 기업의 재무상태표에서 얻을 수 있습니다.

재무상태표는 그 기업이 갖고 있는 자산의 구성을 보여줍니다. 다음 그림에서 보듯 기업의 자산은 자본과 부채의 합으로 나타낼 수 있습니다. 그런데 주주는 앞서 말한 존재들 중 기업의 '자산'이 증가함에

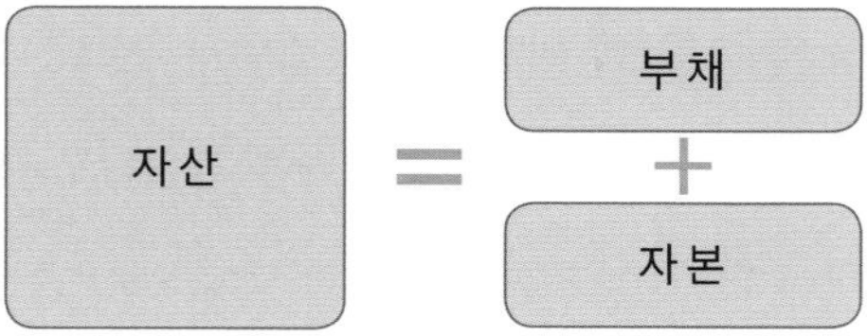

기업의 재무상태표.

따라 실제로 이익을 보는 유일한 주체입니다. 그 이유는 무엇일까요?

부채가 늘면 자산이 증가하지만 그 역이 반드시 참인 것은 아닙니다. 자산이 증가한다 해서 반드시 부채가 늘어나는 것은 아니라는 뜻이지요. 대개의 경우 부채는 고정된 액수입니다. 회사가 어딘가에서 100억 원을 빌렸다면 양측이 미리 합의한 이자와 함께 그 원금을 갚으면 되고, 예전보다 돈을 더 벌었다 해도 원금과 이자 이상을 갚을 필요나 의무는 없습니다. 다시 말해 채권자의 입장에서는 그 회사의 자산이 얼마로 증가하는가와 상관없이 그저 그 기업이 자신에게 빌려간 돈을 갚는 것만이 중요합니다. 채권자는 기업의 부채에 해당하는 금액을 돌려받을 권리가 전부일 뿐, 해당 회사의 가치가 커지는 것과는 아무 관련이 없는 주체인 것입니다. 그렇기에 채권자들에게는 기업을 키워나가려는 욕심이 없습니다.

하지만 주주들의 입장은 이와 다릅니다. 회사가 부채를 갚고 남은 모든 자산은 자본에 속하기 때문에 회사의 자산이 커질수록 자신들이 차지하는 몫도 커지지요. 그래서 주주들은 더욱 열심히 회사의 가치를 계속 키우려 하는 것입니다.

이를 이렇게도 설명해볼 수 있겠습니다. 기업 이익의 원천은 매출(sales)입니다. 이 매출에서 발생한 돈은 그에 기여한 주체들에게 차례차례 지급됩니다. 기업은 우선 매출에 기여한 회사 임직원들에게 급여를 주고, 매출을 위해 수입한 자재나 원료 등 제반 요소에 관한 비용도 물론 지급합니다. 이런 과정을 거치고 나면 매출액 중 영업이익

(EBIT)이 남고, 이것으로는 채권자들에게 줘야 하는 이자비용 및 국가에 내야 할 세금을 지불합니다. 이렇듯 해당 회사로부터 돈을 받아야 할 주체들에게 차례로 지급을 완료하고도 남는 돈이 있으면 그것이 주주들의 몫이 됩니다.

이와 연관되는 개념이 '잔여청구권(殘餘請求權; residual claim)'입니다. 잔여청구권의 사전적 의미는 '기업의 우선적 채무를 제외한 후 주주 또는 특정 권리자가 남은 이윤에 대하여 청구할 수 있는 권리'입니다. 앞서 살펴보았듯 임직원, 채권자, 국가 등의 특정 권리자들에게 지급한 뒤 남은 부분에 대한 청구권이므로 잔여청구권이라는 명칭이 붙은 것이지요. 간단히 말하자면 자산 중 부채를 갚은 뒤의 나머지, 그것이 주주의 몫이라고 생각하시면 됩니다. 잔여청구권에 대한 권리를 가졌다는 의미에서 주주들은 '잔여청구권자'라고 불립니다.

이처럼 주주들은 회사의 자산이 커질수록 더 많이 가질 수 있는 유일한 주체이기에 회사 가치가 더욱 커지기를 누구보다 원합니다. 이것이 주주가 기업의 주인이라고 받아들여지는 이유이고, 이런 사고를 주주우선주의(shareholder primacy) 혹은 주주자본주의라고 부릅니다.

주주자본주의와 관련해서는 1970년 11월에 밀턴 프리드먼이 「뉴욕타임스(The New York Times)」에 기고했던 글이 자주 인용됩니다. 그 글에서 프리드먼은 '기업의 사회적 책임은 오직 이윤 극대화에 있다', 즉 이윤을 극대화함으로써 주주들의 부를 늘려주는 것이 기업이 갖는 유일무이한 책임이자 의무라고 주장했는데, 이를 '프리드먼 독트린

(Friedman doctrine)이라고 합니다.

1919년 미국 미시간주 대법원에서는 주주우선주의와 관련된 역사적 판례가 나옵니다. 포드(Ford)의 경영자인 헨리 포드(Henry Ford)와 대주주이자 경쟁사인 닷지(Dodge)의 다툼에 관한 판결입니다.

헨리 포드는 회사의 직원들과 노동자, 소비자 등을 고루 중시하는 경영철학을 갖고 있었습니다. 회사가 차를 만든다 한들 자신의 회사에서 일하는 노동자들이 그 차를 살 수 없다면 의미가 없으니 사내 직원들에게 최선의 대우를 해야 한다는 것이었지요. 그래서 그는 회사가 벌어들인 큰 이익을 주주들에게 특별배당으로 지급해 환원하는 대신 자동차 가격을 할인해 보다 많은 소비자들에게 판매함으로서 그들의 후생을 증대시키자는 정책을 택합니다. 물론 여기에는 낮은 가격에 차를 판매함으로써 시장점유율을 높이려는 속셈도 있었겠지요. 그러나 포드의 지분을 10퍼센트가량 보유하고 있던 대주주이자 경쟁사였던 닷지가 이에 불복, 소송을 제기했고 결국 법원은 주주들에게 특별배당을 지급하라며 닷지의 손을 들어줍니다.

이 판결은 기업이 사회적 이익보다 주주를 위한 정책을 펼쳐야 한다는 주주우선주의의 효시로까지 평가받습니다. 그러나 이 판결의 의미를 주주우선주의의 관점에서 바라보는 시각을 비판하는 의견도 있습니다. 당시 포드가 배당을 지급하지 않기로 결정한 것은 경쟁사인 닷지에게 대규모 배당이 지급되는 상황을 방지하고자 하는 전략적 판단에 의한 것이었다는 이유에서입니다.

주주우선주의에 대한 반성

어떤 시각에서 보자면 주주들은 회사와 이해관계가 얽힌 수많은 주체들 중 가장 무책임한 존재로 여겨지기도 합니다. 회사에 좋지 않은 일이 생겨 주가가 떨어질 가능성이 조금이라도 발생하면 그저 주식을 팔고 나가면 그만이기 때문입니다.

하지만 이는 주인이 취해야 할 대응이라 할 수 없습니다. 주인의식이 있다면 오히려 회사와 고통을 함께 감내하겠다는 의지를 보일 테니까요. 사실 기업에 무슨 일이 생길 경우, 직원들은 선뜻 사표를 내거나 하여 회사를 떠나기가 어려운 데 반해 주주는 가장 먼저 주식을 처분하며 손을 떼는 주체이기 쉽습니다. 또 주식시장에서의 단기 투자자, 특히 고성능 컴퓨터와 알고리즘 등으로 무장하고 1초당 수차례 주식을 사고파는 초빈도매매(HFT: hight frequency trading)로 수익을 거두는 투자자들을 기업의 주인이라 하는 것도 어불성설입니다. 그에 따라 주주우선주의라는 논리와 시각에 대한 반성이 여러 사람들을 통해 자연스레 대두되기 시작했습니다.

주주우선주의와 관련하여 각성의 목소리가 나오게 된 중요 배경으로는 2008년 금융위기로 인해 밝혀진 월가 기업들의 탐욕에 대한 비판 및 반성을 꼽을 수 있습니다. 특히 국민의 세금으로 살려내야 하는 부실기업의 경영자들조차 엄청난 상여금과 급여를 챙긴다는 사실이 보도되면서 사람들의 분노는 임계점에 달했지요. 기업 경영자들에게 지급되는 고액의 연봉은 그들이 주주들을 위해 회사를 경영하는 것에 대한 보상으로 여겨져 그간 나름의 정당성을 인정받아왔습니다. 하지만 국민의 세금으로 마련된 구제금융 지원금이 금융위기의 발생에 상당 부분 책임이 있는 경영자들에게 보너스로 지급된다는 사실은 당연히 용납 불가능한 것이었습니다. 이에 대한 분노는 '월가를 점령하라(Occupy Wall Street)'와 같은 시민운동으로 이어졌습니다.

경영자들 중에도 주주우선주의에 대해 비판의 목소리를 내는 인물들이 있었습니다. 그중 가장 큰 놀라움을 준 사람은 제너럴 일렉트릭(GE: General Electric)의 회장이었던 잭 웰치(Jack Welch)입니다. 1981년 GE의 최연소 회장이 된 웰치는 당시 120억 달러였던 GE의 시가총액을 이후 4,100억 달러로 키우면서 경영의 귀재라는 명성을 얻었지요. 그렇게 회사를 키우는 과정에서 그는 5년간 무려 10만 명에 달하는 임직원을 해고했는데, 그때마다 주주가치 제고를 위해 어쩔 수 없었다는 이유를 들었습니다. 그렇게 엄청난 구조조정을 하지 않으면 회사를 되살리고 주가를 올리기 어렵다는 뜻이었습니다.

그런데 금융위기 이후 2009년에 가진 어느 인터뷰에서 웰치는 주주우선주의를 두고 "세상에서 가장 멍청한 아이디어(the dumbest idea in the world)"라고 하여 사람들을 놀라게 했습니다. 그전까지 주주우선주의의 화신과도 같았던 인물이 '주주만을 위해 일해서는 안 된다'는, 기존에 자신이 말하고 행동해왔던 바와 정반대되는 얘기를 했기 때문이었습니다.

도전받는 신자유주의

2011년 9월 17일에 미국에서는 월가 점거 운동이 시작되었습니다. 이 운동에 참여한 이들은 '(우리의) 자본주의는 제대로 작동하지 않는다', '자본주의는 1퍼센트의 정치·금융 분야와 부유한 사람들이 아닌, 우리와 같은 99퍼센트의 평범한 이들을 위해 움직여야 한다'는 주장을 폈지요.

이는 지금으로부터 10년도 더 된 일입니다. 그러나 주주우선주의에 대한 각성의 목소리는 이후 미국에서 계속되었습니다. 일례로 2020년 미국 대선 당시 민주당 경선 후보였던 진보적 성향의 엘리자베스 워런(Elizabeth Warren) 상원의원은 '책임 있는 자본주의법(Accountable Capitalism Act)'이라는 법안을 제시했습니다.

월가 기업들의 탐욕에 분노한 시민들이 일으킨 월가 점거 운동. '자본주의는 제대로 작동하지 않는다', '월가를 점거하라' 등의 문구가 눈에 띈다.

이 법안의 핵심 내용은 '기업은 주주 이익의 극대화를 중심에 두고 그에 대해서만 책임을 지려 하는 주주우선주의적 경영 행태를 끝내고 기업과 연결되어 있는 모든 이해관계자들의 이익을 경영에 반영해야 한다'는 것, 즉 '이해관계자 자본주의'로의 전환이었습니다. 워런 의원은 특히 FAANG과 같은 빅테크 기업들은 주주들뿐 아니라 미국이라는 나라 전체에 대한 책임이 있고, 그 때문에 이러한 사회적 책임을 법제화해야 한다고 주장했습니다.

그보다 조금 앞선 2019년 8월 19일에는 미국의 비즈니스라운드테이블(BRT: Business Round Table)이 '기업의 목적에 관한 성명(State-ment on the Purpose of a Corporation)'을 발표했습니다. 대한상공회의소나 전국경제인연합회(전경련)가 우리나라의 경제인들을 대표하는 것처럼, BRT는 미국 재계 인사들이 모여 설립한 경제인 단체입니다. 아마존의 제프 베조스(Jeff Bezos), 애플의 팀 쿡(Tim Cook), 세계 최대 자산운용사인 블랙록(Black Rock)의 래리 핑크(Larry Fink), 제너럴 모터스(General Motors)의 메리 바라(Mary Barra) 등 미국 대기업 CEO들이 BRT에 속해 있지요.

이들을 포함한 BRT 구성원 181명은 2019년 성명에서 '주주우선주의의 시대는 이제 끝났다'면서, 기업은 주주뿐 아니라 고객과 근로자, 거래 기업, 지역사회 등 모든 이해관계자들을 위한 경영 활동을 해야 한다'고 밝히며 서명을 했습니다. 당시 저는 하루 지나 이 뉴스를 접했는데 충격이 매우 컸습니다. 지난 20여 년간 주주우선주의의 선봉에 섰던 미국에서, 그것도 내로라하는 대기업의 수장들이 모여 주주우선주의의 시대가 저물었음을 공식적으로 발표했으니 말입니다.

사실 주주우선주의는 신자유주의의 바탕이 되어왔습니다. 때문에 진보적 성향의 엘리자베스 워런 의원이 새롭게 이해관계자 자본주의를 주장하는 것은 어색하지 않았지만, '기업은 주주를 위해 존재한다'고 천명해온 BRT 같은 보수주의 단체까지 같은 이야기를 했다는 것은 매우 의미심장한 일입니다. 정치적 성향이 어느 쪽이든 현 자본주의가 개혁되어야 할 필요성은 인정했다는 뜻이기 때문입니다.

하지만 아직까지 한국에서 주주우선주의에 대한 반성은 언감생심입니다. 주주우선주의라 해서 주주들이 모두 똑같다는 의미는 아닌데, 특히 한국에선 지배주주와 소액주주의 대립이 세계 어디에서보다 첨예한 탓입니다. 어떻게 보면 주주우선주의를 제대로 해본 적이 있기나 했나 싶습니다. 지금까지 기업들은 대주주들의 이해관계나 이익을 중심으로 움직여왔고 소액주주들은 철저히 소외시켜왔으니까요.

그러나 '소액주주들의 권리 찾기' 운동이 주주우선주의에 대한 거대한 반성의 흐름과 함께 힘을 얻고 있는 것은 분명합니다. 뒤에서 간략하게 살펴보겠지만 주주우선주의의 대안으로 거세게 몰아치고 있는 ESG의 거대한 흐름은 더 이상 소액주주들의 부당한 희생을 용납하지 않는 새로운 패러다임이기 때문입니다.

3

ESG, 거대한 파도가 몰려온다

글로벌 스탠더드가 된 ESG

최근의 주식투자에서 빼놓을 수 없는 단어는 아마도 ESG일 것입니다. 대기업들이 너나 할 것 없이 ESG 경영방침을 표방하고 나섰는가 하면 ESG 기업들에만 투자하는 펀드 상품들도 많이 등장했으니까요.

환경(Environment), 사회(Social), 지배구조(Governance)의 머리글자를 딴 ESG는 향후 기업들이 안정적이고 지속적으로 발전하는 데 있어 필요한 요소임과 동시에 비교·평가의 기준이 될 요소들입니다. 개별 기업, 혹은 일개 국가에서만이 아니라 전 세계적으로 이야기되고 합의된 것인 만큼 EGS는 이제 글로벌 스탠더드가 되고 있다 해도 과언이 아닙니다.

ESG라는 표현은 2004년에 나온 유엔 보고서 「(ESG를) 고려하는 자가 이긴다(Who Cares Wins)」에서 처음 등장했습니다. 기업의 지속가능한 성장을 위해 필요한 중요 조건으로는 환경, 사회, 지배구조의 세 가지가 있고 이에 대한 적절한 대응이 필수적이라는 점을 강조하며 사용된 용어지요. 또한 2006년에 유엔은 ESG 관련 책임투자원칙인 PRI(Principles of Res-ponsible Investment)를 제시했습니다. 기업에 투자할 때는 재무적 요소뿐 아니라 비재무적 요소인 ESG의 요소들을 고려해야 한다는 내용의 원칙이었는데, 이는 이후 전 세계적인 ESG 열풍에 큰 기여를 하게 됩니다.

그렇다 해서 ESG 바람을 유엔이 홀로 선봉에 서서 불러일으켰다고 하긴 어렵습니다. 그보다는 그간 기업들이 보여온 경영의 방식 및 방향에 대한 자각과 반성에 기반을 둔 시대적 흐름에서 탄생한 것으로 보아야 합니다. 앞 꼭지에서 이야기한, 2019년 미국 BRT의 발표 역시 이러한 ESG 바탕의 경영기조와 연관된다고 할 수 있습니다.

단기성과주의, 환경에 치명타를 입히다

ESG에서 환경과 사회가 기업과 연계되는 방식이 어떤 분들에겐 다소 의아하게 느껴질 수 있습니다. '갑자기 웬 환경?' 하는 의구심이 들 수도 있겠고요. 그러나 주주의 부를 극대화시키기 위해 기업이 환경을 파괴하거나 사회적 책임을 등한시한 사례는 매우 많아 여기서 굳이 예를 드는 것조차 진부하게 여겨질 정도입니다. 특히 환경과 사회를 희생시키고서라도 이익을 챙기겠다는 사고는 단기성과만을 중시하는 근시안적 태도에서 나오는 것일 가능성이 큽니다.

이미 살펴본 것과 같이 주주우선주의는 '주주들의 이익을 극대화' 하는 데 초점을 맞춘 생각입니다. 그런데 이때의 '주주들'은 어떤 이들일까요? 채권투자자들 중에서도 3개월짜리, 1년짜리, 10년짜리에 투자하는 이들이 있듯 주주들 중에도 몇 년을 내다보고 주식에 투자하는 사람이 있는가 하면 1년, 몇 달, 혹은 며칠 동안만 투자하는 사람도 있을 텐데 말입니다. 즉, 얼마의 기간 동안 투자하려는 주주인가에 따라 그가 중시하는 '주주의 이익'도 달라질 것이란 뜻입니다.

가령 성장주의 경우 해당 기업의 가치는 미래 성장성에 있습니다. 때문에 이 점을 보고 성장주에 투자하는 이들은 대개 그 기업이 자사의 이익을 주주들에게 배당금으로 나눠주기보다는 기술발전 등을 위해 재투자하는 편을 선호하지요. 그러나 그런 장기적인 미래 성장성보다는 몇 달, 혹은 며칠간 얻을 수 있는 투자 수익을 목적으로 성장주를 매수, 보유하는 주주들도 있을 것입니다. 따라서 성장주 주주들이 자신들의 이익을 극대화시키고자 하는 시점은 며칠, 몇 달, 몇 년으로 제각기 다릅니다.

그렇다면 기업의 입장에선 이렇게 단기, 중기, 장기 투자자들 중 어떤 이들을 중심에 놓고 경영 활동을 해야 할까요? 과거의 기업들은 대개 단기에 초점을 맞췄고, 빠른 호흡으로 성과를 올려 주가를 부양하기 위해 애썼습니다. 이러한 단기성과주의에만 몰두한 나머지 빚어진 참사의 대표적인 예가 바로 '딥워터 호라이즌(Deep Water Horizen)호 기름 유출 사고'입니다.

영국 석유 업체인 브리티시 페트롤리엄(BP: British Petroleum)의 석유 시추선이었던 딥워터 호라이즌호는 2010년 4월 20일 멕시코만에서 석유를 뽑아내던 중 폭발했습니다. 이 사고로 당시 근무하고 있던 직원 중 11명이 실종 및 사망했고 17명이 중상을 입었지요. 배는 사고 발생 36시간 뒤 침몰했으나, 이 사고로 해저 시추관에서는 80일 이상 동안 무려 7만 8,000리터가량의 원유가 유출되어 대규모 해양오염까지 일으키고 말았습니다.

석유 시추 작업 중 폭발한 딥워터 호라이즌호. 엄청난 원유 유출로 해양 생태계를 크게 오염시켰다.

이 가슴 아픈 사고에서 우리는 BP 경영진의 잘못된 의사결정을 살펴보아야 합니다. 이 사고 이전에도 딥워터 호라이즌호는 장치와 설비가 불안정하다는 점이 몇 차례 드러났고, 이에 기술자들은 시추 작업의 위험성을 BP 경영진에게 계속해서 경고했습니다. '이 상태로 석유를 계속 시추하다 보면 대형 사고가 발생할 수 있으니 잠시 멈추고 시설 및 선박을 점검해야 한다'는 의견을 지속적으로 내놓았던 것입니다.

그럼에도 BP의 경영진들은 이러한 경고들을 모두 무시한 채 시추를 강행했습니다. 계속해서 석유를 뽑아내야 주가에 긍정적 영향을 미칠 수 있었기 때문입니다. 즉, 장기적 시각에서 무엇이 더 좋은 방향일지를 고려하지 않고 단기적으로 내보일 수 있는 성과만을 우선시했던 것입니다.

만약 BP의 경영진이 장기적 시각에서 회사의 이익을 극대화하는 데 초점을 맞췄다면 어땠을까요? 현장 기술자들의 경고를 귀담아듣고 문제해결을 위한 방법을 취했을 것입니다. 그렇게 했더라면 미국 연방정부에 45억 달러의 벌금을, 사고 피해 기업과 개인에게 97억 달러의 배상금을 내놓을 일이 없어 회사와 주주들에게 손실을 입히지도 않았겠지요. 더불어 돈으로는 해결할 수 없는 해양오염 문제 또한 발생하지 않았을 것입니다.

'사회'에 대한 시대적 요구

ESG의 S와 G는 앞서 말했듯 각각 '사회'와 '지배구조'를 뜻합니다. '사회'와 관련된 이슈에는 근로환경 개선, 제품의 품질 및 안전 개선, 고객만족, 양성평등 등 기업의 비즈니스와 관계된 주제뿐 아니라 지역사회에 대한 기여, 사회적 약자 보호 등 사회의 실질적 문제 해결을 위한 활동들도 포함됩니다. 그에 따라 극빈국 어린이들의 노동력을 착취하여 낮은 비용으로 제품을 생산하는 기업들, 오너 일가나 경영진이 직원들에게 갑질을 일삼는 기업들의 행태는 점점 발붙일 곳이 없어지고 있습니다.

주주를 위한다는 명목으로 사회에 해악을 끼치는 기업의 사례는 굳이 해외의 약소국으로 눈길을 돌리지 않아도 많이 볼 수 있습니다. 제약회사 튜링(Turing Phamaceuticals)의 마틴 슈크렐리(Martin Shkreli)에 대해서는 많은 분들이 들어보셨을 것입니다. 에이즈 치료약물인 다라프림의 특허를 취득한 후 가격을 무려 50배가량 인상해 환자들에게 크나큰 절망을 안겼던, 비윤리적인 경영자의 전형처럼 여겨지는 인물이지요.

슈크렐리는 이 일로 인해 엄청난 사회적 비난을 받았습니다. 환자들이 어떠한 어려움에 봉착하게 될지 전혀 개의치 않고 그저 성과만을 위해 약품의 가격을 크게 올린 것은 분명 사악하다고까지 할 수 있는 행위였으니까요. 하지만 정작 그가 법률적 처벌을 받게 된 것은 약값 인상이 아닌 금융사기 때문이었습니다. 이는 아무리 비윤리적인 의사결정이었다 해도 그로 인해 주주들이 입은 피해가 없다면 별로 문제되지 않는다는, 주주우선주의의 씁쓸한 면이 드러난 단적인 예라 할 수 있습니다.

그러나 이런 식의 비윤리적 행위를 저질렀다면 설령 단기적으로는 눈에 보이는 성과를 올렸다 해도 장기적으로는 어떤 식으로든 처벌을 받을 가능성이 큽니다. ESG는 이런 일들이 일어나지 못하도록 강제하는 틀로 작동하지요. 따라서 이러한 ESG의 흐름이 더욱 거세진다면 기업의 비윤리적 행태들도 더욱 줄어들 것입니다.

ESG는 새로운 '패러다임'이다

사실 ESG의 뿌리를 찾아 거슬러 올라가면 기후위기 문제와 맞닿습니다. 환경을 고려하지 않는 기업들의 활동으로 온실가스 배출량이 증가하고 지구온난화 현상이 심해지면서부터 '좋은 기업'과 '나쁜 기업'을 구별하려는 움직임이 나타났기 때문입니다.

'좋은 기업'은 단기적 성과와 주주이익을 최우선시하는 기존 행태에서 벗어나려는 기업입니다. 그런 기업이 되려면 근로자와 사회적 약자들의 인권 보호, 법과 윤리의 준수, 투명한 기업경영 등을 위해 노력해야 하지요. 하지만 가장 시급한 것은 '환경보존을 위해 힘쓰는 기업'이 되는 것입니다. 그간 학자들, 환경보호 단체들이 수없이 경고했음에도 기업들은 그저 이윤만을 앞세우며 환경을 심각히 파괴해왔고, 그 결과 현재의 지구는 역사상 최악의 환경문제에 직면해 있습니다.

'투자자와 투자금'이라는 현실적 요소를 고려해도 기업 입장에선 이제 이러한 흐름을 반드시 따라야 합니다. '기업의 사회적 책임(CSR: Corporate Social Responsibility)', '사회적 책임 투자(SRI: Socially Responsible Investment)'와 같은 개념이 실제로 기업들에게 요구되기 시작했으니까요.

그 분위기를 가속화한 것은 투자자들의 의식 변화였습니다. 블랙록의 CEO인 래리 핑크가 "엄청난 수익을 올리는 기업이라 해도 그 과정에서 탄소배출량이 많다면 블랙록은 그 기업에 투자하지 않겠다"라고 공표한 것이 한 예입니다.

우리가 의미 깊게 살펴봐야 하는 ESG의 특성이 바로 이것입니다. CSR이나 SRI는 사회 분위기상 기업에게 요구되는 것들이었기에 기업들이 '우리는 주주만을 우선시하는 데서 비롯되는 이러저러한 나쁜 일은 하지 않는, 대의를 위한 회사가 되겠다'고 선언한 것에 가까웠습니다. 다시 말해 사회적 분위기에 떠밀려 약간은 수동적인 위치에서 이야기했던 것이지요. 그러나 ESG는 투자자들이 기업에게 '이렇게 해야만 기업의 향후 이윤이나 성과가 커질 수 있다'며 적극적으로 먼저 요구하고 나섰다는 점에서 차이가 있습니다.

아울러 ESG는 '대의'와 '기업의 이윤'은 서로 대치되는 것이 아니라 함께 추구될 수 있는, 아니 함께 추구되어야만 하는 개념임을 보여줍니다. 지금은 우리의 생존과 연결된 '환경'에 대한 의식 제고와 더불어 '인권', '투명 경영', '공정' 등과 같이 사람들이 바람직하게 여기고 추구하는 가치의 힘이 커지고 있는 시대입니다. 이런 요소들은 특정 국가에서만 유독 강조되고 요구되는 것이 아니기에 전 세계적으로 점점 더 많은 기업들이 이것들을 중시하는 쪽으로 경영의 방향을 바꾸고 있습니다.

따라서 '우리는 그런 것들에 신경쓰지 않고 비즈니스를 하겠다'고 주장하는 회사는 많은 기업들이 글로벌 공급망을 통해 서로서로 연결되어 있는 오늘날의 환경에서 배제되거나 도태되기 쉽습니다. 기업 입장에선 이윤을 얻으려면 '비재무적 책임'을 중시하지 않을 수 없는 상황에 이른 것이지요. 래리 핑크와 같은 투자자들이 ESG를 강조하고 나선 것 역시 이와 같은 시대적·사회적·세계적 분위기를 읽었기 때문일 것입니다. 이런 점에서 ESG는 한순간의 흐름만 보이다가 끝나버리는 유행이 아닌, 기업의 경제 활동에 대한 글로벌 스탠더드를 바꾸는 전환적 패러다임이라 할 수 있습니다.

투자자들은 시대의 흐름을 항상 잘 관찰해야 합니다. 투자라는 것 자체가 '미래'를 향해 달려가는 기업에게 힘을 실어주는 행위임을 생각해보면 이 점을 쉽게 이해할 수 있지요. 시대를 앞서가는 기업들이 모두 성공하는 것은 아니지만, 시대에 뒤처지는 기업들은 반드시 쇠락할 수밖에 없습니다. 시대적 분위기를 가벼이 여긴 채 이런 기업들을 지원하는 투자가 성공할 리 없음은 당연합니다.

이런 점에서 투자자들에게는 '지속가능성과 사회적 가치를 중시하는 투자 마인드'가 요구됩니다. 자신들의 이익을 최우선시해달라고 요구하는 수많은 투자자들, 주주들을 무시할 수 있는 기업들은 많지 않습니다. 패러다임의 전환적 시기에 맞춰 ESG 경영을 해나가려는 기업들에 투자하고 그에 따르는 성과를 얻으려면 투자자들 역시 환경, 인권, 공정, 투명성 등의 가치를 중시하며 그 기준에서 기업의 경영 활동을 계속 감시해야 합니다. 우리 사회와 경제, 삶의 지속가능성은 기업들과 투자자들, 더 나아가 사회 구성원들까지도 ESG의 가치들을 소중히 여기고 지켜나가려 할 때 더욱 커질 것입니다.

나오며

강의를 마치고 나면 언제나 후련하기도 하지만 한편으론 '이걸 왜 그렇게 다루었을까. 이렇게 얘기했더라면 더 좋았을 텐데' 하는 아쉬움이 남습니다. EBS 클래스ⓔ의 방송 촬영 후에 남았던 아쉬움을 이 책을 통해 달랠 수 있는 것은 그런 점에서 참 다행입니다.

투자가 어렵다는 말은 저 같은 백면서생이 할 말은 아닐 것입니다. 적어도 십수 년간 시장에서 산전수전 다 겪은 전문가들이 할 수 있는 말이겠지요. 그러나 그 정도의 충분한 경험이 없는 저임에도 투자라는 것이 얼마나 어려운지 어느 정도는 짐작할 수 있습니다.

기업을 둘러싼 환경은 경제적인 사안으로서만 머무르지 않고 정치, 사회, 심지어 환경을 포함한 전 지구적인 것과 맞닿을 만큼 넓고 큽니다. 그렇다 해도 어떤 기업에 투자를 하기 위해선 그 기업과 관련된 모든 것을 속속들이 알아야 할 경우가 많습니다. 여러 주식에 투자하는 분산투자의 경우에야 기업의 속성보다는 거시적 환경이 더 중요하겠습니다만, 집중투자의 경우라면 그 기업을 구성하는 세포까지 샅샅

이 조사해야 할 것입니다. 그러니 투자의 세계를 이해하려면 천체망원경과 현미경 모두가 필요한 것이 아닐지요.

관악캠퍼스에 벚꽃이 아주 예쁘게 핀 날, 또 한 권의 책을 세상에 내보냅니다. 기업과 시장, 그리고 투자에 관심 있는 분들에게 투자의 세계를 들여다보는 작은 렌즈 하나를 더하는 책이 될 수 있다면 좋겠습니다.

2022년 5월, 관악캠퍼스에서

이관휘

참고문헌

김재수, 『99%를 위한 경제학』, 생각의힘, 2016.

루이기 진갈레스, 김석진·박영준 역, 『사람들을 위한 자본주의』, 한국경제신문, 2018.

린 스타우트, 우희진 역, 『주주자본주의의 배신』, 북돋움coop, 2021.

마이클 루이스, 이미정 역, 『빅 숏』, 비즈니스맵, 2010.

제러미 시겔, 이건 역, 『주식에 장기투자하라』, 이레미디어, 2015.

존 캐리루, 박아린 역, 『배드 블러드 테라노스의 비밀과 거짓말』, 와이즈베리, 2019.

팀 우, 조은경 역, 『빅니스』, 소소의책, 2020.

Busse, J. A., Clifton Green, T., 2002. Market efficiency in real time, *Journal of Financial Economics* 65, 415-437.

Dyck, A., Morse, A., Zingales, L., 2011. Who Blows the Whistle on Corporate Fraud?, *Journal of Finance* 65, 2213-2253.

Fama, E. F., Fisher, L., Jensen, M. C., Roll, R., 1969. The Adjustment of Stock Prices to New Information, *International Economic Review* 10, 1-21.

Fama, E .F., French, K. R., 1992. The Cross-Section of Expected Stock Returns. *Journal of Finance* 47, 427-465.

Hirshleifer, D., 2020. Presidential Address: Social Transmission Bias in Economics and Finance, *Journal of Finance* 75, 1779-1831.

Irwin, N., 2013. 8. 2., Toyota is Crushing it. Abenomics is the reason., *The Washington Post*.

Khan, L., 2017. Amazon's Antitrust Paradox. *Yale Law Journal* 126, 564-907.

Kahneman, D., Tversky, A., 1979. Prospect Theory: An Analysis of Decision under Risk, *Econometrica* 47, 263-291.

Karpoff, J. M., Lou, X., 2011. Short Sellers and Financial Misconduct, *Journal of Finance* 65, 1879-1913.

Markowitz, H., 1952. Portfolio Selection, *Journal of Finance* 7, 77-91.

Olson, M., 1965. *The Logic of Collective Action: Public Goods and the Theory of Groups*, Harvard University Press.

Peltzman, S., 1975. The Effects of Automobile Safety Regulation, *Journal of Political Economy* 83, 677-725.

Shiller, R. J., 1981. Do Stock Prices Move Too Much to be Justified by Subsequent Changes in Dividends?, *American Economic Review* 71, 421-436.

Summers, L. H., 2021. 2. 4., Opinion: The Biden stimulus is admirably ambitious. But it brings some big risks, too., *The Washington Post*.

EBS 클래스ⓔ 시리즈 29

투자의 기초

주식부터 채권, 환율까지

1판 1쇄 발행 2022년 6월 21일
1판 3쇄 발행 2024년 4월 1일

지은이 이관휘

펴낸이 김유열
디지털학교교육본부장 유규오 | **출판국장** 이상호 | **교재기획부장** 박혜숙
교재기획부 장효순 | **북매니저** 김희선, 윤정아, 이민애
글정리 장윤정 | **책임편집** 장윤정 | **본문디자인** 김경주 | **인쇄** 우진코니티

펴낸곳 한국교육방송공사(EBS)
출판신고 2001년 1월 8일 제2017- 000193호
주소 경기도 고양시 일산동구 한류월드로 281
대표전화 1588-1580 | **이메일** ebsbooks@ebs.co.kr
홈페이지 www. ebs. co. kr

ISBN 978-89-547-9977-5 04300
978-89-547-5388-3 (세트)